CB135392

ACABE COM A BAGUNÇA

Cynthia Townley Ewer

ACABE COM A BAGUNÇA

Organize sua casa, melhore a limpeza e ponha fim no caos!

PUBLIFOLHA

A Dorling Kindersley Book

www.dk.com

Para Steve, que sabe por quê.

COORDENAÇÃO DO PROJETO
PUBLIFOLHA
ASSISTÊNCIA EDITORIAL: Camila Saraiva
PRODUÇÃO GRÁFICA: Soraia Pauli Scarpa e Priscylla Cabral

EDIÇÃO: Editora Página Viva
TRADUÇÃO: Marcos Maffei
Preparação de texto: Anna Quirino
REVISÃO: Felice Morabito e Claudia Morato

Dorling Kindersley Limited
Edição de Projeto Diana Craig
Design Ruth Hope
Editora-chefe Jennifer Latham
Edição de Arte Sara Robin
Gerência Editorial Penny Warren
Gerência de Arte Marianne Markham
Gerência de Operações Gillian Roberts
Direção de Arte Carole Ash
Direção Editorial Mary-Clare Jerram
Design de DTP Sonia Charbonnier
Produção Gráfica Sarah Sherlock
Fotos das capas Howard Shooter

Dados internacionais de Catalogação na Publicação (CIP)
(Câmara Brasileira do Livro, SP, Brasil)

Ewer, Cynthia Townley
Acabe com a bagunça: organize sua casa, melhore a limpeza e ponha fim no caos / Cynthia Townley Ewer ; [tradução Marcos Maffei]. – São Paulo : Publifolha, 2006.

Título original: Cut the clutter.
ISBN 85-7402-771-5

1. Administração doméstica 2. Limpeza doméstica I. Título.

06-8141 CDD-648.5

Índices para catálogo sistemático:
1. Arrumação do lar : Organização doméstica 648.5
2. Limpeza do lar : Organização doméstica 648.5

PUBLIFOLHA

Al. Barão de Limeira, 401, 6.° andar
CEP 01202-001, São Paulo, SP
Tel.: (11) 3224-2186/2187/2197
www.publifolha.com.br

Este livro foi impresso em CTP, em janeiro de 2007, pela RR. Donnelley-Moore sobre papel couché fosco 115g/m².

sumário

Em busca de uma **casa organizada**

As pessoas que só me conhecem pelo meu trabalho na internet imaginam um monte de coisas – que sou loira (sinto muito, sou morena), alta e esbelta (bem que eu gostaria!) e, sobretudo, que sou naturalmente organizada, arrumada e asseada. Esse som que você está ouvindo são gargalhadas, dadas por aqueles que me conhecem melhor – marido, mãe, filha e filho. Eles sabem a verdade: eu faltei no dia em que a habilidade inata de organização foi distribuída.

Não sou naturalmente organizada, mas aprendi a ser – e não foi fácil. Lembro-me exatamente do dia em que minha busca por uma casa organizada começou: 25 de dezembro de 1983. Foi quando eu percebi que tinha um problema com bagunça e caos, e que precisava encontrar uma solução para criar uma casa ordeira e feliz para mim e para minha família.

Isso ocorreu no dia de Natal. Recém-divorciada, meus filhos pequenos iam passar o dia com o pai, então fui para o almoço de Natal na casa de meus pais. Mas, quando retornei naquela noite, havia vidro quebrado na soleira da porta. Alguém tentara entrar na minha casa enquanto eu estava fora!

Chamei a polícia e fiquei esperando, tremendo de apreensão do lado de fora. Um policial chegou, aproximou-se da casa com cuidado e esgueirou-se pela porta da frente. Alguns minutos depois, reapareceu coçando a cabeça. "Não entendo", disse. "O cadeado da trava agüentou e não conseguiram abrir a porta – mas alguém entrou e vasculhou tudo lá em cima."

Segredo embaraçoso

Toda constrangida, senti a face corar. "Não, não", eu expliquei, "foi desse jeito que eu deixei a casa!".

O policial me examinou atentamente. "A senhora faz idéia do que parece que aconteceu lá em cima?"

Para minha imensa vergonha, eu fazia. Os dois quartos que serviam como meu escritório, quarto de dormir e quarto de costura tinham, do chão até a altura dos joelhos, pilhas de fotocópias amassadas, blocos de papel, retalhos de tecido, roupas, papel de embrulho, pastas, café derramado e louça suja. Havia pó em tudo, e uma trilha estreita em meio à confusão dava acesso às ilhas que eram a escrivaninha e a minha cama.

Nova ordem

Naquela noite, tive de enfrentar a verdade. Eu estava com um problema. Queria criar meus filhos numa casa limpa e confortável, mas o lugar parecia uma cena de crime. Precisava aprender o que fazer, como fazer e quando fazer para criar a casa organizada que meus filhos e eu merecíamos.

No dia seguinte, fui procurar orientação nas bibliotecas e livrarias. Tentei muitos métodos diferentes de organização. Aprendi sobre faxina e comecei a planejar as tarefas domésticas do mesmo modo que faço com minhas atividades de trabalho. Aos poucos consegui vencer a bagunça, fazer as tarefas domésticas e administrar uma casa organizada.

Funcionou? Pule cinco anos, para setembro de 1988. Tinha conhecido um jovem médico-residente na biblioteca da faculdade de medicina uma semana antes, e aquele seria nosso primeiro encontro. A casa estava limpa e em ordem. Meus filhos jantavam na mesa da cozinha, com a limpeza e a ordem que se poderiam esperar na idade deles. Tudo parecia bem quando eu abri a porta. Fui até a cozinha fazer um café; ele me acompanhou e, para meu espanto, começou a perguntar sobre minha agenda, minhas listas de atividades e meu centro de informações à família. Mostrei-lhe as listas, meu plano de faxina e até onde anotei a data e a hora de nosso encontro.

Ele pareceu impressionado, mas me senti um pouco deprimida quando a noite terminou. Como fui mostrar àquele homem meu sistema de administração doméstica? O que ele iria pensar das minhas agendas e fichas? Aquilo estava muito longe da imagem bacana que eu queria passar.

Habilidades domésticas

Mais tarde, soube que ele de fato ficara impressionado. Na noite em que me propôs casamento, meu marido, Steve, disse que soube que eu era a pessoa certa para ele já naquela primeira vez. Da quarta geração de uma família de médicos, sabia que a esposa de um médico precisa ser organizada, autoconfiante e independente para poder lidar com as demandas da profissão do marido. Ele achou que nada poderia ter mostrado mais claramente essa capacidade do que as provas concretas de minhas habilidades domésticas, que viu quando veio à minha casa em nosso primeiro encontro.

Como compartilhar essa busca

Desde 1998 venho ensinando essas habilidades a milhares de pessoas que visitam nossa comunidade na internet: OrganizedHome.com. E, ao longo do percurso, aprendi muito mais do que compartilhei. Homens, mulheres, mais velhos e mais jovens, os membros de nossa comunidade têm uma única missão: ajudar um ao outro a se organizar em casa.

Neste livro faremos juntos essa mesma busca. Nossa meta é uma casa limpa e organizada. Os métodos apresentados aqui funcionam. Funcionaram para mim e para as pessoas que se tornaram membros de nossa comunidade na internet. Ao colocá-los em prática você começará a perceber que eles funcionam também para você.

Há esperança. Há ajuda. Venha, junte-se a nós!

▶ **Basta um clique** do mouse para encontrar ajuda. O website OrganizedHome.com, da autora, oferece sugestões para resolver os problemas de bagunça e caos em casa.

pela casa

O problema:
bagunça, desordem, sujeira

O que você realmente acha do estado de sua casa? Faça um teste rápido. Imagine que a campainha toca. Você entra em pânico só de pensar em visitas inesperadas? Você não está sozinha. Em muitas famílias ocupadas, a bagunça, a desorganização e a sujeira interferem constantemente nas atividades diárias.

Como identificar a desordem

Você percebe que há um problema de bagunça e caos em seu lar quando:

- **Você gastou dez minutos** hoje de manhã procurando as chaves pela casa. De novo.
- **Você precisa dar um** jeito de noite em sua cama para achar lugar para se deitar.
- **Há dinheiro suficiente** para pagar as contas, mas você não consegue encontrá-las.
- **Você abre as portas dos armários** bem devagar, preparada para uma avalanche.
- **Você fica sem itens** básicos como leite e papel higiênico. Com freqüência.
- **Os armários da cozinha** estão cheios de potes de margarina vazios e pratos de alumínio.
- **Seu gato não consegue** achar a bandeja de areia e seu cachorro não acha a caminha dele. Resultado: tudo cheira mal.
- **Você compra itens** que estavam faltando e descobre que já os tinha guardados em casa.
- **O jantar foi fast-food** três vezes nesta semana, e ainda é só quarta-feira.
- **Você está mancando**, pois tropeçou em coisas espalhadas no chão no meio da noite.
- **Há um cheiro esquisito** em sua casa toda vez que você chega de viagem.

Parece exagero? Não para os quase 40% de pessoas que acham difícil manter a casa limpa e organizada. Em 1997 a Soap and Detergent Association dos EUA fez uma pesquisa sobre a atitude das mulheres quanto à limpeza. Das pesquisadas, 21%, denominadas "batalhadoras", passavam a maior parte do tempo limpando, e ainda assim se sentiam insatisfeitas quanto ao estado da casa. Já as "trapaceiras da sujeira", 18% do total, limpavam só quando absolutamente necessário, e achavam difícil manter a casa em ordem e limpa.

Padrões inatingíveis

Some os dois grupos e chegará a nós – as quatro em cada dez pessoas cujo cotidiano doméstico é um desafio. Apesar de sermos tantas, podemos até nos considerar invisíveis. A mídia moderna martela sem parar padrões de perfeição enganosos.

Assim, raramente percebemos a bagunça e o caos na casa dos outros. Numa festa na casa de um amigo, admiramos a beleza da casa, mas nem desconfiamos que esse resultado só foi obtido porque ele jogou a roupa suja, a bagunça da casa e pilhas de jornais num banheiro trancado a sete chaves.

Ouvido absoluto: alguns têm, outros não

Anime-se. Você não é preguiçosa, doida nem burra. Só precisa se preparar para criar uma casa limpa e organizada. Imagine que a capacidade inata de se organizar é uma espécie de ouvido musical. Algumas pessoas não o têm – são as "desafinadas". Outras têm ouvido absoluto – percepção inata e precisa de qual nota estão ouvindo, e das relações entre elas. As demais se viram em algum lugar entre esses extremos.

▲ **Os brinquedos das crianças** são uma das principais fontes de bagunça e desordem. A aquisição das habilidades necessárias pode ajudar a manter o problema sob controle.

Do mesmo modo, há pessoas que, por natureza, têm uma relação ordeira com seus pertences sem nem pensar no assunto. Enfrentam a lida doméstica sem se descabelar – o cérebro delas dispõe do equivalente ao ouvido absoluto no âmbito da administração doméstica. O resto de nós precisa se empenhar para aprender essas habilidades. Mas, da mesma forma que é possível ensaiar bem uma música, podemos treinar o planejamento, os horários, a limpeza e o controle da bagunça. E, como no ensaio de um concerto, nossas aptidões organizacionais se reforçam e se tornam parte de nós quando as usamos.

"Muitos não nascem com habilidade organizacional. É algo que precisam aprender."

Como fazer o que não vem naturalmente

Os problemas ocorrem quando os opostos tentam se comunicar. Diga a alguém que nasceu com habilidade organizacional que elaborou um cardápio semanal. É provável que o comentário dele seja: "Ora, não é o que todo mundo faz?". Nem sempre se pode aproveitar a experiência de uma pessoa naturalmente organizada. Para ela é algo que aflora sem esforço e, assim, imagina que todo mundo faz o mesmo.

Pessoas naturalmente organizadas já escreveram muitos livros sobre a organização doméstica. Se é fácil para elas, deve ser fácil também para a leitora, certo? Errado. É preciso conhecer o problema para que se possa ensinar a combatê-lo.

A solução:
habilidades e ciclos

Em casa, como é possível ir do caos à tranqüilidade, do bagunçado ao arrumado? Conheça quatro grupos de habilidades simples e aplique-as aos ciclos de tarefas domésticas. Começaremos com as habilidades básicas para arrumar, organizar, limpar e planejar uma vida feliz em casa. Depois usaremos essas aptidões nos ciclos da vida de qualquer casa: comida, roupas, ambiente, cômodos e papelada.

Parte 1: Habilidades no Lar

Nas aulas de economia doméstica, aprendi a fazer casa de botão, arrumar mesas elegantes e fazer biscoitos. Mas nunca me capacitaram para deixar a casa limpa e organizada; manter a bagunça sob controle; organizar e executar as tarefas domésticas; planejar meu tempo e as atividades familiares.

Pense na Parte 1 do livro como a aula de economia doméstica para a vida real: uma introdução aos quatro grupos de habilidades básicas de que todo mundo precisa: arrumar, organizar, limpar e planejar.

Como arrumar O problema não tem nada a ver com "coisas", mas com hábitos, traços de personalidade e processos de raciocínio que encorajam o acúmulo de bagunça. No grupo de habilidades para arrumar, aprendemos um método para sumir com a bagunça em 20 minutos. Observamos os traços de personalidade que estimulam a bagunça e exploramos meios de combater os pensamentos que nos ligam às coisas. E vemos como lidar com a bagunça dos outros.

Como organizar Na casa organizada a vida flui tranqüila, a faxina é rápida e você nunca mais terá de procurar itens perdidos de novo... ou o tempo todo. No grupo de habilidades para organizar, o destaque são três regras básicas da ordem doméstica. Escolhemos um lugar para cada coisa, fazemos a família participar e criamos centros de atividades para coordenar espaços e objetos. E resolvemos o item "armazenagem" para conter a bagunça (e os espaços funcionarem).

arrumar ▲ *(págs. 18-35)*

organizar ▲ *(págs. 36-47)*

Como limpar Não é por quanto tempo se limpa. Não é a força com que se limpa. É a eficiência da limpeza que faz a diferença entre o imundo e o reluzente. O grupo de habilidades para limpar abrange aspectos básicos da faxina rápida (materiais, utensílios e métodos). Descobrimos modos de limpar como profissionais: rápido e bem. Destacamos o trabalho em equipe, vemos como fazer as crianças participarem e as sugestões para acelerar as coisas e nos ocuparmos de outras coisas.

Como planejar Diz-se que se você fracassa no planejamento, você planeja fracassos. Planejar rotinas diárias, horário de tarefas e atividades é essencial à administração da casa. No grupo de habilidades para planejar, exploramos listas de tarefas e coisas a fazer, horários e calendários. Discutimos como economizar tempo e evitar desperdício de tempo. E descobrimos a poderosa ferramenta da família organizada: a Agenda da Casa.

Parte 2: Ciclos da Casa Organizada

Fora da casa o tempo passa, e o mesmo ocorre com os ciclos básicos da vida doméstica. Comida e cozinha. Roupas. Arrumar, limpar e organizar. Mexer na papelada e pagar as contas. Na Parte 2 aplicamos os grupos de habilidades que aprendemos a cada um desses ciclos fundamentais.

Comida Aqui lidamos com todos os aspectos da comida: planejamento de cardápios e refeições, compra e estoque de alimentos. Arrumamos, organizamos e limpamos a cozinha, criando centros de atividades para facilitar e agilizar a alimentação. Vemos, ainda, como economizar energia e cuidar de utensílios de cozinha e da organização da despensa.

Roupas Esta parte nos leva a armários, penteadeiras e cômodas, onde organizamos todos os aspectos relativos às vestimentas. Planejamos armários, arrumamos e organizamos gavetas, vemos como nos desfazer de roupas inúteis, como guardar as roupas não usadas na estação e aprendemos as melhores formas de lavar e cuidar de nosso investimento em roupas.

Superfícies e sistemas Nosso ambiente começa a brilhar. Agora aprendemos a cuidar de paredes, janelas, pisos e móveis, da manutenção de roupa de cama e colchões, e conhecemos melhor os sistemas da casa que nos trazem conforto e segurança. Enfatizamos a economia de energia e a proteção da casa, transformando-a num lugar limpo e confortável para viver.

Cômodos Nesta parte temos ajuda para arrumar, limpar e organizar cada cômodo. Seja na sala, na área das crianças, nos quartos ou no banheiro, nós nos livramos da bagunça, nos organizamos e limpamos depressa e direito.

Papelada Examinamos agora a papelada – como classificar, organizar e arquivar tudo. Vemos como selecionar os documentos que iremos guardar e criamos centros para agilizar o pagamento de contas, a administração e o manejo da papelada.

limpar ▲ *(págs. 48-71)*

planejar ▲ *(págs. 72-87)*

A solução: **faça do seu jeito**

Aprender habilidades básicas é o primeiro passo para melhorar a administração doméstica. A fim de atingir a meta de ter a casa limpa e organizada, devemos criar hábitos e rotinas pessoais de administração do lar. O método selecionado deve se adequar à nossa personalidade, ao nosso estilo de vida e às nossas qualidades.

Em administração doméstica, ao contrário das meias de náilon, não existe "tamanho único". A rotina que consta da lista de determinada pessoa pode parecer dispersiva e inconveniente para outra, que prefere mais rigor na agenda diária. Sua vizinha segue à risca a sugestão de horários que achou na internet, mas os rígidos períodos de tempo no dia dela não combinam com os seus. Sua irmã acha que é essencial ter todos os balcões e bancadas livres; você, no entanto, não consegue trabalhar, a menos que enxergue os utensílios e materiais.

É algo exclusivo

Conhecimento é poder, mas é o conhecimento de si mesma que realmente lhe dá poder. Sair do caos e da desordem para chegar a uma maneira de viver eficaz e ordeira exige mais do que ter as informações necessárias ou o exemplo de alguém. Requer soluções exclusivas que irão funcionar apenas para você, e não para sua irmã, vizinha ou qualquer outra pessoa.

"Só há um jeito certo de se organizar: o seu."

Ao longo deste livro vamos ajudá-la a adaptar conselhos e recomendações à sua personalidade e ao estilo de vida de sua família. Identificamos sua "personalidade bagunceira" – hábitos e modo de pensar que fizeram você se tornar uma bagunceira *(págs. 30-31)* – e oferecemos estratégias para auxiliá-la a agir em harmonia com ela.

Em vez de estabelecer um único nível de "limpo", você irá avaliar as necessidades e especificidades de sua família para que atinja o estado de "limpo" adequado à sua casa.

Por onde eu começo?

É fácil pegar um livro sobre administração doméstica, lê-lo inteiro, rir das piadas e largá-lo de novo. Transformar essa experiência numa casa mais limpa e organizada já é uma coisa bem diferente.

Boa parte dos que acessam nossa comunidade na internet tem só uma pergunta: "por onde eu começo?". A resposta é simples: comece por onde você está, dando o primeiro passo.

Organizar-se não é uma corrida – é um caminho a percorrer. Nele, o que importa é o percurso, e não por onde você começa, a velocidade em que está ou onde estão as outras pessoas.

Com freqüência, pessoas frustradas com o estado de suas casas, encaram o caminho para se organizar como uma corrida de 100 metros: uma atividade com começo e fim e um enorme esforço no meio. "Vou arrumar tudo", juram, "e desta vez vai continuar arrumado!". Uma semana depois têm pouco a mostrar, apesar do esforço, porque não efetuaram a mudança que de fato resolveria os problemas de desordem e caos.

Para fazer essa mudança, dê o primeiro passo em direção a uma organização melhor agora mesmo. Amanhã dê mais um passo em direção a uma vida melhor em casa. E mais outro. E mais outro. Do mesmo modo que o caos e a desordem não apareceram de um dia para o outro, não será num único dia que eles serão vencidos. O que importa é dar o primeiro passo, fazer a primeira mudança. Daí é só continuar no caminho.

▶ **Comece com pequenas coisas.** Desenvolver bons hábitos, como arrumar a bagunça que se acumulou no fim da cada dia, dá resultados fáceis de ver, que a ajudam a manter a motivação.

Descubra companheiras de viagem

Quem já caminhou com amigos sabe que a solidariedade facilita até uma subida íngreme. A mesma coisa ocorre em seu caminho para melhorar a administração doméstica. Outras pessoas com a mesma meta podem ir junto e aliviar o trajeto.

Há alguns lugares onde você pode encontrar possíveis companheiras de viagem. Na sua comunidade, fique atenta para amigas ou vizinhas que possam criar uma rede de apoio para seus esforços. Procure uma "parceira de arrumação" – uma amiga que traga um olhar sem preconceitos para sua arrumação. Ela ajudará você a ver seus pertences sob uma

"O importante é dar o primeiro passo – e daí é só continuar a jornada."

perspectiva nova e a se livrar deles. Na semana seguinte será a sua vez de ajudá-la a limpar o armário. Procure nos grupos de igrejas, clubes ou associações de pais outras pessoas com quem possa dividir seus progressos; o apoio delas será muito importante e a ajudará a se manter motivada e entusiasmada.

Grupos de apoio podem ser uma ótima fonte de empenho e motivação. Nos Estados Unidos, por exemplo, os Clutterers Anonymous (CLA – Bagunceiros Anônimos) aplicam o programa dos Doze Passos dos Alcoólicos Anônimos a problemas de bagunça e acúmulo de tralha. Outros grupos de apoio são oferecidos por centros de aconselhamento ou organizações voluntárias. Serviços comunitários de educação ou grupos de igreja também dão aulas sobre administração doméstica.

Nós também oferecemos um grupo de apoio interativo, na OrganizedHome.com (http://organizedhome.com), para ajudar os membros da comunidade a se auxiliarem, conforme conseguem se organizar. Você tem uma história de sucesso? Venha compartilhá-la com outros que a compreendem. Tem problemas para se

desfazer da tralha? A gente ajuda. Não sabe por onde começar? Estaremos torcendo quando você der os primeiros passos.

On-line ou na vida real, é mais fácil conseguir mudar quando é algo que se pode dividir. Procure pessoas que a acompanhem pelo caminho, que a encorajem quando você desanimar e que a inspirem com seus exemplos, enquanto você avança até seu objetivo: uma melhor organização pessoal e de sua casa.

Tarefas **domésticas**

Tarefas domésticas
como arrumar

"Organizar-se" tem sentidos diferentes para pessoas diferentes, mas na maioria das casas desorganizadas o que se encontra é bagunça.

A bagunça fica entre você e as coisas que quer fazer. Numa casa bagunçada, quase toda ação é prejudicada e dificultada. Ou você perde tempo procurando algo de que precisa, ou tira a bagunça do caminho para arranjar espaço para trabalhar, ou se atrapalha com a quantidade de itens espalhados.

Atacar a própria bagunça não resolve, pois ela é só um sintoma. O que causa a bagunça é uma soma de traços de personalidade, modos de pensar e de se comportar. Para controlar a bagunça em casa é preciso começar por você mesma: seu modo de pensar, seus hábitos e seus padrões de comportamento no dia-a-dia.

Reverter a maré da bagunça é uma tarefa lenta e contínua, mas as recompensas são consideráveis. Nesta seção iremos nos concentrar nos métodos básicos de ACABAR com a bagunça e fazer a família assumir uma nova atitude sem bagunça.

Arrume a bagunça: método ACABE com ela

A bagunça doméstica não nasce sozinha; ela é produzida. E o que está por trás disso? Decisões adiadas. Cada item da bagunça representa uma decisão não tomada ou uma ação incompleta. E o pior é que a energia viciada da bagunça acumulada atrai mais bagunça, o que resulta numa avalanche reprimida de decisões do tipo "preciso...", "tenho de...", "quero fazer...", que dá cansaço só de pensar.

Ao examinar a correspondência você acha um catálogo que vale a pena ver com atenção e o deixa no aparador. No dia seguinte, mais três catálogos, uma pilha de contas, folhetos de disque-pizza se empilham ali. Lá pelo fim da semana o catálogo se transformou numa montanha precária de revistas, cartas, contas, folhetos e notas de compras que farão você perder uma hora para separar, arquivar e jogar fora – e ainda sem tempo para examinar o tal catálogo. O método ACABE com a bagunça ataca-a em seu âmago ao ativar o processo de tomada de decisões. É rápido, suave e poderoso, concebido para ajudá-la a investir rapidamente contra todas as decisões congeladas – chega de ficar no muro diante do caos! Por forçá-la a tomar decisões imediatas, ele permite que você avance contra a bagunça acumulada e organize a casa. Com a técnica ACABE você atacará a bagunça em quatro passos fáceis: separar, jogar fora, organizar e pôr no lugar *(ver pág. ao lado)*.

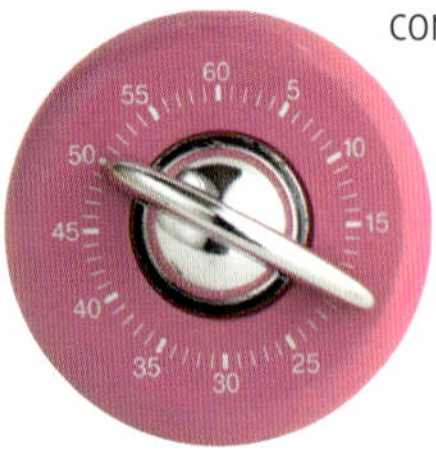

◄ **Seja breve.** Para evitar o desânimo, faça a arrumação em sessões curtas de 15 a 20 minutos.

Utensílios para o ACABE com a bagunça

Os utensílios para cada sessão do ACABE com a bagunça são simples. Foram concebidos para colocar limites, estimular a tomada de decisões e tornar fácil ir até o fim de cada sessão do combate à bagunça. Serão precisos: um cronômetro de cozinha, três caixas de papelão grandes e um saco de lixo.

separar ▲

jogar fora ▲

Cronômetro. Tanto acabar com a bagunça como produzi-la é um longo processo de pequenos passos. Muitas vezes o entusiasmo inicial em atacar o problema faz com que as pessoas exagerem e até decidam guardar ou jogar fora tudo numa só sessão. Resultado: gavetas bagunçadas, pilhas de itens que não servem para nada e a impressão de que a tarefa nunca vai acabar. O cronômetro mantém curtas as sessões do ACABE com a bagunça, fazendo com que não se perca o ímpeto de pôr ordem e evitando o cansaço. Você usa o cronômetro para começar e terminar cada sessão, para acabar a etapa "pôr no lugar" e consegue deixar a área arrumada e pronta para usar.

Três caixas. As caixas para pôr no lugar, guardar e vender/dar são a alma do método ACABE com a bagunça. Marcadas com os rótulos "Pôr no Lugar", "Guardar" e "Vender/Dar", são o motor de tomada de decisão que faz o processo de arrumação funcionar.

Use caixas resistentes, de preferência com alças e tampa. Compre organizadores de papelão (vendidos em papelarias), ou peça caixas de frutas, com tampas, no supermercado. As alças facilitam andar pela casa no fim de cada sessão do ACABE, esvaziando a caixa "Pôr no Lugar". As tampas permitem empilhar as caixas "Guardar" e "Vender/Dar" com os itens não usados no momento e os que são para dar ou vender. As tampas refreiam a tentação de espiar e pegar de volta itens que estavam bagunçando a casa.

Saco de lixo. Um saco de lixo ou uma lixeira opaca é a estrela da sessão ACABE com a bagunça, para onde vai o que realmente é lixo – e quanto antes melhor. Sacos pretos de lixo evitam que o arrumador (ou outros membros da família) mude de idéia. Se não pode ser visto, não terá como voltar para onde estava antes.

Um passo de cada vez

Para testar o poder do método ACABE com a bagunça, pegue as caixas e marque o cronômetro para 15 minutos. A campainha lhe dirá quando é hora de parar de separar coisas e começar a guardá-las. Ao trabalhar em períodos de 15 minutos (mais cinco minutos para guardar as coisas separadas e os utensílios), você não se cansa e fica motivada para fazer a tarefa.

1 Separar. Escolha uma área bagunçada para mexer neste dia – em volta do telefone, por exemplo – e dê o primeiro passo, separando os itens a serem arrumados. Vá vendo o que há empilhado ao redor do telefone e avalie rapidamente cada item: mantenho isto aqui, guardo em outro lugar, vendo ou jogo fora?

Se o lugar do item é ali, separe-o em pilhas de objetos similares: canetas com canetas, clipes com clipes e blocos de papel com blocos de post-it. Se o item deve ser guardado em outro lugar (como um par de meias), coloque-o na caixa "Pôr no Lugar". Itens

organizar ▲

pôr no lugar ▲

supérfluos, que podem ser doados ou vendidos, vão para a caixa "Vender/Dar", destino correto para a caneta de plástico em forma de flor e o horrível suporte de lista de compras. Itens cujo lugar mais adequado é aquele em que se guardam coisas que se usam pouco na casa (como as lâmpadas que sobraram dos enfeites de Natal) vão para a caixa "Guardar".

2 Jogar fora. Conforme separa, jogue o que não presta direto no saco de lixo. Folhetos, receitas velhas, recados, canetas sem tinta – tudo isso será descartado.

3 Organizar. Quando tiver separado tudo o que havia na área e jogado o lixo, é a hora de organizar. Dê uma boa olhada na área que você acabou de limpar e descubra jeitos de organizar os itens cujo lugar é ali. Junte as canetas perto do telefone num recipiente bonito. Ponha as listas telefônicas sob a base do telefone. Procure organizar a área para um uso melhor: dá para substituir a confusão de papeizinhos por um quadro branco, onde escreverá e apagará os recados?

4 Pôr no lugar. Quando o cronômetro parar ou a área estiver organizada, está na hora de guardar os itens fora do lugar achados durante a tarefa. Pegue a caixa "Pôr no Lugar" e devolva os itens aos lugares certos. Jogue o lixo fora e guarde o cronômetro e as caixas num armário ou numa prateleira, onde ficarão até a próxima sessão do ACABE. Quando uma caixa "Guardar" ficar cheia, ponha-a numa área de depósito e comece uma nova. Decida quando atacar o próximo foco de bagunça da casa e marque na agenda *(Como planejar, págs. 72-87)*. Por fim, admire a recém-arrumada área do telefone. Com o método ACABE com a bagunça você criou um centro funcional para ligações e recados.

Passo a passo do ACABE com a bagunça: gaveta de tralha

Toda casa tem uma dessas gavetas, com itens pequenos e muito usados. O conteúdo desse "recipiente" que aceita tudo parece crescer como massa de pão sempre que a gaveta é fechada. Quando surgem problemas para abri-la ou fechá-la, está na hora de ACABAR com a bagunça.

1 **Separe.** Pegue os utensílios: cronômetro, caixas e saco de lixo. Programe o cronômetro para 15 minutos. Abra a gaveta e comece a separar os itens em pilhas de objetos similares até o cronômetro tocar ou a gaveta ficar vazia.

2 **Jogue fora.** Jogue itens quebrados ou inúteis no saco de lixo. Coloque os itens que pertencem a outros lugares na caixa "Pôr no Lugar" e os que são para guardar na caixa "Guardar". O que ainda pode ter uso vai para a caixa "Vender/Dar".

3 **Organize.** Com a gaveta vazia, organize no espaço disponível os itens que restaram. Use divisórias para ter espaços adequados para pilhas, canetas, fita adesiva etc. Arrume os itens pequenos em caixinhas, para que fiquem fáceis de achar.

4 **Ponha no lugar.** Quando o cronômetro tocar, pare a sessão, guarde os itens que estão na caixa "Pôr no Lugar", o cronômetro e as caixas para a próxima sessão do ACABE. Jogue o lixo fora.

ACABE com a bagunça pela casa: **estratégias de arrumação**

Assim como a bagunça cresce aos poucos, reverter o fluxo exige esforço contínuo. Há limites para o que se consegue numa sessão do ACABE com a bagunça. Trabalha-se depressa numa estante, numa gaveta ou numa área de trabalho. Mas por onde começar numa casa toda bagunçada? Resposta: com um passo por vez. Use estas estratégias a fim de levar a batalha contra a desordem para todos os níveis.

Onde mais Incomoda

O processo de arrumar a bagunça pode ser psicologicamente desconfortável. Assim, estimule sua motivação aplicando os primeiros esforços do ACABAR com a bagunça onde darão mais resultados. Procure os lugares que mais incomodam e concentre esforços contra a bagunça onde eles mais valerão a pena. Se todo dia é um desafio sair de casa para trabalhar, por exemplo, lide com a confusão de cosméticos no banheiro, enfrente o guarda-roupa e arrume o lugar das chaves.

Da Porta para Dentro

Qual o jeito mais direto de enfrentar a bagunça da casa toda? Use o método Da Porta para Dentro. Comece pela entrada e siga para a direita, percorrendo a casa e arrumando cada parte. A próxima sessão começa na área seguinte à que foi arrumada por último. A vantagem do método Da Porta para Dentro é que você sempre sabe qual será o próximo lugar a ser arrumado. As áreas comuns da casa devem ser as primeiras a ser arrumadas, para acabar com os sobressaltos quando chega uma visita!

Limpeza Geral

Você se deprime com a bagunça? Procure dar uma Limpeza Geral. Uma vez por dia, pegue uma lixeira e percorra a casa procurando o que pode ser jogado fora sem envolver uma tomada de decisão. Sacolas velhas de plástico, meias sem par, utensílios de cozinha quebrados, alimentos com prazo de validade vencido e maquiagem com mais de um ano estão entre os candidatos. Quando a lixeira encher, jogue tudo fora.

O Método Penicilina

Num dia você arruma a mesinha no hall. Na semana seguinte, uma bagunça nova já infectou a mesma área. Uma usuária do nosso site comparou isso a uma placa de cultura de bolor, na qual um laboratorista pinga todo dia uma gotinha de penicilina. No dia seguinte, só a área em volta da gota está com bolor. Mas, como as gotas de penicilina continuam sendo pingadas diariamente, as áreas sem bolor vão aumentando e se juntando até a placa inteira ficar livre dele.

Para aplicar o Método Penicilina use o ACABE com a bagunça para arrumar uma pequena área a cada dia. No dia seguinte verifique se a área anterior ainda está arrumada, e então prossiga na arrumação de mais uma área bagunçada.

Uma Gaveta por Dia

Os adeptos do Feng Shui acreditam que a bagunça e a tralha acumulada são armadilhas que detêm o "chi", energia que flui pela casa e pela vida. Liberte, passo a passo, o chi aprisionado com o método Uma Gaveta por Dia – combatendo a bagunça e atacando-a em pequenas porções diárias.

Reserve 15 minutos para aplicar todo dia o ACABE com a bagunça *(págs. 20-23)* numa única gaveta, estante ou área de trabalho. Visualize a energia revigorante voltando a fluir livremente em cada área ou superfície que você arrumou.

▶ **Arrumar a bagunça** exige muito, física e emocionalmente. Ao atacá-la em pequenos passos você manterá a energia e o entusiasmo necessários para dar conta da casa inteira.

Arrumada **noturna**

Breve e agradável, uma arrumação rápida à noite resulta em manhãs felizes. Antes de se deitar, percorra a casa em busca de coisas fora do lugar. Uma caixa de papelão resistente ou uma cesta com alças facilita catar sapatos espalhados, revistas, pratos e copos, brinquedos, controles remotos e material escolar. Percorra a casa inteira e devolva os itens a seus lugares certos.

Famílias com filhos devem estabelecer horários "de pôr no lugar" rotineiros. Como em qualquer bom berçário ou pré-escola, devolver os brinquedos a seus lugares, no fim do dia, ensina hábitos de organização às crianças – e evita que pais, no meio da noite, dêem topadas em brinquedos espalhados.

Evite a volta da bagunça

Livrar-se da bagunça existente é só metade da tarefa; você precisará de novos hábitos e de uma nova visão das coisas para evitar que a bagunça volte à sua casa organizada. Siga estas estratégias para manter o monstro da bagunça longe para sempre.

Vendas

Desapegue-se e livre-se da bagunça com a venda de itens que não são usados:

- **Faça um bazar ou reúna amigos para uma venda.** Não se esqueça de preparar uma lista de itens valiosos. Para incentivar os compradores, ponha preços por lote – um preço para quatro itens. Leve o que sobrar para uma organização e se livre de tudo.
- **Venda on-line.** Sites de leilão on-line facilitam encontrar compradores para livros, suprimentos artísticos, itens de coleção ou aparelhos eletrônicos supérfluos. Uma opção prática é usar um revendedor on-line, que anuncia sua mercadoria, faz a venda e cuida da embalagem e do frete por uma comissão.
- **Passe adiante.** Os brechós não vendem só roupas, mas de tudo, desde equipamentos esportivos até artigos infantis. Este é um modo fácil de vender o que não se usa mais.
- **Vale a pena anunciar.** Use classificados baratos quando for vender itens caros. Muitos jornais e centros comunitários anunciam de graça ou a preços baixos para particulares. Use esse serviço para achar um novo lar – e ganhar um dinheirinho extra – para aparelhos domésticos e móveis sem uso.

"Moradia" para cada coisa

O que provoca a bagunça? São os "sem-teto"... correspondência, brinquedos, jornais etc. Sem ter onde "morar", itens comuns da casa ficam vagando, perdem o rumo, arranjam más companhias e se tornam parte da bagunça.

Estabeleça "moradias" para cada coisa. Jornais podem ser dobrados e empilhados numa mesinha antes de ser lidos; depois vão para o lixo reciclável. Dedique a cada membro da família um espaço para usar como Plataforma de Lançamento *(págs. 186-187)*: um local para bolsas, coisas de escola, mochilas e pastas. Arranje arquivos para a papelada, de modo que ela não fique espalhada pela bancada da cozinha. Com lugar para "morar", uma coisa boa jamais se juntará à bagunça.

Promessa Entra Um, Sai Outro

Qual o jeito mais simples de impedir a bagunça? Faça a Promessa Entra Um, Sai Outro. Para cada nova roupa, jogo, DVD ou revista que entra em casa, decida que outra peça igual e antiga precisa sair. Por exemplo: quando a edição deste mês de sua revista favorita chegar, separe um número antigo para dar a uma amiga. Toalhas novas e bonitas só podem entrar na casa se um conjunto antigo for doado ou reciclado para usar como pano de limpeza.

A Dieta de Não Comprar

Faça a Dieta de Não Comprar para adquirir hábitos que evitem a bagunça e a compra de mais "coisas". É simples: descubra como alugar, emprestar ou trocar itens de que precisa, em vez de comprá-los. Tente estas estratégias para compartilhar bens e acabar com a bagunça sem comprar coisas novas:

▲ **Faça a Promessa** Entra Um, Sai Outro. Ao comprar roupas novas, não deixe de doar para a caridade. Por exemplo: doe uma camisa velha para cada nova que você adquirir.

■ **DVDs, vídeos e jogos de computador.** Alugue DVDs, vídeos e jogos de computador em vez de comprá-los. O aluguel de DVDs traz filmes até você sem criar a bagunça de precisar armazená-los em casa – e voce sempre terá acesso ao acervo variado de sua locadora preferida. Empreste ou troque DVDs e vídeos. Assim, você, seus amigos e vizinhos terão sessões de cinema de graça.

■ **Equipamentos para festas.** Vai dar uma festa? Empreste equipamentos como vasilhas de ponche de amigos ou de quem os tenha na comunidade. Igrejas, grupos comunitários e alguns estabelecimentos oferecem acesso ao equipamento especializado para seu evento, sem criar bagunça; depois que tudo termina, os itens são devolvidos para outros usarem.

■ **Equipamentos esportivos infantis.** Eles podem custar caro e freqüentemente ficam pequenos de uma temporada para outra. Reúna-se com outros pais para organizar trocas de equipamentos para as atividades esportivas das crianças. Por exemplo, trocas de pés-de-pato podem ser o ideal para deixar os pequenos prontos para o verão seguinte.

"Sem ter onde 'morar', itens comuns da casa ficam vagando, perdem o rumo e se juntam na bagunça."

■ **Roupas de gestantes e de bebê.** Esperando um bebê? Outras mães são uma excelente fonte de roupas usadas para gestantes e bebês: troque e recicle, em vez de comprar novas. Faça circular uma "caixa-maternidade" de roupas para gestantes entre um grupo de amigas que são mães. Depois que o bebê nascer, tire as peças gastas e acrescente roupas novas antes de passar a caixa para a gestante seguinte.

Faça o *oosouji*

Para se manter protegida contra a bagunça e começar bem um novo ano, adote um costume japonês. Ao se prepararem para um novo ano feliz e próspero, os japoneses fazem o *oosouji*, a faxina e a organização de suas casas e escritórios nos dias que antecedem a virada. Com esse costume encerram os assuntos do ano que passou e revêem projetos importantes, abrindo espaço para bênçãos e desafios de um novo ano.

Siga o exemplo dos japoneses e comemore o Ano-Novo numa casa limpa e sem bagunça. No fim do ano crie espaço em cada estante, armário e guarda-roupa para as coisas novas que virão no novo ano.

Como é sua personalidade bagunceira?

É silenciosa. É dissimulada. Insinua-se pelos cantos. Embora seja tentador lançar-se a uma batalha em todas as frentes contra a bagunça, é melhor conhecer o inimigo antes. Há tantas razões para a bagunça doméstica quanto há tipos diferentes de bagunceiros. Acerte no alvo indo direto à raiz: seu próprio modo de pensar.

A que guarda: "Isto ainda pode servir para alguma coisa".

Reconhece-se uma guardadora pela coleção de objetos inimagináveis. As guardadoras não jogam nada fora: sacolas de compras, folhetos de jornal, roupas puídas. Sua criatividade é ilimitada. Pergunte a uma guardadora por que ela tem três anos de jornal guardado e ela descreverá o anjo de papel machê que pretende fazer com isso. O problema é que os guardados nunca têm fim, e nossa amiga nem percebe que tem material suficiente para fazer um anjo para cada casa do bairro... e ainda vai sobrar jornal.

O hábito de guardar coisas tem raiz na insegurança, financeira ou de outra natureza. Lá no fundo as guardadoras imaginam que nunca terão os recursos de que precisam se ficarem sem algum de seus pertences, não importa quão gasto, inútil ou supérfluo ele seja. Se os armários da cozinha estão entulhados de potes de margarina, utensílios sem uso há décadas e aparelhos elétricos velhos, é bem provável que haja um comportamento de guardar coisas subjacente à bagunça.

As guardadoras precisam se lembrar de que sempre há recursos disponíveis. Onde uma guardadora pode achar, fora de casa, um substituto das coisas que tem o hábito de guardar? Nunca faltarão coisas ao redor. Há revistas em sebos, utensílios baratos em bazares e uma infinidade de bugigangas nas lojas de 1,99. Essas arcas do tesouro se encarregam de juntar coisas para você. Tenha coragem de jogar fora!

A proteladora: "Amanhã eu penso nisso".

Aquelas que têm a protelação como disposição mental deixam absolutamente tudo para depois. Contas, folhetos, jornal velho, itens que precisam ser limpos ou consertados e projetos domésticos são todos deixados de lado para ser vistos em outro dia. A proteladora deixa a louça suja na pia, a roupa molhada na máquina de lavar e frutas podres caídas sob a árvore frutífera do quintal.

As proteladoras precisam saber que amanhã não vai haver mais tempo ou energia do que hoje – e que adiar as decisões arrasta para outro dia os assuntos não resolvidos no anterior. Como a base desse comportamento é o adiamento, aplique o melhor remédio: a ação. Para as proteladoras, começar a agir cria o impulso necessário para terminar a tarefa. Lembre-se: é mais fácil manter uma pedra rolando do que dar o primeiro empurrão que a fará rolar!

Como forçar a proteladora a agir? Defina um prazo-limite. Por exemplo: ao encontrar um bordado inacabado, marque uma data para terminá-lo. Se você não tiver acabado nessa data, o item deverá ser descartado – mas só por ter dado impulso à tarefa é bem provável que você persista até o fim. Esse primeiro empurrão para agir costuma ser o suficiente para recarregar a bateria até da mais convicta das proteladoras. Recorra, então, a essa estratégia para recolocar em movimento a bagunça que ficou empacada.

A rebelde: "Eu não quero e você não pode me obrigar".

As rebeldes eram forçadas a guardar as coisas quando crianças; já adultas, continuam a expressar aquela determinação muda e teimosa da criança de 4 anos, que se recusa a catar os brinquedos. A bagunça da rebelde pode estar em toda parte, mas costuma se concentrar nas atividades domésticas. Não, a rebelde não vai tirar as roupas da máquina de lavar, pôr a louça suja na lava-louças ou guardar o carro na garagem, mesmo que a roupa fique amarrotada, a louça crie mofo e o carro possa ser danificado pelo trânsito na rua.

As rebeldes precisam se lembrar de que a guerra acabou. Não estão mais morando na casa dos pais – e a família delas merece um adulto responsável, não uma menininha birrenta. Diga à rebelde dentro de você: "Certo. Agora, a mãe sou eu, e quero ter uma casa gostosa de morar". Ao trocar de lugar com a antiga figura da autoridade, é possível que a rebelde supere sua atitude "não quero!". Ao lembrar a si mesma que agora é você que controla as decisões, conseguirá desarmar a imaginária luta pelo poder que há dentro de você.

A perfeccionista: "Na semana que vem arrumo tudo... com perfeição". As perfeccionistas são pessoas maravilhosas, mas vivem num mundo de tudo ou nada. Fazem coisas fantásticas – quando fazem! O perfeccionismo constitui uma barreira interna contra a arrumação da bagunça porque a perfeccionista não suporta fazer uma tarefa que não fique perfeita. Sem tempo para se dedicar de corpo e alma à tarefa, a bagunceira perfeccionista prefere que as coisas – pilhas delas – fiquem como estão.

Por exemplo: os recipientes de plástico da cozinha podem estar caindo do armário, mas a bagunceira perfeccionista não irá arrumá-los enquanto não puder comprar o papel para forrar a prateleira, um organizador para tampas e etiquetas coloridas perfeitas. Resultado: os recipientes amontoados e desordenados ficam como estão, prontos para cair no pé de quem abrir, inadvertidamente, o armário.

As bagunceiras perfeccionistas precisam se lembrar da regra 20-80: 20% de qualquer tarefa resolvem 80% do problema, enquanto resolver os demais 20% dará conta de 80% da tarefa. Ao se permitirem fazer apenas 20%, as bagunceiras perfeccionistas vão em frente. É perfeitamente viável dizer à perfeccionista interior: "Hoje vou fazer os 20% mais importantes da tarefa – separar, empilhar e organizar esses recipientes de comida. Mais tarde, farei os demais 80% – comprar organizadores e forrar as prateleiras". E se esse "mais tarde" não chegar? Parabéns! Você tapeou a perfeccionista dentro de você...

A sentimental: "Ah, o coitadinho!".

As sentimentais nunca topam com uma coisa velha da qual não gostem ou não queiram guardar. Roupas das crianças e desenhos da escola, cartões de Natal ou aniversário desbotados, suvenires de viagens – uma miscelânea de lembranças entulham o ambiente da bagunceira sentimental. O problema é que há tanto para lembrar que os itens realmente queridos se perdem na bagunça. Quem consegue achar o boletim da primeira série num quartinho com pilhas de caixas?

A bagunceira sentimental precisa reduzir o volume de lembranças a um estado mais portátil, mudando o indiscriminado "Ooooh!" para uma atitude mais seletiva. Lembre-se: o que importa para o coração da sentimental são as memórias e as emoções. Desse modo, uma bagunceira sentimental pode, por exemplo, limitar os trabalhos escolares de cada filho a apenas uma caixa, selecionando o melhor desenho, tema e projeto de cada mês – e jogando todo o resto no lixo.

Para refrear a bagunça sentimental, faça álbuns de fotos e trabalhos realmente bons, ou fotografe a tralha supérflua antes de jogá-la fora. Faça uma seleção, escolha o melhor, guarde as lembranças e descarte o resto.

Para combater a bagunça **de dentro para fora**

Não é só a casa que fica entupida de coisas inúteis. A bagunça também toma conta da mente. Aspectos psicológicos, como medo ou sentimentalismo, impedem que a gente se livre do supérfluo. Solução: enfrentar as forças interiores que ficam entre a bagunça e a lata de lixo. Tente estes antídotos para se livrar da bagunça.

A idéia de escassez: "Posso precisar disso algum dia".

Quem pensa assim se recusa a se desfazer de sua tralha por medo de que não terá pertences e de que precisará deles futuramente. Resultado: gavetas cheias de papel-alumínio dobrado, embalagens de ovos empilhadas, quartinhos abarrotados de pregos tortos e ferramentas quebradas.

Encare a idéia de escassez escancarando seu medo e enfrentando-o. Depois, supere-o, para se livrar dessa influência em sua maneira de pensar. Por exemplo, diante de um armário cheio de potes de iogurte vazios, pergunte-se: "Quando foi a última vez que usei um desses?". Uma resposta que vá do "nunca" a "uns 25 anos atrás" indica que a idéia de escassez está por trás do problema de bagunça. Lembre-se de que o mundo está cheio de potes vazios de iogurte. Seu receio de que algum dia eles possam todos desaparecer não passa de um receio. E acabam-se os recipientes e o medo por trás deles.

Para proteger um investimento: "Isto custou muito dinheiro".

Questões financeiras costumam nos unir a alguma tralha; um refrão mental do tipo "mas eu paguei 50 reais por isso!" pode impedir que nos livremos de itens dos quais não precisamos mais ou nem queremos. O problema é que o preço da compra, daquele momento, não tem mais nenhuma relação com o valor atual. Pense nos computadores. Três ou quatro anos após a compra o valor real de um microcomputador é apenas uma pequena fração do preço original, graças aos avanços da tecnologia. Não é quanto você pagou pelo item que importa; é quanto ele vale hoje – e é este valor que você precisa levar em conta ao analisar se o mantém ou se deve se livrar dele. Os sites de leilões são excelentes para isso: fornecem um valor realista para qualquer produto. Assim, será mais fácil se desfazer do item e seguir adiante.

A emoção da busca: "Isto é uma coleção".

Ter coleções é divertido, mas pode resultar em imensos problemas de bagunça. No entusiasmo da busca e aquisição, nada mais importa – até você ter de achar lugar para o que acabou de comprar em estantes já abarrotadas. No momento em que uma coleção predileta precisa ser guardada em forros empoeirados ou nas últimas prateleiras, ela se tornou tralha.

Para se livrar das amarras da coleção que virou bagunça, avalie-a, tendo em vista sua essência: os três, cinco ou sete itens com os quais você tem laço de afeição. Só esses itens que têm sentido, uso e valor merecem um lugar em sua casa.

De família: "Era do meu avô".

Família é um laço que nos une, e nos une também a coisas indesejáveis na forma de "tralha herdada". Ou seja, itens que você não quer, não precisa, não usa e nem valoriza, mas que mantém porque pertenceu a algum membro da família.

Não estamos falando de verdadeiras heranças. Eu tenho um legado: uma bela colcha feita à mão por minha bisavó. Cada vez que vejo os quadradinhos resgatados de um vestidinho da infância de minha mãe, posso sentir o amor de quatro gerações em minhas mãos. Minha colcha tem uma história, e vou legá-la a meus próprios netos.

▲ **Seja seletiva.** Os verdadeiros legados de família merecem um lugar numa casa organizada, mas nem todos os itens herdados se encaixam nessa descrição. Não deixe de guardar as cartas de amor de seus avós, mas jogue fora as contas de luz e água deles.

Tralha herdada é mais como o velho sofá do vovô. Está esfarrapado. É horrível. Não dá para sentar nele porque pode desmoronar, tampouco dá para se livrar dele. Por que não? "Porque é uma herança." Aprenda a distinguir o verdadeiro legado da simples tralha herdada. Para ajudar, pergunte-se:

- O que eu sei sobre este item?
- Tenho alguma lembrança relacionada a este item?
- O item tem algum uso ou valor em minha vida diária?

Crise de identidade: "Estes barris de chope estavam no meu quarto na faculdade".

Não usamos mais esse tipo de tralha, mas nos apegamos a elas porque simbolizam uma identidade mais jovem. É fácil reconhecer essa tralha, porque costuma estar intimamente relacionada com seu tempo e lugar. O panô de macramé da aula de artesanato. A coleção de LPs da década de 1980.

Para cortar as amarras com a tralha de identidade, lembre-se de que você não é as suas coisas. As lembranças e o crescimento são os verdadeiros dons dessa identidade. As coisas que sobraram não têm nenhuma utilidade, a não ser atrapalhar nossa vida atual, mais rica. Para conservar as lembranças, guarde um símbolo dessa etapa da vida, mas livre-se da tralha de identidade. Escreva em seu diário sobre a aula de macramé e se desfaça do panô poeirento. Emoldure algumas capas dos LPs e doe o resto da coleção.

Como lidar com **a bagunça dos outros**

Problemas de bagunça costumam ocorrer nas famílias. Embora possa haver um membro que seja muito organizado, o mais provável é que a bagunça doméstica seja um problema da família toda. Quando você está dando os primeiros passos no caminho para ordenar sua vida, a bagunça dos outros talvez crie barreiras quase intransponíveis. O que se pode fazer para lidar com a bagunça criada pelos outros?

Crie "reservas" para a bagunça

Não existe uma vida inteiramente sem bagunça. Mesmo os mais arrumados às vezes largam as roupas no chão.

Estabeleça áreas de "reserva" para a bagunça. Como as de preservação ambiental, são áreas onde a bagunça vive em liberdade, desde que dentro daquelas fronteiras:

- **No quarto,** uma cadeira vira área de preservação da bagunça. Ali as roupas podem ser largadas de qualquer jeito, mas só nela.
- **A gaveta de tralha** na cozinha pode abrigar frascos de vitaminas, elásticos, receitas e notas de compra que não são bem-vindos fora dessa área de preservação.
- **Um revisteiro grande** na sala de estar pode ser a solução perfeita para as revistas, desde que elas fiquem só nele.
- **Artesanato, costura** ou hobbies bagunçam tudo, mas regras rígidas de arrumação perturbam o pouco tempo que se tem para isso. Reserve uma mesa dobrável ou um armário para essas atividades. Deixe a bagunça limitada, fechando o armário ou cobrindo a mesa entre as atividades.

Por onde começar? Por você!

Você trabalha durante semanas para arrumar a sala de televisão e a cozinha e, de repente, encontra tudo bagunçado outra vez. É a bagunça dos outros. Por mais tentador que seja convocar uma reunião de família para baixar uma lei contra a bagunça, resista. Qualquer regime forçado para uma vida sem bagunça só vai durar enquanto você ficar no pé de todos, insistindo para que catem meias, jornais e brinquedos.

Em vez disso, admita que a mudança tem de começar por você. Só quando tiver enfrentado e dominado os próprios problemas de bagunça você poderá se concentrar em ajudar outros membros da família. Além disso, o progresso deles será exatamente igual ao seu: conquistado passo a passo. Para você, terá sido um progresso lento e contínuo até adquirir novos hábitos, estabelecer centros de atividades e cortar pela raiz a bagunça nova, e isso se repetirá com os outros.

Dicas à consultora para bagunça familiar

Brigas por causa de desordem e desorganização não levam a nada nem arrumam a bagunça. Adote o papel de consultora para problemas de bagunça, a fim de ajudar os outros a controlar a bagunça. Agir como auxiliar acalma os ânimos e cria a sensação de trabalho em equipe. Experimente estas dicas para inspirar os outros a se organizarem:

Trabalhe com a personalidade do bagunceiro.

Se você diz "tem de ser do meu jeito", está partindo de uma premissa falsa: a de que só há um jeito certo de acabar com a bagunça e se organizar. Errado! Os estilos das personalidades criam soluções de arrumação bem-sucedidas. Aquela mesa vazia, que funciona para o pai que gosta desse visual, não atende à criança que prefere seu material à vista. Ponha as canetas coloridas dela numa caneca simpática em cima da mesa, para respeitar o estilo de sua personalidade.

Ataque o problema, não a bagunça. Bagunça é sintoma; o verdadeiro problema está na relação do bagunceiro com o espaço e a ordenação de suas coisas. Como consultora de bagunça, sua função é atacar o problema, não as coisas. Guardar o material escolar espalhado depois que seu filho voltar da escola é tratar o sintoma isoladamente; criar uma Plataforma de Lançamento para seu filho *(págs. 186-187)* e ensiná-lo a passar por ela, antes e depois da escola, oferece a verdadeira solução.

Seja flexível. Cônjuges, companheiros de quarto e outros moradores da casa costumam discordar quanto ao que significa bagunça. O lixo de uma pessoa pode ser o tesouro de outra. Por que perder tempo com significados? Uma consultora de bagunça é flexível e busca soluções, não confrontos. Na minha casa, o material de pôquer do meu marido, Steve, se tornou uma confusa coleção de livros, textos e pedaços de papel que passavam do sofá para a mesa ou para o chão, dependendo de onde ele os usava. A meu ver, isso era bagunça. Para ele, sua biblioteca de pôquer: recurso indispensável para um homem que pretende competir como profissional.

Solução: reservei uma pequena prateleira da estante para sua biblioteca de pôquer. Sabendo que ela "mora" ali, Steve tem acesso fácil a seu material de referência e eu não preciso mais vê-lo empilhado na mesa do café ou amontoado no sofá.

▲ **Bagunça familiar?** Os esforços para a arrumação não podem se basear nas idéias de uma única pessoa. Mostre à família os benefícios de um espaço arrumado e organizado.

▲ **O bom da organização.** Uma área de entretenimento organizada ajuda a achar vídeos e DVDs ou livros. Ao perceber os benefícios, a família inteira aprende a ser organizada.

Tarefas domésticas
como organizar

Organizar-se não tem nada a ver com a aparência da casa, e sim com o funcionamento dela. Quanto tempo você leva para embrulhar um presente, pagar contas ou trocar a roupa de cama de um filho doente à noite? Numa casa organizada, tudo é arrumado para facilitar o trabalho da vida no dia-a-dia.

Organização não é só arrumar itens em caixas, armários ou gavetas. Organização significa armazenar suprimentos, ferramentas e materiais de maneira lógica e dotada de sentido – e de tal forma que fica fácil guardá-los quando não se precisa mais deles. A boa organização acelera e simplifica as tarefas diárias.

Nesta seção aprenderemos as bases da organização doméstica e a criar centros de atividades para concentrar as tarefas cotidianas e a usar recipientes para criar uma casa organizada. Também examinaremos maneiras de envolver toda a família na organização da casa. Nossa meta é criar espaços para viver e trabalhar e áreas de armazenagem, de modo que façam o dia-a-dia fluir sem problemas.

Como organizar sua casa

O lar. É o centro emocional, o seu lugar, onde você recarrega as baterias e descansa. E, para a maioria das pessoas, não existe nada igual. A casa é muito mais que um abrigo contra os elementos da natureza – é o palco onde vivemos nossa vida. Mas, sentimentos à parte, até que ponto sua casa funciona para você?

Pense nas últimas 24 horas. Você saiu de casa sem atraso... ou perdeu de novo as chaves do carro? Na hora das refeições, foi fácil os membros da família ajudarem a pôr a mesa ou os pratos estavam guardados muito alto, ou muito baixo, ou ainda estavam na pia para ser lavados?

"Organizar-se nada tem a ver com a aparência das coisas, mas com sua funcionalidade."

Na hora de se deitar, foi uma transição relaxante no fim de um dia movimentado ou teve de empurrar uma pilha de roupas e expulsar o cachorro da cama para poder, enfim, repousar? Se o dia-a-dia desgasta você, está na hora de se organizar.

Funcionalidade, não aparência

Primeiro vamos esclarecer o que é organização e o que não é. Organização não é um estilo de decoração – trata-se do bom funcionamento da casa, não da aparência que ela tem. A casa organizada com recipientes desemparelhados pode estar muito mais bem organizada do que uma toda equipada com caros "sistemas" que não funcionam. O paradoxo é que casas arrumadas nem sempre são casas organizadas. Pilhas bem-feitas de papel podem esconder contas vencidas e compromissos esquecidos. Um quarto elegante talvez não mostre as roupas inúteis que abarrotam os armários. No entanto, uma mesa cheia pode ser a prova de uma casa bem organizada: contas pagas, formulários preenchidos, cartas respondidas.

É possível ser arrumado sem ser organizado. Arrumar é o processo de colocar as coisas no lugar. Mas e se esse lugar não for o mais adequado para esse item? Então, você está de volta ao Caos Inicial, ainda procurando as chaves, a carteira, a guia do cachorro. "Guardado" não equivale a "organizado". Assim, não se engane com uma aparência organizada. Tenha como objetivo a função organizada: é o que faz a diferença entre o caos e a harmonia.

◀ **Conseguir se organizar** significa ter à mão tudo de que você precisa para poder desempenhar as tarefas cotidianas que mantém a casa e a vida fluindo tranqüilamente.

Pense em processo, não em produto

Imagine um bazar. É provável que estejam à venda produtos caros para organizar coisas: plataformas giratórias de plástico, prateleiras de banheiro, organizadores especializados, como suportes para latas, porta-gravatas, extensores de prateleiras. Tudo à venda por uma fração do preço original – e todos testemunhas de um processo em que alguém em busca de organização confundiu "organizar" com "comprar coisas".

Há uma diferença entre organização e produtos que se usam para atingir esse objetivo. Organização é um processo, não um produto. Implica tempo e raciocínio, esforço e motivação – e nada disso se compra numa loja. Nenhum item, por mais útil que seja, pode por si só colocar você a caminho de uma organização melhor. Em resumo: ninguém se organiza comprando coisas que acabam sendo postas à venda.

As regras da **organização doméstica**

O teste definitivo da organização é a funcionalidade. Sua casa funciona para você? Você consegue achar as coisas, executar tarefas e viver o dia-a-dia sem estresse? Para organizar sua casa, siga as três regras da organização doméstica: ter um lugar para cada coisa, fazer com que a família participe e criar "centros" de atividade.

1 Ter um lugar para cada coisa

O ditado é antigo, mas ainda vale: "um lugar para cada coisa e cada coisa em seu lugar", um mantra da organização doméstica. As coisas, como as pessoas, precisam de casa. Encontre a "moradia" delas, marque-a com etiquetas, divisórias e organizadores, e você terá vencido boa parte da batalha.

> "O ditado é antigo, mas ainda vale: 'um lugar para cada coisa e cada coisa em seu lugar'."

Seja criativa para achar lugares para as coisas da casa "morarem" – e mude seu modo de pensar. E daí que as lojas vendem as toalhas de banho em conjuntos de três? Separe o trio e guarde-as onde são necessárias; toalhas de mão empilhadas no lavabo; toalhas de banho e de rosto no banheiro onde são mais usadas. Não esconda panfletos e cardápios de disque-pizza na gaveta da cozinha onde acabarão esquecidos: guarde-os numa pasta perto do telefone onde serão mais úteis.

2 Fazer com que a família participe

Conseguir se organizar não é simplesmente uma questão de distribuição do espaço doméstico; é um processo integrado que envolve a família toda. Qualquer sistema ou esquema de organização irá falhar, a menos que todos os membros da família o entendam e possam segui-lo. Envolva a família ao organizar as coisas e os ambientes. Por exemplo: ao organizar os itens na cozinha, guarde pratos, travessas e copos inquebráveis em armários baixos. Os membros mais novos da família só poderão pôr a mesa se tiverem acesso à louça. Se guardá-la num lugar ao alcance deles, ajudará toda a família a ajudar você.

3 Criar "centros" de atividade

Você está procurando um modelo para uma casa bem organizada? Volte à pré-escola! Professoras de pré-escola são modelos de organização porque precisam ser. Sem um plano para a estrutura espacial da sala de aula, 18 ou 20 crianças cheias de energia criam o caos em segundos.

Para a classe funcionar, professoras de pré-escola adotam o conceito de "centros" – áreas dedicadas a uma atividade, como construir com blocos ou se fantasiar, com espaços para guardar tudo daquela atividade. Panelinhas e outros utensílios incentivam a brincar de casinha; na mesa de artes, papel, tintas e pincéis estão à mão. Na hora de ir para casa, as crianças guardam as roupas no baú e carrinhos de brinquedo na área de "estacionamento" deles.

Em casa você pode criar centros que funcionam do mesmo jeito, para concentrar e apoiar atividades realizadas todos os dias numa casa. Para criá-los você precisa escolher:

- **Um foco.** Para cada centro, uma só atividade.
- **Uma área específica.** Estabeleça um lugar exclusivo para a realização da atividade.
- **Locais de guardar utensílios e suprimentos.** Faça com que todos os itens necessários estejam disponíveis no centro.

Criação de **centros**

Avalie a criação desses centros de atividade em sua casa. Adapte-os, e o conteúdo de cada um deles, às necessidades de sua família.

- **Telefone** (listas, agenda telefônica da família, calendário da família, bloco de recados, canetas, pasta com panfletos de disque-pizza e delivery)
- **Higiene pessoal** (produtos para pele, utensílios de barba, cosméticos e apetrechos para os cabelos perto de uma pia de banheiro, com espelho)
- **Agasalhos** (casacos, chapéus, luvas, cachecóis, guarda-chuvas e botas num armário perto da porta)
- **Faxina e manutenção** (vassouras, rodo, aspirador de pó, kit de faxina com utensílios, lâmpadas para substituição, panos e esponjas de limpeza, produtos especializados de limpeza)
- **Papelada** (escrivaninha, telefone, computador, arquivo, canetas, papéis e talões de cheque)
- **Correspondência** (papéis de carta, coleção de cartões, canetas, envelopes e selos)
- **Áreas de brincar das crianças** (tapetinho ou almofadas, brinquedos em caixas de plástico)
- **Leitura** (poltrona confortável, luminária de leitura, mesinha de apoio, óculos de leitura, travesseiro, caneta marca-texto e marcadores de página)
- **Lição de casa** (mesa, boa iluminação, canetas e marcadores, papéis, livros de referência)
- **Entretenimento** (TV, controles remotos, programação, sofá, bandejas para lanches, almofadas)
- **Área de hobbies** (bancada, luz, ferramentas, organizadores para suprimentos, como pregos)
- **Lavanderia** (lavadora, secadora, espaço para passar, tira-manchas, alvejante, sabão em pó, amaciante, cestos para roupas)
- **Artesanato** (espaço de trabalho, luz, local para guardar tintas, papéis, cola e demais materiais)
- **Costura** (máquina de costura, ferro e tábua de passar, utensílios de costura, tecidos e acessórios)
- **Planejamento e agenda** (escrivaninha, computador, agenda, suprimentos de escritório)
- **Embalagem e postagem** (caixas de papelão, envelopes acolchoados, plástico-bolha, papel pardo, balança postal, papel de embrulho, fitas e cartões, tesoura, fita adesiva, canetas e marca-textos)

centro no banheiro ▲ págs. 190-191

centro de brincar ▲ págs. 210-211

centro de papelaria ▲ págs. 226-227

Centro **culinário**

O conceito de "centros de atividade" não deve ser rígido, nem é preciso manter cada centro num espaço distinto e específico.

Os centros de atividade costumam se sobrepor, principalmente na cozinha. Em espaços pequenos, não tente separar cada centro com limites fixos e divisões rígidas; em vez disso, encare o conceito com flexibilidade, de acordo com as tarefas a serem realizadas.

Mantenha os centros flexíveis
Um centro para cortar, criado na área da pia, pode se sobrepor completamente ao centro de lavar louça numa cozinha pequena. Cada utensílio do centro deve ser guardado no lugar mais lógico para a função daquele centro, e pode dividir espaço na gaveta e no balcão com outros equipamentos. O objetivo é fazer cada atividade da forma mais conveniente possível, mesmo que o ralador e o espremedor de frutas precisem ficar no mesmo local do escorredor de pratos!

Primeiros passos: as bases para a organização

Ao organizarmos a casa por cômodos, devemos nos lembrar destes princípios básicos. Sejam armários abarrotados, sejam áreas de trabalho entulhadas, estas importantes estratégias de organização ajudam a manter a ordem no setor doméstico.

Quente, morno ou frio?

Este é um pressuposto simples, mas poderoso: os itens mais usados devem ser os de acesso mais fácil. Pense nos espaços como se tivessem áreas quentes, mornas e frias, e guarde os utensílios e suprimentos conforme a freqüência do uso.

- **Zonas quentes.** A parte da frente das gavetas, prateleiras ao nível dos olhos e o espaço para guardar coisas numa área de trabalho constituem o lugar para itens muito usados. São áreas que a mão alcança sem esforço, como ganchos de utensílios de cozinha ao lado do fogão. É onde você guarda colheres, conchas e batedor de ovos, para ter acesso fácil.
- **Zonas mornas.** São um pouco mais difíceis de alcançar, como o fundo da gaveta ou uma prateleira mais no alto. Você precisa se esticar, se curvar ou abrir mais as portas para ter acesso à zona morna. Coloque ali os itens que você usa só de vez em quando (uma vez por semana ou por mês). Espremedor de batata, panelões e as fôrmas de bolo podem "morar" felizes ali. Você sabe onde estão quando precisar deles, mas não atrapalharão seu trabalho no resto do tempo.
- **Zonas frias.** Também conhecidas como "Sibéria Longínqua", são aqueles locais de armazenagem que devem ter sido projetados por fisioterapeutas para arranjar pacientes. São escuros e obscuros. São impossíveis de alcançar sem uma escada ou sem ficar de quatro. Os recessos da estante de baixo ou o armário sobre a geladeira, que exigem uma escada, são territórios das zonas frias. É onde você coloca os itens que menos usa, tais como moldes de gelatina, utensílios sazonais e travessas para banquetes. Pense assim: o frio os conservará muito bem!

Etiquetas, etiquetas, etiquetas

Na hora de separar e guardar, a organização parece óbvia. Mas, com o tempo, essa informação se perde. Ao arrumar as roupas de cama e banho, um esquema mental do tipo "vou empilhar os lençóis das crianças aqui, as toalhas deste lado e os cobertores ali..." só dura até o momento em que, tarde da noite, ao procurar lençóis limpos, reviramos as pilhas arrumadinhas.

Solução? Etiquetas, etiquetas e mais etiquetas. Etiquetas com figuras, para as crianças. Etiquetas impressas. Folhas de etiquetas ou etiquetas criadas uma a uma por etiquetadores eletrônicos. Repita comigo: "Etiquetas nunca são demais".

As etiquetas dão transparência a qualquer esquema de organização. Mostram a qualquer um, e não só a quem fez a organização, o lugar de cada coisa. Baby-sitters ou convidados sempre saberão onde achar as toalhas – e para onde devolvê-las – quando há etiquetas nos armários.

Em caso de mudança, etiquetas nas caixas ajudam a colocar o conteúdo no lugar certo na casa nova. Para guardados sazonais, as etiquetas evitam que se abram todas as caixas até achar as luzinhas de Natal. Na caixa de luz, etiquetas mostram qual disjuntor desliga o aquecedor de água com vazamento.

Mais difícil pegar do que guardar

Profissionais como as equipes de pré-escola conhecem um segredo simples: para manter as coisas em ordem, faça com que seja mais difícil pegar alguma coisa do que guardá-la. A natureza humana é assim. Quando queremos alguma coisa, nos esforçamos para consegui-la. Mas, quando se trata de guardá-la... Aproveite a natureza humana e faça com que as coisas sejam mais difíceis de pegar do que de guardar.

Por exemplo: guarde os livros infantis na vertical numa caixa de plástico retangular. Para encontrar um livro, a criança precisará ir afastando os livros um do outro, dentro da caixa, para ver as capas e encontrar o título que deseja. Mas, para guardar, é só enfiar de novo na caixa, no espaço que restou.

"Repita comigo: 'Etiquetas nunca são demais'."

Na vertical

Para guardar livros, pastas ou papéis, a posição vertical sempre ganha da horizontal. Na horizontal, o resultado é uma pilha, um amontoado – objetos retangulares finos deitados em cima de outros. Uma pilha de livros numa mesa de centro. Revistas empilhadas no chão, ao lado de uma mesa. Para achar alguma coisa é preciso mexer em tudo – e provavelmente você nem se dará ao trabalho de recolocar tudo no lugar.

O armazenamento na vertical, como pastas suspensas, estantes de livros ou caixas de arquivos, facilita encontrar o papel ou carta de que você precisa. Basta percorrer as pastas suspensas, espiando os papéis que há dentro. É fácil achar o número que você quer se as revistas estiverem na vertical, e não irá tirar todas do lugar para pegar a que lhe interessa.

A sugestão que demos quanto aos livros infantis ilustra bem esse princípio. Para achar o livro que se quer basta ir passando as capas uma atrás da outra; e devolvê-lo não requer que se mexa nos outros livros. Do mesmo modo, quem gosta de costurar sabe que é muito mais simples encontrar um tecido em meio a outros se estiverem pendurados em cabides – sem precisar remexer numa pilha com todos dobrados.

Na geometria, não há preferência. Mas, quando se trata de organizar, escolha sempre a vertical em vez da horizontal.

▶ **DVDs com a lombada** para cima, guardados verticalmente numa caixa, facilitam achar filmes preferidos. Etiquetas com fotos permitem "ver" o que há dentro das embalagens e ajudam a achar o sapato certo na hora de sair. Arquivos de pastas suspensas possibilitam a busca e o arquivamento rápido dos papéis.

Como escolher **produtos para organizar**

Caixas, cestas, recipientes e dispositivos de vários tipos oferecem ótimas soluções para muitos problemas de armazenamento doméstico. Mas, em si, eles não são nenhuma solução. Com eles você talvez acredite que está resolvendo o problema, mas comprar o objeto errado na hora errada é pior: apenas cria mais bagunça.

Organizar, medir, comprar

Pense num problema comum: guardar revistas. Diante de uma estante repleta das suas preferidas, você costuma dizer "ah, preciso fazer alguma coisa com essa pilha de revistas", pegar as chaves do carro e ir a uma loja. Lá, a solução correta parece ser a compra de um porta-revistas para 12 exemplares, de plástico (da mesma cor das cortinas da sala).

Só que, em casa, você descobre que o porta-revistas é grande demais para a estante e que a coleção toda exigirá mais oito, para que as revistas caibam. Com a carteira vazia e sem energia, você desiste do projeto todo, e o porta-revistas novo vira um reforço para a bagunça.

Organizadores inteligentes sabem como o processo funciona: primeiro organizam, depois medem, só então compram – se comprarem. Avaliam e selecionam as revistas, mantendo apenas 20%: só as consultadas com freqüência.

Após descartar os outros 80%, o organizador planeja e mede as áreas de armazenagem disponíveis. Só então vai comprar artigos que ajudarão a organização – e com uma lista que lhe permite comprar exatamente o que precisa.

Faça esses artigos funcionarem seguindo estas dicas para extrair o melhor do que há disponível no mercado.

Confinar e conter. Caixotes, caixas, cestas e recipientes são a infantaria do organizador na guerra contra o caos. Use-os para separar e guardar coleções de revistas, brinquedos das crianças e materiais de artesanato. Recipientes sem tampa são ideais para itens usados com freqüência, deixando-os à mostra, mas impedindo que fiquem espalhados pela casa.

O uso das paredes. Cabides fixos, ganchos e suportes variados criam espaço extra para guardar coisas. Um porta-chapéus perto da entrada permite que as crianças pendurem casacos e bonés quando entram em casa. A guia do cachorro e as chaves do carro nunca sumirão se tiverem ganchos para elas perto da porta. Prateleiras estreitas são ótimas para fraldas e produtos para a pele, perto da cômoda do bebê.

Em prateleiras. Prateleiras são recursos muito usados por organizadores. Uma prateleira sobre a porta dá uma despensa instantânea para guardar enlatados. Numa prateleira acima da máquina de lavar ficam produtos de lavanderia acessíveis para os adultos e fora do alcance das crianças e dos animais.

Maximize a armazenagem combinando caixas plásticas ou cestas de palha com prateleiras. Caixas com código de cor ajudam as crianças a manter seus espaços arrumados. Cestas de palha permitem ver e pegar itens de higiene no banheiro.

Dividir para conquistar. As gavetas são grandes aliadas. Só há um probleminha: abrir e fechar uma gaveta a toda hora ajuda a bagunçar seu conteúdo. Resolva o problema com organizadores de gaveta. Use tiras de papelão ou plástico para criar divisórias ou compre organizadores de gaveta prontos: alguns oferecem vãos de diferentes tamanhos, que se encaixam, para você criar as divisórias como quiser.

▶ **Arrume a gaveta** de meias com divisórias, e você nunca mais terá de escarafunchar num emaranhado de meias para achar aquelas de algodão para ir à academia.

Tarefas domésticas
como limpar

Limpar a casa. É um serviço sujo, mas alguém precisa fazê-lo. É provável que a sujeira e a desordem tenham tomado conta da sua casa. Você está capacitada, de fato, para manter a casa reluzente?

Estabelecer o padrão do que seria "bem limpo" cria uma meta realista para a tarefa de manter a casa limpa. Aprender a limpar com eficiência acelera as tarefas de faxina. Canalizar o talento sob a forma de trabalho em equipe da família fornece mão-de-obra extra para que o serviço seja feito depressa e treina os mais jovens da família nas "manhas" da limpeza. Escolher os produtos de limpeza certos e usá-los com eficácia ajuda a limitar o aspecto de trabalho pesado e enfadonho da faxina. O agendamento das tarefas de limpeza ajuda a atacar a sujeira antes que ela fique entranhada e difícil de sair.

Nesta seção estão os métodos básicos de limpeza que mantêm uma casa saudável e feliz. Já está de avental e com o material de limpeza? Preparar, apontar e... limpar!

Criação do padrão **da casa "bem limpa"**

Sua casa está limpa? Você é quem resolve se está ou não. Embora possa soar como uma heresia para as "maníacas por limpeza", as famílias mais felizes estabelecem um padrão para a limpeza da casa adequado à sua composição, estilo de faxina e preferências pessoais.

Estabeleça o padrão adequado para vocês

Algumas famílias – como aquelas com bebês engatinhando ou membros mais idosos, com imunidade mais precária – terão a meta de alcançar um alto padrão de limpeza. Outras, como um grupo de adultos jovens e saudáveis, podem viver muito bem numa casa com um estilo de faxina mais moderado. Embora ninguém diga para ignorar a limpeza a ponto de arriscar a saúde, uma visão realista do padrão de limpeza de sua família pode evitar a frustração – e ajuda a fazer o serviço mais depressa.

Procure um consenso familiar quanto ao padrão de limpeza. Se a maioria dos membros da casa tende ao lado "relaxado" da questão, talvez se criem problemas de faxina se um membro exigir padrões mais elevados.

Negocie um acordo. As áreas para preparar comida e banheiros requerem alto nível de higiene, mas com o quarto de um adolescente não é preciso tanta preocupação. É melhor escolher os métodos de limpeza com cuidado, tendo em vista o bem-estar geral, em vez de brigar por bobagem.

▲ **Limpe com inteligência**, criando um padrão realista. Agende as tarefas para manter a casa limpa todos os dias.

▲ **Seja realista** quanto às áreas com padrão mais elevado. Quartos de crianças, cozinha e banheiros exigem alto nível de limpeza.

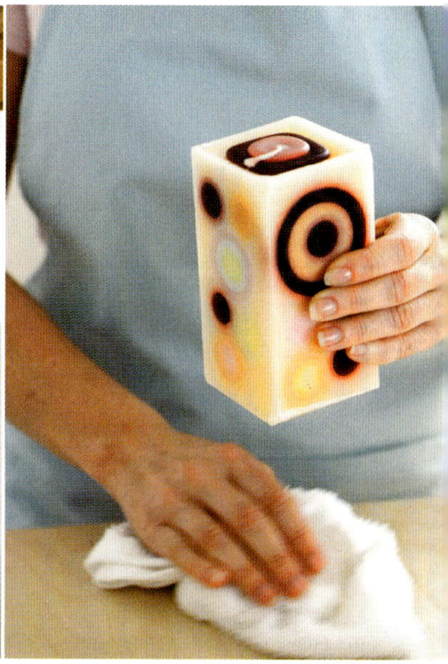

▲ **Padrões mais brandos** são adequados a áreas menos usadas. Não exagere no quarto de hóspede e na área de serviço.

Teste da faxina

Onde sua família se encaixa no espectro da faxina? Responda a este teste, que ajudará a avaliar o grau correto de casa "bem limpa". Não existem respostas certas ou erradas.

1 Quando o jantar termina, qual é o estado da cozinha?

A Impecável, claro. Vou enchendo a máquina de lavar louça enquanto cozinho, e toda a louça é lavada imediatamente. Não consigo relaxar se a cozinha não estiver brilhando quando apago a luz. Quem quer encontrar louça suja de manhã?

B Deixo os pratos do jantar de molho até a manhã seguinte. Quem quer estragar uma boa refeição enfiando as mãos na água logo depois?

C O que isso importa? A bancada da pia da cozinha continua repleta de louça suja; só lavei o que era preciso para o jantar.

2 Qual é o seu relacionamento com o aspirador de pó?

A Quem precisa de ajuda quando tem um aspirador de alta sucção? Até o gato aprendeu a ficar quieto na hora em que passo o aspirador todo dia.

B De amor e ódio. Mostro a ele o carpete uma vez por semana, mais ou menos, ou quando vem visita – mas gostaria que ele fizesse menos barulho.

C Que aspirador? Ainda espero que um desses *reality shows* de faxina ligue para nós e nos salve. O vexame não seria um preço muito alto a pagar.

3 Chegando à base do problema, com que freqüência você limpa a privada?

A Cada vez que a uso, claro. Quem quer se sentar em algo que não esteja no mínimo brilhante?

B Depende. Duas vezes por semana ou mais, se os homens da casa não tiverem boa pontaria.

C Só quando alguma coisa rosna quando levanto a tampa... Digamos, uma ou outra vez por mês.

4 Para sonhar com os anjos, com que freqüência você troca a roupa de cama?

A Uma vez por semana, ou duas quando está quente. Adoro lençóis limpinhos, cheirosos.

B Quando lembro ou se o cheiro me incomoda. Digamos, mais ou menos a cada duas semanas.

C Só quando estou com namorado novo. Para que gastar água e sabão em pó se vou estar com muito sono para reparar?

5 Com que freqüência você tira o pó da sua casa?

A Diariamente, claro; é um ritual. Algumas de minhas melhores idéias ocorrem quando estou espanando a mobília.

B Uma vez por semana, mais ou menos – ou sempre que o humorista da casa escreve com o dedo na mesa de jantar "tire o pó de mim".

C Sou fã do método por assopramento. Se pego alguma coisa que está coberta de pó, eu a assopro. Ótima dica de limpeza, não é?

Se você respondeu mais A, parabéns! Você é e gosta de ser uma Radical da Limpeza. Sua casa brilha e qualquer partícula de poeira, temerária a ponto de se mostrar, é expulsa sem hesitação. Só tenha cuidado para que sua faxina não se torne um problema entre você e outros membros da família, que não necessariamente compartilham sua alegria no processo.

Mais respostas B indicam que você é uma Arrumadeira Mediana, com a casa limpa o bastante para ser saudável, mas ainda bem suja para ser um lar. Quase sempre está satisfeita com os resultados domésticos em relação ao tempo de faxina, mas às vezes sua abordagem é assistemática demais. Procure agendar melhor as tarefas, para limpar menos e aproveitar mais.

Mais do que três respostas C? Você é uma Trapaceira da Sujeira. Não raro fica desanimada com a vida doméstica. Lembre-se: mesmo que não queira, uma hora você vai ter de fazer. Para deixar sua casa longe da imundície, concentre-se em pequenas mudanças: limpe a bancada da pia da cozinha uma vez por dia, reserve uma tarde nos fins de semana para faxina.

Como escolher e usar **produtos de limpeza**

Você deu uma olhada, recentemente, nas gôndolas de produtos de limpeza do supermercado? São tantas as variedades de opções que se fica tonto. Mas não se deixe confundir e mantenha-se fiel aos Quatro Grandes dos produtos de limpeza.

Junto com alguns produtos especializados, o limpa-vidros, o desengordurante, o limpador de pisos e banheiros e o saponáceo em pó ou líquido dão conta das faxinas diárias:

Limpa-vidros. Não se deixe confundir pelo nome "limpa-vidros", pois, em spray que se aplica diretamente, ele limpa janelas e muitas outras coisas. Evapora depressa sem deixar resíduos. Aplicado em vidros e espelhos, solta a sujeira, permitindo a remoção com minirrodo ou pano. Use em vidros, espelhos, bancada de cozinha, pias e torneiras, painéis de eletrodomésticos, prateleiras de geladeiras, portas de armário e outras superfícies impermeáveis com sujeira não-gordurosa.

Desengordurante. Limpador em spray, dissolve a gordura para que possa ser removida. Também conhecido como "limpador multiuso", remove resíduos de comida na bancada da cozinha; marcas gordurosas de dedos em paredes, portas e interruptores; sujeira gordurosa em madeira, molduras e esquadrias; e sujeira difícil dos móveis de jardim. Com um pano seco, remova a fina película que deixam.

Limpador de pisos e banheiros. No banheiro há vários desafios – resíduos de sabonete, xampu e gordura da pele; mofo e bolor do vapor e da condensação; encardido da pia e da banheira. Combata a sujeira do banheiro com um limpador

▲ **Limpadores em spray** facilitam a aplicação dos produtos de limpeza de forma uniforme nas superfícies sujas. Uma borrifada extra numa mancha ajuda a soltar e remover a sujeira ressecada.

▲ **Esfregar com força** aumenta o poder da limpeza, mas não exagere. Deixe o produto de limpeza agir por algum tempo, antes de começar a esfregar. Poupe sua energia para outras tarefas.

de pisos e banheiros: um potente produto três-em-um formulado para acabar com os resíduos de sabonete, de depósitos de gordura, de mofo ou bolor.

Para funcionar, aplica-se esse líquido espesso e deixa-se agir por algum tempo para desinfetar as superfícies e dissolver a sujeira gordurosa. Aplique uma camada grossa, usando um frasco de borrifar. Deixe-o agir no tempo recomendado pelo fabricante e depois esfregue com escova. Enxágüe bem.

Saponáceo. Os limpadores de base química, como o limpa-vidros ou o desengordurante, dissolvem ou soltam a sujeira por meio de reações químicas. Mas, às vezes, é preciso acrescentar um poder abrasivo para lidar com a sujeira ressecada ou mais difícil. Esse é o papel do saponáceo em pó ou líquido. Ele contém pequenas partículas abrasivas que agem como uma lixa e removem a sujeira endurecida.

Os saponáceos são fabricados com diferentes potências. O limpador de cozinha serve para a maioria das pias; limpadores "para superfícies delicadas" têm partículas abrasivas menores, recomendáveis para revestimentos sensíveis. A fórmula de um abrasivo pode incluir outros limpadores, como água sanitária, para combater manchas. Leia os rótulos para escolher melhor.

Como são difíceis de enxaguar, use-os no interior de pias, banheiras e privadas, onde o enxágüe é mais fácil.

Artigos especiais para tarefas específicas

Os produtos de uso especial são formulados para superfícies ou problemas de limpeza específicos. Não deixe de ler os rótulos e use-os conforme as recomendações do fabricante.

- **Removedor de graxa e óleo.** Produtos derivados de petróleo destinados à remoção de resíduos oleosos de goma de mascar, óleo ou adesivos.
- **Removedor de depósitos calcários.** Uma solução altamente corrosiva para depósitos minerais de água dura.
- **Removedor de ferrugem.** Para a remoção de manchas de ferrugem em pias, banheiros e privadas que podem ocorrer em areas em que a agua tem alto teor de ferro.
- **Polidor de aço inoxidável.** Produto especial projetado para limpar, proteger e deixar brilhantes pias, superfícies, panelas e frigideiras de aço inoxidável.

Dicas de segurança: **artigos de limpeza**

Os produtos de limpeza foram criados para combater a sujeira. E, como todas as armas, são perigosos se usados de modo errado. Siga estas dicas de segurança.

- **Leia o rótulo.** E leia até as letras miúdas. O rótulo dos produtos de limpeza diz tudo o que se precisa saber para usar o produto com segurança e eficácia.
- **Siga as instruções.** O excesso do produto de limpeza pode ser tão prejudicial quanto usar muito pouco. Siga as instruções do fabricante.
- **Nunca misture e combine.** Os produtos de limpeza são feitos para funcionar, mas nem sempre juntos. Misturá-los pode criar vapores perigosos, prejudiciais à saúde.
- **Guarde em segurança.** Siga as instruções do rótulo dos produtos para guardá-los em segurança. Mantenha-os na embalagem original, em local fresco e seco, longe dos alimentos e fora do alcance de crianças. Se transferir produtos de embalagens maiores para borrifadores *(pág. 57)*, ponha etiqueta.
- **Jogue fora de maneira adequada.** Produtos de limpeza são perigosos por natureza. Mesmo recipientes vazios podem ser um risco à saúde se não forem descartados corretamente. Não deixe recipientes vazios em lixeiras abertas onde poderão ser achados por crianças ou animais domésticos. O uso crescente de lenços úmidos descartáveis vem causando preocupação aos responsáveis pelo lixo e por estações de tratamento de esgotos. Não jogue esses lenços na privada, pois não dissolvem na água e podem entupir o encanamento. E descarte as embalagens em sacos separados, dentro do saco de lixo maior.

Alternativas: produtos caseiros

Produtos de limpeza comercial são eficazes, mas contêm substâncias químicas fortes e podem exalar gases nocivos. Produtos de limpeza ecológicos usam ingredientes domésticos e são menos agressivos às mãos, às superfícies e ao meio ambiente.

Vinagre de vinho branco diluído

O vinagre de vinho branco, levemente ácido, dissolve sujeira, resíduos de sabonete e depósitos minerais, e é bastante suave para ser usado em solução para limpar pisos de madeira. O vinagre de vinho branco é um desodorante natural, absorvendo os odores em vez de encobri-los. (E seu banheiro não ficará cheirando a salada. Todos os aromas ácidos desaparecem quando secos.) Como não tem corantes, não mancha o rejunte das superfícies revestidas. Como ele dissolve os resíduos de detergente, também é um ótimo substituto do amaciante para famílias de pele sensível. Na cozinha, use um borrifador com vinagre e água *(ver receitas, pág. 55)* para limpar bancadas e a sujeira leve no forno. No banheiro, utilize o borrifador na pia, no piso e no lado de fora da privada. Para superfícies difíceis do banheiro, como as paredes do boxe, aumente o poder de limpeza aquecendo um pouco a solução no microondas. Use porções generosas da solução quente nessas paredes, deixe agir por dez a 15 minutos e depois esfregue e enxágüe.

▲ **O suco de limão**, um ácido leve, pode ser usado para limpeza geral, em vez de vinagre. Use a casca para polir superfícies de porcelana, liberando a fragrância do óleo de limão. Se você tem triturador no ralo da pia, ponha a casca para triturar, com a torneira aberta. Os óleos da casca limpam o triturador e afiam as lâminas.

▲ **Mantenha os ralos** do banheiro desentupidos e cheirando bem colocando neles de 20 a 40 gramas de bicarbonato de sódio e pingando água quente só o suficiente para a solução descer. Deixe por duas horas ou por uma noite e depois deixe escorrer água quente em abundância. (Não use em ralos entupidos.)

Vinagre de vinho branco não diluído

Usado diretamente da garrafa, o vinagre de vinho branco resolve com rapidez problemas mais difíceis de limpeza, como resíduos de sabão. Use-o para limpar a parte interna da privada. Antes de começar, despeje um balde de água na privada para forçar a água a escoar e permitir acesso aos lados. Despeje vinagre não diluído em toda a privada e esfregue com uma escova própria, a fim de remover todas as manchas e o cheiro. Use pedra-pomes para remover marcas de ferrugem da água.

Limpe chuveiros entupidos de resíduos com vinagre não diluído. Ponha de 60 a 120 ml de vinagre num saco plástico e envolva o chuveiro com o saco, prendendo-o com um elástico. Deixe por duas horas ou durante a noite. Depois é só enxaguar e lustrar com um pano. O vinagre puro amacia os tecidos e elimina os resíduos de sabão em pó. Para famílias de pele sensível, coloque 250 ml no enxágüe da máquina em vez do amaciante comercial. Para a limpeza geral, você pode substituir o vinagre de vinho branco por suco de limão *(ver pág. ao lado)*.

Bicarbonato de sódio

A ação abrasiva e as propriedades desodorizantes naturais do bicarbonato de sódio fazem dele um substituto poderoso para os saponáceos comerciais. Polvilhe-o numa esponja úmida para limpar manchas na banheira, esfregar a pia do banheiro ou remover resíduos de comida na pia da cozinha.

Para a sujeira mais difícil, faça uma pasta de bicarbonato de sódio e água, aplique à banheira ou à pia e deixe por dez a 20 minutos. Depois de amolecida, a sujeira sairá mais fácil.

Álcool isopropílico

O álcool isopropílico fornece a base para um limpador volátil semelhante aos limpa-vidros comerciais. Use-o em janelas, espelhos, cromados e para dar brilho em pisos de cerâmica e ladrilhos (*ver quadro à direita*).

Amoníaco

O amoníaco é uma solução alcalina para receitas mais fortes de limpa-vidros e desengordurantes do que as de vinagre, que é ácido (*ver quadro à direita*). Escolha um tipo que não faça espuma (a espuma parece funcionar, mas é difícil enxaguar e remover).

Produtos de **limpeza caseiros**

Os produtos de limpeza caseiros oferecem muitas vantagens para quem quer economia. Ingredientes caseiros podem ser bem mais baratos do que os produtos comerciais de limpeza, não têm embalagens descartáveis e evitam que a família se exponha a substâncias fortes e componentes tóxicos. Para começar, experimente estas receitas, aumentando ou reduzindo sua potência conforme suas necessidades de limpeza.

■ Receita de limpador em borrifador

Use o poder de limpeza do vinagre de vinho branco. Misture num borrifador:

250 ml de vinagre
250 ml de água

■ Receita de limpa-vidros

Esta receita se vale do poder de limpeza do álcool isopropílico. Misture num borrifador:

250 ml de álcool isopropílico
250 ml de água
1 colher (sopa) de vinagre de vinho branco

Experimente as fórmulas abaixo para faxinas esporádicas ou tarefas mais pesadas.

■ Receita de limpa-vidros forte

Misture num borrifador:

250 ml de álcool isopropílico
250 ml de água
1 colher (sopa) de amoníaco

■ Receita de desengordurante forte

Misture num borrifador:

1 colher (sopa) de amoníaco
1 colher (sopa) de detergente incolor
500 ml de água

O que tem no seu **kit de faxina?**

Nada prolonga mais uma sessão de faxina do que ter de ir e voltar a toda hora no armário de produtos de limpeza. Mantenha-se naquela área e termine-a depressa, carregando num kit de faxina os utensílios e produtos mais usados. Comece cada sessão de faxina com uma pilha de panos de limpeza de algodão.

Este kit é o melhor amigo da faxina: um balde ou um recipiente adequado de plástico, com todos os utensílios e materiais necessários para limpar bem e depressa. O que há nele? Verifique se seu kit contém estes utensílios fundamentais:

- **Avental de limpeza.** O avental protege as roupas, mantém utensílios à mão e tem bolsos para levar sacos de lixo extra e guardar os itens pequenos fora do lugar. Escolha um avental resistente, confortável e lavável na máquina.

"O kit de faxina é o melhor amigo na hora da limpeza."

- **Luvas de borracha ou de lavar louça.** Proteja as mãos dos produtos de limpeza agressivos com luvas de borracha. Novas cores fazem das luvas de borracha uma atraente adição ao kit de faxina – mas mantenha distância das muito enfeitadas. Punhos bordados ou decoração com pedrinhas são divertidos, mas não servem para uma faxina profunda.
- **Panos de limpeza.** Panos de limpeza de algodão branco são indispensáveis. Dobre-os para acesso fácil, e depois os use para secar ferragens, fazer os espelhos brilhar e remover rapidamente manchas de dedos.

◄ **Leve o kit** de limpeza com você ao passar de um cômodo a outro. Terá tudo de que precisa à mão e poderá acelerar o ritmo do trabalho, porque estará racionalizando a tarefa.

- **Esponja de limpeza.** Esta esponja de dupla função tem um lado absorvente e um lado abrasivo. Passe do macio para o duro para remover depósitos ressecados e resistentes na pia.
- **Rodo de mão.** Limpe janelas, espelhos e vidros de maneira profissional. Um rodo com lâmina de borracha remove a solução de limpeza e a sujeira numa só passada rápida. Seque a borracha com um pano de limpeza entre as passadas.
- **Espátula.** Resíduos ressecados saem com mais facilidade se atacados com uma espátula de metal ou plástico. Mantenha a espátula no bolso do avental; ela solta num instante respingos ressecados de geléia ou mingau.
- **Escova para azulejos.** Uma escova de mão com cerdas grossas limpa azulejos, a banheira e a louça sanitária num instante. As cerdas alcançam os cantos; o cabo mantém suas mãos limpas e à distância da sujeira.
- **Escova de dentes.** Limpe os espaços que concentram muita sujeira com uma escova de cerdas duras. Use-a para a sujeira grudada em torneiras, pias ou cantos mais difíceis.

Além dos itens acima, se você planeja comprar produtos em embalagens grandes, também precisará do seguinte:

- **Esguichador.** Um limpador de pisos e banheiro funciona melhor se aplicado por igual, numa camada fina. Com um funil, despeje o líquido num esguichador, para aplicar a quantidade certa do produto até nas bordas da privada.
- **Borrifador.** Seja borrifando de leve ou aplicando mais em áreas maiores, os borrifadores facilitam a aplicação de limpa-vidros ou desengordurantes. Use um código de cores ou ponha uma etiqueta nos frascos para saber o que contêm.

Como escolher **utensílios de limpeza**

As ofertas dos supermercados parecem pechinchas, e o mais recente produto em lançamento pode até honrar a promessa de limpeza mais fácil, mas não se deixe levar por esses apelos. Vale a pena adquirir utensílios de limpeza duráveis, de boa qualidade. Não troque artigos já comprovados por geringonças ou itens descartáveis.

Para limpar o chão

Esfregões. Na limpeza a seco ou com água, os esfregões ajudam a manter os pisos limpos. Toda casa organizada deve ter pelo menos dois: um esfregão para secar pisos molhados e lavar pisos impermeáveis e outro para controle da poeira, para limpar a seco o pó e os pêlos de animais de estimação.

Ao escolher um esfregão para a limpeza com água, tenha em mente seu objetivo – ele não só precisa dissolver a sujeira, mas também removê-la do piso. Por isso, evite esfregões de tiras. São pesados para levantar, difíceis de usar e praticamente impossíveis para enxaguar. Esfregões com fibras não tecidas oferecem a alternativa moderna. São leves, altamente absorventes e fáceis de espremer, em especial se você usa o balde que vem junto com o produto.

Outras opções são um esfregão de cabeça grande com base giratória e capa removível de pano felpudo *(ver recursos, pág. 248)*, ou um esfregão com capa removível de microfibra. Esses utensílios têm dupla função: a capa seca limpa rapidamente líquidos derramados, enquanto a capa com elástico embebida em solução de limpeza dissolve e remove a sujeira. Se a capa encardir, basta substituí-la por uma nova.

Para o acabamento do piso, a capa seca some com o que ainda sobrou de água. Como ambas as capas podem ser lavadas e reutilizadas, você evita a despesa e o problema ambiental das capas descartáveis de esfregão.

◀ **Esfregões com bases** chatas grandes *(em cima)* entram sob os móveis; capas reutilizáveis com elástico dão versatilidade. Esfregões felpudos *(embaixo)*, com torcida fácil, deixam as mãos secas.

A **vassoura de palha** *(atrás)* tem cerdas flexíveis que alcançam facilmente os cantos. Uma vassoura de pêlo *(frente)* serve para limpar áreas secas. A vassoura de mão varre migalhas.

Esfregões com esponja também são eficientes para pisos molhados. Cabeças grandes aceleram o trabalho. Como esses esfregões trabalham duro, escolha os que têm dobradiças de metal, pois as de plástico não agüentam.

Os esfregões para tirar o pó estão disponíveis em várias modalidades. Alguns têm fibras impregnadas em cera, como as dos esfregões de tiras. Outros consistem numa moldura na qual se encaixa uma almofada impregnada. Outros ainda usam tecidos descartáveis. Qualquer um deles funciona para a sujeira seca e para varrer as migalhas da cozinha.

Ao comprar um esfregão para pó, examine a dobradiça e o cabo para ter certeza de que é resistente.

Vassouras. São três tipos básicos: de pêlo, de mão e de palha ou piaçaba. Vassouras de pêlo, feitas de cerdas sintéticas presas a uma base retangular, são usadas para varrer áreas grandes como o interior da casa, garagens e pátios. Vassouras de cerdas mais duras varrem superfícies irregulares.

Escolha uma vassoura de pêlo com cerdas costuradas, evitando as que usam cola. Prefira as que têm acoplamento de metal entre o cabo e a cabeça; o de plástico resiste pouco aos movimentos de varredura.

Vassouras de mão são leves e boas para limpar contornos, cantos e atrás dos móveis. Use-as só dentro de casa, pois sua leveza as torna pouco práticas para usar fora de casa. Guarde-as com o pêlo para cima, evitando que as cerdas se amassem.

Vassouras de palha são feitas com palha natural (como a de piaçava ou tipo caipira, amarela), e solucionam a tarefa de varrer. Use-as com uma pá de lixo para rápidas limpezas na cozinha. As cerdas duras são excelentes para pisos com superfície irregular ou porosa em que a sujeira se entranha, como lajotas ou cimento.

Ao comprar uma vassoura de palha, escolha uma com cabo forte e liso. As caipiras devem ter costuras múltiplas, que mantêm as cerdas no lugar. Guarde-a com a palha para cima para evitar que as cerdas se amassem. Quando se desgastar, corte cerca de 2,5 cm das cerdas para restaurar a eficiência.

Aspirador de pó. Equipado com filtro adequado, um aspirador aspira a poeira definitivamente e para sempre, removendo-a da casa. Há dois tipos básicos de aspirador: o de cilindro e o vertical. De maneira geral, os verticais funcionam melhor para tapetes e carpetes, são menos caros e mais fáceis de guardar. Os de cilindro fazem excelente serviço em pisos sem forração, escadas e locais de difícil acesso, como bancos de carros. Para tirar o pó use a extensão da mangueira e os acessórios para estofados, para pó e para cantos.

Um aspirador de mão pode ser útil em escadas, cantos difíceis e áreas pequenas. Escolha um modelo portátil com sacos descartáveis para a melhor qualidade do ar. Os que têm bateria recarregável não possuem fio e são muito práticos.

Poeira

Onde há vida há poeira! A poeira doméstica é uma mistura suspensa no ar de partículas de terra, fibras, pedaços de insetos, pele animal, pólen, mofo e fungos. Entra por janelas ou portas abertas ou pega carona em sapatos e roupas. É lançada no ar quando se anda ou se espana o pó. Ela irrita as vias respiratórias e provoca alergia nas pessoas propensas. Ao cair, instala-se em móveis e pisos e entope os filtros de ar-condicionado e a serpentina da geladeira, obrigando esses aparelhos a funcionar com mais intensidade e a consumir mais energia. Como a poeira é abrasiva, andar sobre chão empoeirado pode estragar carpetes e pisos sintéticos ou de madeira.

Tirar pó regularmente é essencial para manter a casa limpa. Experimente estes utensílios e técnicas para controlar o pó.

Panos de pó. Como é um bom pano de pó? É de qualquer cor, mas de flanela de algodão, que não risca a mobília e é absorvente – o pó adere a ele em vez de se espalhar. Os panos de pó claros (ou brancos) mostram o pó se acumulando à medida que você o usa. Mas são laváveis, reutilizáveis e podem ser alvejados. Do mesmo modo, também é possível utilizar retalhos reciclados de toalhas felpudas ou guardanapos de pano, velhos, mas todos de algodão.

Espanador de lã de carneiro. Um espanador de lã com cabo longo faz com que você alcance longe e é útil para tirar o pó de itens delicados e detalhados. As fibras compridas da lã atraem e seguram o pó até você fazer o espanador girar na palma de suas mãos, fora da casa.

Como limpar um cômodo "seco"

Limpar um cômodo "seco" – sem pias ou fontes de água – se reduz a uma simples palavra: poeira. Como ela tende a flutuar quando mexida, limpa-se um cômodo seco de cima para baixo. O pó vai caindo, e do chão a faxineira pode expulsá-lo porta afora… ou aspirador adentro! Use seu kit de faxina e vá fazendo uma parte por vez. Percorrer o cômodo uma só vez economiza as pernas e as tarefas acabam num instante. Experimente este método passo a passo para limpar um cômodo seco.

1 Esvazie a lixeira. Coloque a lata de lixo do lado de fora para ser esvaziada. Na faxina em equipe, um membro esvazia todas as lixeiras. Se você trabalhar sozinha, esvazie a lixeira e devolva-a ao lugar só no final. Para a faxina em equipe, divida as tarefas entre o tirador de pó, que percorre o cômodo tirando o pó, e o encarregado do aspirador, que esvazia as lixeiras e passa o aparelho.

2 Percorra o cômodo por partes, começando no alto. Com um espanador de lã de cabo comprido, limpe os cantos, as esquadrias de portas e janelas e a moldura de fotos e quadros. Limpe os vidros das molduras e das janelas com um pano de limpeza levemente borrifado com limpa-vidros; use desengordurante para retirar nódoas e marcas de dedos.

Panos de limpeza eletrostáticos. São feitos com fibras longas de formato triangular que atraem e retêm as partículas de pó. Embora caros, dão resultados excelentes para limpar aparelhos eletrônicos ou lidar com a poeira mais fina.

Utensílios a evitar. Toalhas de papel contêm produtos de polpa de madeira que podem arranhar superfícies delicadas. Espanadores de pena só jogam o pó no ar, em vez de coletá-lo, e uma pena quebrada arranha superfícies delicadas.

Técnicas para tirar o pó

- **Colete, em vez de espalhar.** O objetivo principal de limpar a poeira é coletá-la e removê-la, e não espalhá-la. Esqueça as imagens de bater a flanela nas coisas. Em vez disso, tire o pó com movimentos calmos e controlados. Faça com que as partículas fiquem retidas no utensílio. Não as espalhe no ar para caírem de novo onde você está tentando limpar.
- **Tire o pó de cima para baixo.** Ao tirar o pó, é inevitável que um pouco se espalhe, por mais cuidadoso que seja o serviço. Tenha uma segunda chance de limpar as partículas de pó que escaparam tirando o pó de cima para baixo: luminárias, quadros na parede, esquadrias de portas e janelas, e móveis.
- **Umedeça o pano.** Use panos levemente umedecidos conforme trabalha. A umidade atrai e retém o pó. Mas cuidado com o excesso de umidade. Pode danificar móveis de madeira e superfícies delicadas. Ou borrife no pano um spray para remoção de pó. Nunca ponha o spray diretamente nas superfícies; use-o no pano, para evitar acúmulo e excessos.

"Esqueça as imagens de bater a flanela nas coisas. Em vez disso, tire o pó com movimentos calmos e controlados."

3 Agora, as superfícies horizontais. Com cuidado, tire o pó de enfeites e itens decorativos em mesinhas, estantes e tampos de mesa com um pano de pó claro, e depois tire a poeira das pernas dos móveis. Se necessário, aplique um leve borrifo de limpador para soltar a sujeira nos peitoris de janelas. Tire a poeira de móveis torneados.

4 A etapa final: passar o aspirador e sair. Depois de percorrer o quarto de cima para baixo, tire o pó ou limpe a mobília que houver no centro. Passe o aspirador do canto mais afastado até a porta. Depois saia levando-o. Esvazie a lata de lixo e ponha-a de volta no lugar. Como toque final, borrife um pouco de spray refrescante ao sair, deixando o cômodo perfumado.

Utensílios para limpeza com água

Algumas áreas da casa, como o banheiro ou a cozinha, sempre dispõem de fontes de água, pois são locais de preparo de comida, banho e higiene pessoal. Respingos de água, resíduos de sabonete, gordura ou fumaça da comida e as partículas que pairam no ar quando se usam produtos de higiene pessoal em spray, tudo se mistura ao pó da casa para criar um problema de limpeza bem maior nesses cômodos.

Para limpá-los você vai usar um número maior de produtos e utensílios do que os necessários para os que são limpos a seco. No kit de faxina, inclua um desengordurante para tirar a sujeira oleosa e dissolver nódoas ressecadas. Tenha sempre junto a esse produto um bom suprimento de panos limpos; assim você removerá a sujeira, em vez de espalhá-la numa camada uniforme. Mantenha um pano de limpeza pendurado no ombro para acesso rápido quando estiver limpando; se encharcar ou sujar demais, troque-o por outro, limpo e seco, que você deixará no kit de faxina.

Mantenha utensílios específicos, como espátulas e esponjas abrasivas, à mão; eles ajudam a limpar resíduos grudados nas superfícies. Sempre borrife a área generosamente com desengordurante antes de passar a espátula; esse produto ajuda a soltar a sujeira e protege a superfície de arranhões. Uma velha escova de dentes serve para as reentrâncias: use-a nos cantos, no rejunte dos azulejos e na borda das pias. O cabo da escova mantém os nós dos dedos a uma distância adequada. As de cerdas duras são as mais indicadas para raspar comida ressecada ou mofo entranhado.

Como limpar um cômodo "molhado"

Cômodos "molhados" – cozinha, banheiros e área de serviço – representam desafios de limpeza mais complexos do que os "secos". Resíduos de sabão e gordura aderida requerem um toque de limpeza mais potente; as áreas de preparo da comida e de higiene pessoal precisam ser desinfetadas. Em vez de percorrer o cômodo em etapas, intercale tarefas para dar aos produtos de limpeza tempo para agir. Este método passo a passo mostra como limpar um banheiro com o máximo de eficiência.

1 Ponha a lixeira do lado de fora, para ser esvaziada e devolvida a seu lugar no final. Coloque desinfetante ou limpador potente na privada e deixe agir. Aplique uma quantidade generosa de spray de banheiro ou desinfetante nas paredes do boxe e na banheira. Deixe os produtos de limpeza agirem para dissolver a sujeira enquanto você se ocupa da pia.

2 Tire o pó da luminária e do espelho da pia. Aplique limpa-vidros em spray e passe o rodo de mão no espelho. Limpe os toalheiros e o porta-escovas de dentes. Depois use o limpador de banheiros em spray nas torneiras e bancadas do banheiro. Deixe o limpador agir enquanto esfrega saponáceo na pia. Seque as bancadas e as torneiras.

A presença de água costuma pedir limpadores especiais. Dependendo da qualidade do suprimento de água, você irá precisar de removedores de depósitos minerais da água dura, ou removedores de ferrugem, quando há ferro na água. Manuseie esses produtos potentes com grande cuidado, seguindo as instruções no rótulo.

Vestida para limpar

Faxinar sem tomar nenhum cuidado pode estragar suas roupas. Fazer limpeza de camisola ou com a roupa que você usa no escritório não é só um descuido, mas também perigoso.

Leve a faxina a sério e vista-se para a tarefa. Evite roupas largas, que irão se enganchar em maçanetas ou atrapalhá-la com os utensílios. Roupas confortáveis, que deixam os movimentos livres, auxiliam no serviço e deixam a faxineira mais contente. Roupa lavável é essencial: uma camiseta de algodão branco é a mais fácil de manter sem manchas.

Use sapatos resistentes e confortáveis, que protejam os pés de machucados. Evite calçados que saem fácil do pé, como chinelos de dedo, sobretudo se usar escada. Tênis flexíveis ficam no pé e protegem os dedos de respingos de produtos de limpeza ou da queda de algum utensílio. Coloque também um avental de faxina para maior proteção e para ter onde guardar produtos e utensílios à mão. Se o avental tem alças laterais, pendure nelas frascos de limpadores. Forre os bolsos do avental com sacos plásticos para ir coletando o lixo que encontrar. Num bolso, faça um estoque de panos de limpeza; no outro, leve a esponja. Pronto. Você está vestida para limpar.

"Cômodos 'molhados' – cozinha, banheiros e área de serviço – representam desafios de limpeza mais complexos do que os 'secos'."

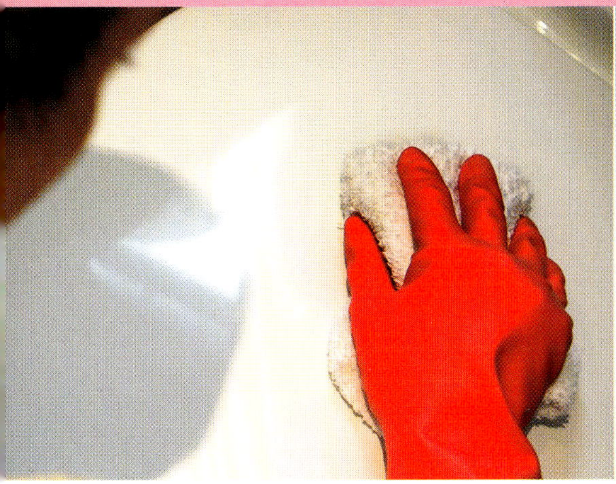

3 Aplique desinfetante em spray nas superfícies da privada: na bacia, nos dois lados da tampa, nos dois lados do assento. Deixe o assento levantado enquanto você esfrega e enxágua dentro da privada. Uma boa escova permite limpar sob a borda, onde o mofo se esconde. Seque as superfícies da privada com panos limpos.

4 Com uma escova ou uma esponja abrasiva, esfregue as paredes do boxe e a banheira para soltar a sujeira. Enxágüe até ficar limpo. Use saponáceo ou desinfetante para esfregar o piso do boxe e o fundo da banheira. Enxágüe. Seque as torneiras com pano limpo. Com vassoura de piaçava, lave o chão. Com o rodo, puxe a água e seque com pano. Esvazie a lixeira e ponha-a de volta no lugar. Está pronto.

Boas dicas de profissionais

Empresas de limpeza são mestres na arte da faxina rápida. Entram e saem, deixando superfícies reluzentes de tão limpas. Os faxineiros de profissão trabalham com eficiência para fazer o serviço do modo mais rápido e fácil. Para limpar em tempo recorde, use estas dicas dos limpadores profissionais.

◄ **Profissionais da faxina.** Eles têm utensílios, talento e conhecimento para limpar uma casa rapidamente. Aprenda os segredos deles para acelerar as tarefas de limpeza da casa.

1 Agende a limpeza

Ninguém contrata uma empresa de limpeza que promete vir "neste ou no outro sábado, quando não tiver mais nada para fazer". Aprenda com os profissionais a estabelecer dias e horários fixos para a faxina. Eles não param até terminar o serviço (nem você deveria). Agende o serviço e execute-o depressa.

2 Mantenha a motivação

Você não encontrará profissionais parando para ver televisão ou consultar e-mails. Use motivadores para evitar as distrações e o tédio. Coloque música animada para dar energia. Ratos de biblioteca ficam ansiosos por fazer a faxina se um audiolivro os espera no aparelho de som. Faça a faxina em equipe com amigos ou a família para se manter motivada.

3 Escolha a roupa certa

Os profissionais vestem roupas confortáveis e laváveis, próprias para o trabalho. Sapatos adequados e joelheiras poupam seu corpo. Óculos de proteção e luvas resguardam olhos e mãos dos produtos químicos. Chega de usar moletons manchados; em vez disso, providencie um "uniforme de faxina"– incluindo sapatos, luvas e proteção para os olhos – e use-o!

4 Invista em utensílios adequados

Faxineiros profissionais não usam engenhocas. Você nunca os verá utilizando utensílios descartáveis ou o mais recente aparelho que viram anunciado no canal de compras. Adquira bons utensílios, uma só vez, e use-os, terminando sua tarefa em tempo recorde.

5 Carregue os utensílios com você

Como transcorre a sua sessão de limpeza? É rápida e concentrada? Ou é mais assim: "Ih, esqueci o saponáceo. Preciso descer". E a escova de limpar privada? No banheiro das crianças, no fim do corredor. Corre até a área de serviço para pegar mais panos de limpeza, e até a cozinha atrás de papel-toalha. Cadê o aspirador? Quem usou o rodo para lavar o carro?

Limpadores profissionais levam suas ferramentas de trabalho consigo – todos os utensílios, limpadores, escovas e panos necessários para terminar o serviço estão no kit de faxina deles. Aspirador de pó, esfregão e pano de chão esperam na porta do cômodo. Um saco de lixo já está num bolso, junto do espanador de lã. É por isso que os profissionais terminam o banheiro todo antes que o amador volte com o saponáceo que foi buscar.

6 Simplifique os materiais

Há um motivo para os profissionais carregarem tudo de que precisam num só recipiente: eles simplificaram os produtos que usam. Os profissionais vão para o trabalho com os Quatro Grandes:

- Limpa-vidros
- Desengordurante
- Limpador de pisos e banheiros
- Saponáceo em pó ou líquido

E basta! Nada de removedor de resíduos de sabão, ou spray especial para tampos, ou algum produto descartável concebido para limpar apenas persianas, ventiladores ou paredes. Os profissionais sabem que com esses quatro produtos simples eles conseguem dar conta de qualquer tarefa de limpeza normal.

7 Faça cada movimento valer a pena

Faxineiros profissionais não passam por um cômodo mais do que uma vez. Se estiverem na frente da pia do banheiro, aplicarão spray e passarão pano no espelho, esfregarão a pia, limparão a bancada e polirão as torneiras antes de virar para os lados.

Não transforme suas sessões de limpeza num exercício físico – faça cada movimento valer. Fique parada e limpe o que estiver na sua frente antes de ir adiante.

8 Duas mãos valem mais que uma

O faxineiro profissional não trabalha só com uma das mãos, e você também não deveria. Habitue-se a usar as duas mãos para a limpeza. Aplique o spray no espelho com uma mão; passe o pano com a outra. Esfregue a bancada com duas esponjas ou panos. Tirar o pó é duas vezes mais rápido com o espanador de lã numa mão, para cantos e reentrâncias, e o pano na outra, para superfícies planas.

9 Guarde as coisas

Os profissionais vêm para limpar, e não para arrumar áreas de trabalho, móveis, aparelhos domésticos e pisos. Não poderão fazer o serviço se cada superfície horizontal na casa estiver coberta de papéis, brinquedos, pratos sujos e tralha em geral.

Imagine que você contrata uma cara equipe de faxina. Você não iria fazer com que eles tivessem de dar um jeito na bagunça só para poderem fazer o trabalho. Dê a você a mesma situação inicial que daria aos profissionais: arrume antes de limpar.

10 Trabalho de equipe

Duas pessoas arrumam uma cama quatro vezes mais rápido do que uma só. Observe os profissionais. Em equipes de dois ou três, limpam uma casa de tamanho médio em pouquíssimo tempo.

Sempre que as circunstâncias familiares permitirem, faça da faxina um assunto de família. Os membros da família ficam mais relutantes em sujar uma casa se eles fizerem parte do esforço para limpá-la.

A família **junta**

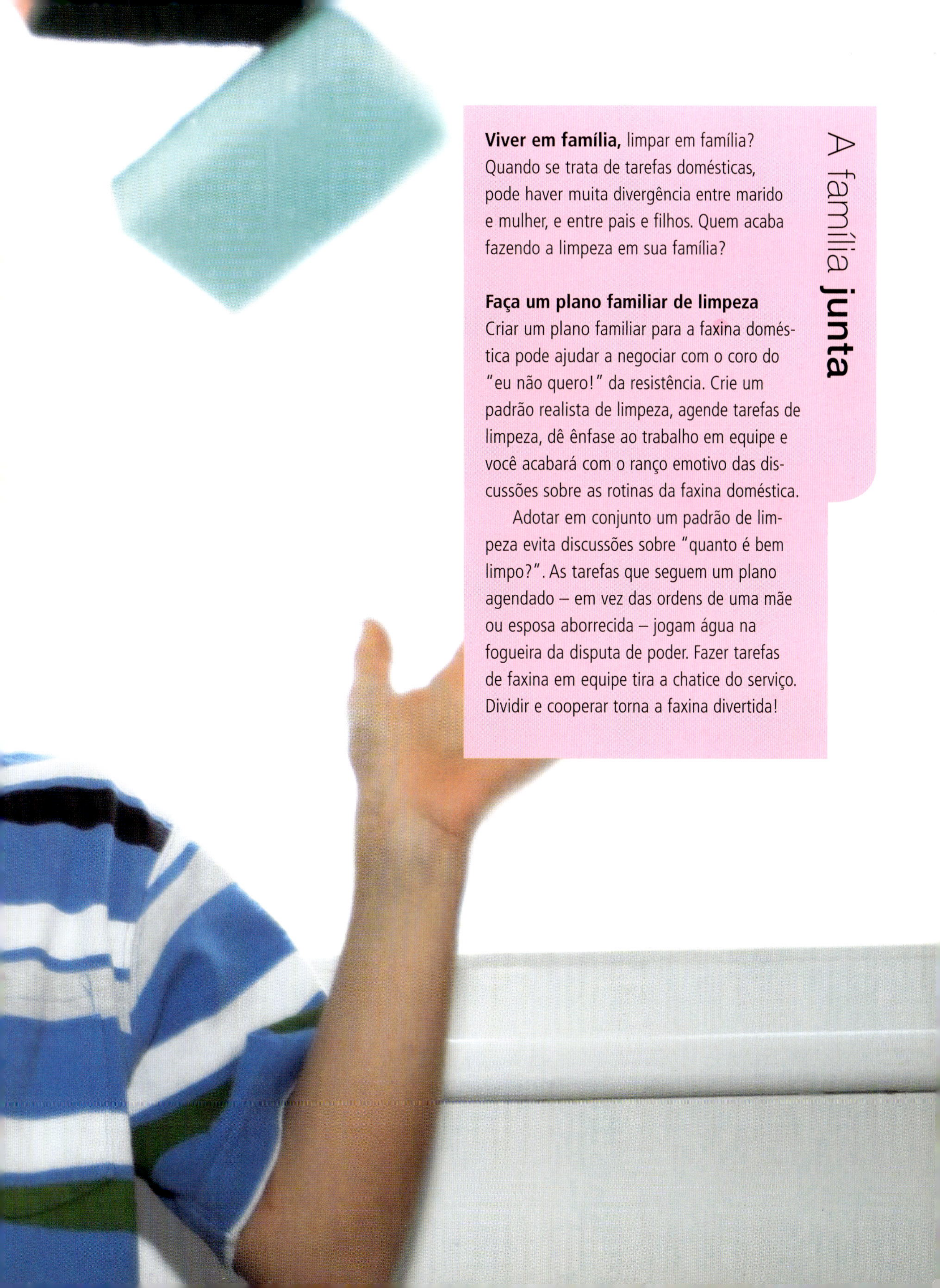

Viver em família, limpar em família? Quando se trata de tarefas domésticas, pode haver muita divergência entre marido e mulher, e entre pais e filhos. Quem acaba fazendo a limpeza em sua família?

Faça um plano familiar de limpeza
Criar um plano familiar para a faxina doméstica pode ajudar a negociar com o coro do "eu não quero!" da resistência. Crie um padrão realista de limpeza, agende tarefas de limpeza, dê ênfase ao trabalho em equipe e você acabará com o ranço emotivo das discussões sobre as rotinas da faxina doméstica.

Adotar em conjunto um padrão de limpeza evita discussões sobre "quanto é bem limpo?". As tarefas que seguem um plano agendado – em vez das ordens de uma mãe ou esposa aborrecida – jogam água na fogueira da disputa de poder. Fazer tarefas de faxina em equipe tira a chatice do serviço. Dividir e cooperar torna a faxina divertida!

Agendamento: solução para **uma casa limpa e feliz**

As casas limpas têm uma coisa em comum: as tarefas de limpeza têm dia e hora marcados para ser feitas. A faxina em horários improvisados não só é ineficaz como toma mais tempo. O caminho mais simples e rápido para uma casa limpa é o agendamento da limpeza com periodicidade diária, semanal, mensal e sazonal.

Eu sei, eu sei – você tem um milhão de razões para não querer agendar sua faxina. É uma alma livre. Está grávida. Seu marido trabalha em horários incomuns. Você é do tipo artístico e aderir a horários irá tolher sua criatividade.

Confie em mim: em mais de dez anos ensinando essas técnicas, já ouvi todo tipo de racionalização usada para resistir a essa verdade. Mas continua sendo uma verdade. Há apenas uma razão para agendar o trabalho doméstico: porque isso torna o serviço muito mais rápido e muito mais fácil.

Pouco e sempre

Serviço doméstico adiado é serviço multiplicado. Tire o pó da área do café-da-manhã semanalmente, numa limpada rápida de dois minutos. Depois de um mês, a gordura no ar terá se depositado a ponto de exigir (a) detergente, (b) trabalho duro e (c) meia hora de energia gasta para tornar os móveis limpos outra vez. É melhor agendar dois minutos fáceis toda semana do que enfrentar um suadouro mensal de meia hora.

Seja qual for seu bloqueio mental contra a idéia, pense na possibilidade de criar uma rotina para a faxina. Ao agendar tarefas rotineiras – antes que os problemas se multipliquem exponencialmente –, a casa fica mais limpa, e os que fazem a limpeza têm menos trabalho para mantê-la assim. Use estes exemplos de listas como base para fazer a ideal para sua casa:

Lista de limpeza diária

- Arrumar as camas
- Pôr a roupa suja no cesto
- Lavar, secar e guardar uma máquina cheia de roupas
- Arrumar a bancada da cozinha e passar um pano
- Limpar a pia da cozinha
- Pôr o lixo da cozinha para fora
- Varrer o chão da cozinha
- Arrumar as áreas de TV e de brincar (guardar brinquedos, empilhar jornais, remover itens fora do lugar)

Lista de limpeza semanal

- Trocar roupas de cama e toalhas
- Limpar banheiros
- Limpar bancada da cozinha e o interior do microondas
- Lavar ou varrer os pisos sem tapete
- Tirar o pó da mobília
- Passar aspirador no carpete e nos tapetes
- Verificar entrada ou soleira da porta; varrer, se necessário

Motivos contra a faxina sazonal

Na Europa, no tempo de nossas avós, a faxina de primavera era obrigatória. Marcava o fim do inverno, quando a casa inteira era esfregada para remover a película de fuligem que resultava do uso de lareiras e fogões. Com a atual tecnologia de aquecimento, esse procedimento não faz mais sentido. E nenhuma maratona de limpeza se encaixa na vida de hoje.

Então, o que entra no lugar da limpeza sazonal? Uma rotina de limpeza que funcione. As casas limpas com método mantêm-se razoavelmente limpas todo o tempo. As tarefas de limpeza sazonais são integradas às sessões diárias ou semanais, e nenhuma tarefa fica muito tempo sem ser feita. Resultado: uma casa limpa o ano todo.

Manutenção **mínima**

Mesmo as casas mais bem administradas passam por momentos difíceis de vez em quando. Uma doença ou carga extra no trabalho, a ausência de um membro da família, compromissos em outros lugares podem interferir no seu bom funcionamento.

Há solução para isso: uma lista da manutenção mínima para fazer a casa funcionar bem. Pense nela como o Mínimo Mágico: tarefas essenciais que precisam ser feitas, aconteça o que acontecer, até mesmo em final de campeonato. Cada família tem suas necessidades, mas o Mínimo Mágico garante:

- **Tarefas básicas de contabilidade** (depósitos no banco e pagamento de contas)
- **Refeições e cardápios** (lavar a louça, comprar comida)
- **Lavanderia** (necessidade de roupas limpas)
- **Lida doméstica** (arrumação diária, limpeza semanal de banheiros e cozinha)

Para fazer o seu plano do Mínimo Mágico, enumere as tarefas de manutenção absolutamente essenciais que precisam ser feitas para manter a família limpa, alimentada e fazendo tudo no horário.

Um exemplo dessa lista seria algo como:

Diariamente:

- Encher e ligar a máquina de lavar louça
- Arrumar a cozinha
- Lavar uma carga de máquina, dobrar e guardar
- Horário da arrumação em família

Semanalmente:

- Conferir talão de cheques e pagar contas
- Comprar comida
- Limpar banheiro(s)

Passo seguinte: delegar! Atribua uma ou mais tarefas mínimas a cada membro da família. Todos os membros têm interesse em manter a casa funcionando. Por isso, espera-se que todos ajudem.

Por fim, afixe a lista do Mínimo Mágico numa área comum. As famílias que têm um Fichário da Casa *(págs. 84-87)* incluirão a lista na seção "administração doméstica". Outra opção é a porta da geladeira, mas use qualquer área à qual toda a família tenha acesso. A lista ajuda na responsabilidade, pois todos sabem o que precisa ser feito para manter a casa funcionando em tempos de estresse.

lavanderia ▲ *(págs. 142-155)*

refeições e planejamento de cardápio ▲ *(págs. 92-97)*

Como ensinar as crianças a limpar

"Arrume seu quarto!" O desespero da maioria dos pais é conseguir que os filhos ajudem, tanto os pequenos como os adolescentes. A cena é assim: casa suja, filhos que não cooperam e pais irritados e frustrados. O que os pais podem fazer para criar a paz doméstica? Experimente estas estratégias para vencer essa guerra.

A responsabilidade é toda sua

Uma atitude ambivalente pode nos impedir de conseguir a cooperação dos filhos em casa. Talvez tenhamos crescido numa casa em que os estereótipos dos papéis sexuais eram muito fortes. Talvez nos sintamos culpadas por trabalhar fora. Quando a ambivalência aparecer, lembre-se de que, do mesmo modo que preparamos os filhos para a vida adulta mandando-os para a escola, temos de prepará-los para administrar uma casa.

■ **É de pequenino...** A maneira mais fácil de conseguir a ajuda de seus filhos é treiná-los desde pequenos. Um bebê de 1 ano vai achar graça tirar o pó dos móveis com uma fralda de pano limpa. Nada mais divertido do que lavar o carro com uma criança de 5 anos. O problema é que o esforço dos pequenos ainda não é de grande ajuda. É provável que você tenha de ir atrás do bebê todo feliz com a "fralda de pó", removendo o pó que ele só espalhou. Mesmo se a tarefa é adequada à criança, quando ela é muito pequena sempre será necessário um retrabalho seu. Mas não deixe de tentar, pois esse aprendizado valerá a pena um pouco mais tarde.

■ **Faça tudo aos poucos.** Seus filhos estão em idade de ajudar na casa. Mas, para eles, "ajudar" é levantar o pé do chão para você passar o aspirador. Não precisa fazer um escarcéu, basta estimular, aos poucos, as crianças a participarem nas tarefas. Por exemplo: neste mês, diga que um irá ajudar a preparar o jantar e outro vai tirar a mesa e ajudar com a louça. No mês seguinte, faça uma gincana de faxina familiar aos sábados de manhã. Aos poucos você terá tempo de ensinar às crianças os padrões da casa para cada tarefa.

■ **Use o poder da escolha.** Se puderem optar, as crianças farão tarefas escolhidas melhor e mais contentes. Uma criança que não gosta de ficar com as mãos molhadas e de mexer em produtos de limpeza pode ser excelente tiradora de pó e esvaziadora de lixeira. Outra, de ouvidos sensíveis, pode preferir limpar o banheiro a passar o aspirador. Para as crianças, uma lista das tarefas agendadas facilita a escolha da tarefa preferida.

■ **Tarefa de parceria.** A melhor motivação para uma criança é trabalhar junto com um adulto. Na visão dela, é muito solitário ser sentenciada a limpar o banheiro toda tarde depois da escola. É melhor instituir um momento diário de arrumação em família e um período semanal de faxina em família. Ainda que a mesma criança esteja sozinha naquele banheiro, faz diferença saber que toda a família também está trabalhando.

> "Invista no aprendizado de seu filho agora e você estará implantando habilidades para a vida inteira."

■ **Perspectiva ampla.** Os métodos de limpeza costumam criar atrito entre pais e filhos. A insistência de um pai no "jeito certo" pode acrescentar mais um conflito na questão das tarefas domésticas. Como resolver isso? Adote o conceito de tarefa aceita como "boa para todos". A habilidade de uma criança de 10 anos com o aspirador aumentará com a prática se ela não for prejudicada por brigas sobre padrões elevados demais ou humilhada quando um pai refizer o serviço.

Tarefas **para crianças**

Quem disse que crianças não podem ajudar? Veja a lista de tarefas adequadas à idade, para elas aprenderem responsabilidade e hábitos ordeiros:

Crianças de 2 a 3 anos podem:
- Guardar brinquedos
- Ajudar a arrumar camas
- Ajudar a alimentar animais de estimação
- Tirar o pó de prateleiras baixas e de pernas de móveis
- Pôr colheres, guardanapos e pratos inquebráveis na mesa
- Pôr roupa suja no cesto
- Varrer o piso usando vassourinhas

Para crianças de 4 a 5 anos, acrescente estas tarefas à lista acima:
- Arrumar a cama (quando se usa edredom)
- Pôr a mesa
- Tirar o pó de tampos de mesa
- Descarregar e guardar compras

Entre os 6 e 8 anos as crianças podem dominar estas tarefas adicionais:
- Manter arrumados a área de brincar e o quarto
- Regar plantas
- Arrumar camas (quando se usa colcha)
- Separar roupas sujas
- Guardar a roupa limpa
- Ajudar na preparação de comida simples (desfolhar a alface, fazer sanduíches)
- Dobrar meias, camisas e calças
- Ajudar a lavar o carro

Crianças de 9 a 10 anos estão prontas para:
- Trocar roupa de cama
- Limpar a banheira e as pias
- Ajudar a preparar a comida
- Preparar lanches simples
- Lavar louça
- Encher a máquina de lavar louça
- Lustrar prata
- Passar o aspirador
- Varrer o chão com vassoura e pá
- Tirar folhas secas e ervas daninhas

De 11 anos em diante, treine-as para fazer tarefas "adultas". Elas protestarão da boca para fora, pois no fundo sentirão orgulho por dominar habilidades da vida real. Se for ensinado, o adolescente pode:
- Planejar e cozinhar as refeições da família
- Lavar sua própria roupa usando a máquina de lavar e a secadora
- Limpar janelas
- Trocar lâmpadas
- Lustrar móveis
- Lavar o chão
- Limpar a garagem e a edícula
- Lavar, encerar e aspirar carros

A família pode trabalhar em equipe ▲ *(págs. 66-67)*

Tarefas domésticas
como planejar

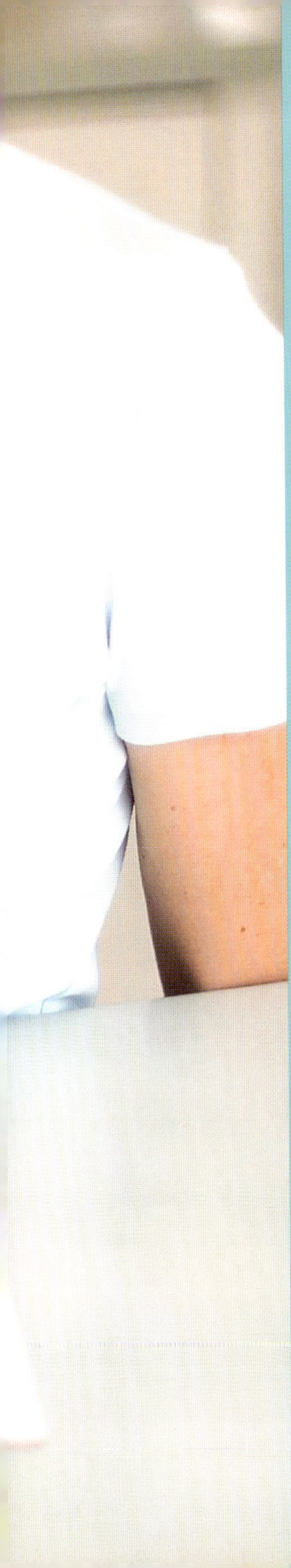

Que segredo faz um lar feliz funcionar? O planejamento. Assim como uma roupa tem de ter um molde e um filme necessita de um enredo, a casa bem administrada precisa de um plano.

Nesta seção estão as bases do planejamento doméstico – listas de tarefas, listas de coisas a fazer, bons hábitos, Agenda da Casa, calendário familiar e centro de informações da família.

Listas – diárias, semanais, mensais, sazonais dos serviços da casa. Com elas fica fácil agendar tarefas de rotina. Para lidar com serviços isolados ou inesperados, as listas de coisas a fazer organizam o trabalho e desmembram os grandes objetivos em passos fáceis.

Como dar esses passos? Com o hábito. Adquirir bons hábitos, um de cada vez, é o segredo para dominar o caos doméstico.

Para controlar o planejamento, criamos o organizador da família: a Agenda da Casa. Acrescente um calendário familiar e coloque-os no centro de informações da família para orientar os afazeres de um lar organizado.

Planejar para ter **uma casa organizada**

Planejamento é a estratégia que separa a casa caótica do lar feliz. Sem um instrumento para planejar seu tempo e agendar sua vida, o cotidiano mergulha na desordem e no caos. Lições de casa extraviam-se toda semana. Regularmente você paga multas por atraso de DVDs da locadora ou de livros da biblioteca.

As tarefas não são feitas, a roupa suja não é lavada e o jantar não fica pronto na hora. Todo dia de manhã você encontra a pia cheia de louça suja, e toda noite é a cabeça que está cheia de preocupações do tipo "será que lembrei de...?", "esqueci de alguma coisa?", verdadeiros sintomas da falta de planejamento.

Quatro instrumentos do planejamento

O plano básico da casa organizada combina quatro poderosos instrumentos de planejamento: listas de tarefas, listas de coisas a fazer, bons hábitos e a Agenda da Casa. Juntos, eles põem a família inteira no caminho para a vida organizada.

1 Listas de tarefas. São lembretes com instruções simples das tarefas diárias ou de cada semana, mês ou estação. Essas listas mostram os serviços repetitivos: limpeza, higiene pessoal, rotinas de exercício. Impedem os desvios de atenção e deixam claro o que precisa ser realizado a cada dia.

As listas incentivam a delegação de tarefas e o trabalho em equipe. As crianças se apressam para passar o sábado no parque? Na lista há as tarefas que precisam ser cumpridas antes de a parte divertida do dia poder começar. Assim que for feito o que está na lista, pegue a cesta de piquenique!

2 Listas de coisas a fazer. Aquilo que a lista de tarefas faz para as tarefas repetitivas a lista de coisas a fazer realiza para os serviços isolados ou projetos maiores. Você nem dorme porque a cabeça fica cheia de coisas que tem de fazer, quer fazer e precisa se lembrar? Passe os itens dessa "tralha mental" para a lista de coisas a fazer e... durma bem.

Crie uma lista grande de coisas a fazer, na qual vai anotar todos os pequenos serviços que precisam ser realizados, lembretes, projetos para melhorar a casa e metas pessoais. A partir dela você fará listas menores de coisas a fazer, desmembrando os grandes projetos em tarefas factíveis, a serem executadas nos dias, semanas e meses seguintes. Projetos maiores organizados numa lista de coisas a fazer é o caminho para suas aspirações deixarem de ser fantasias e se tornarem realidade.

3 Hábito. A lista de tarefas e de coisas a fazer organiza a vida com eficiência, mas não faz com que o serviço seja realizado. Como pôr em prática seu bom planejamento? É aqui que entra o hábito: o motor secreto de uma vida doméstica organizada. Uma vez adquirido, o hábito é como uma locomotiva que puxa os membros da família de forma ordeira atrás dele.

Incentivar bons hábitos e livrar-se dos maus é fundamental para assumir o rumo certo e se livrar do caos e da desordem.

"Planejamento é a estratégia que separa a casa caótica do lar feliz."

E o melhor: os hábitos são auto-sustentáveis. Uma vez criados, trabalham para você sem esforços a mais. Faça os bons hábitos trabalharem a favor de seu lar organizado. Ao planejar, incorpore itens da lista de tarefas e da lista de coisas a fazer nas rotinas já existentes, a fim de maximizar o poder do hábito.

4 Agenda da Casa. Qual é o instrumento imprescindível para a vida doméstica bem organizada? Um organizador da família: um planejador para a casa. É o que chamo de Agenda da Casa, e toda casa precisa de uma.

A Agenda da Casa contém todas as informações necessárias para a vida diária de uma casa organizada, num formato fácil de encontrar, fácil de usar. Trata-se de um calendário familiar, um caderno de endereços e uma fonte de informações, tudo junto. A função da Agenda é reunir todas os folhetos e horários, recados em post-it e papeizinhos, e as respostas dadas. Quando é a festa de fim de temporada do time de futebol? Qual é o telefone da academia de judô? Quanto custará a pizza para o jantar de sexta-feira? E qual é o telefone da pizzaria?

Deixe-a aberta com os números de telefone de emergência para a babá. Use-a para organizar os manuais de aparelhos domésticos, para não esquecer os treinos de esportes e verificar a lista de tarefas diárias. Nela estarão a lista de coisas a fazer, o calendário da família e a lista de tarefas das quais depende a organização da casa. O calendário da família mostrará os compromissos de cada um numa só folha.

Estabeleça um lugar para seus instrumentos de planejamento, criando um centro de informações da família, um local para as informações e o planejamento da casa. O centro de informações da família funciona para todos, e é excelente para babás, empregadas e parentes. Com a papelada importante num único lugar, fica fácil para qualquer um localizar um cardápio para pedir comida por telefone, ligar para a quem fará o rodízio de pais da semana, conferir datas de eventos próximos ou ver o que preparar para o jantar no cardápio semanal.

▲ **O planejamento** é um instrumento poderoso para a organização da casa, tão importante quanto o de qualquer outra área. Ignorá-lo significa desordem, caos e tensão.

Listas de coisas a fazer diariamente: **as tarefas rotineiras**

As listas de tarefas existem para livrar a cabeça dos pensamentos do tipo "tenho de..., preciso..." que ficam martelando sem parar. Seja para as tarefas diárias, seja para aquelas mais a longo prazo, as listas captam esses pensamentos soltos e os colocam no papel, de onde fica fácil transformá-los em ação.

Listas diárias **de tarefas**

Crie suas listas para o planejamento dar certo; estes exemplos a ajudarão a começar.

Exemplo de lista de tarefas da manhã

- Verificar a lista e a agenda do dia
- Exercícios
- Banho e maquiagem
- Arrumar a cama
- Ver e-mails
- Acordar as crianças e fazer o café
- Pôr roupa na máquina de lavar
- Dobrar a roupa seca
- Colocar a louça do café na lava-louças
- Arrumar a bancada da cozinha

Exemplo de lista de tarefas da noite

- Esvaziar a lava-louças e pôr a mesa do café
- Deixar preparada a cafeteira programável ou a chaleira para o café-da-manhã
- Fazer os lanches do dia seguinte
- Jogar o lixo da cozinha e arrumar a bancada
- Escolher as roupas do dia seguinte
- Exercícios
- Oração ou meditação
- Limpar o rosto
- Rever a agenda e as listas do dia seguinte

Tarefas diárias

Você planeja seu dia? Ou a cada manhã acorda para um mundo novo, e daí em diante as coisas só pioram? Todo mundo tem dias inutilizados por falta de um plano. Talvez o despertador não tenha funcionado. A frustração e a exasperação vão se acumulando conforme passamos de uma crise a outra. Compromissos esquecidos. Nada para o jantar. Sem uma orientação para o dia, a menor distração fará você se desviar da ordem e entrar nos atrasos e na desorganização.

A solução consiste nas listas de tarefas diárias, uma para a manhã e outra para a noite, com tudo o que é preciso para pôr a família fora da cama e de casa, e cobrir as necessidades rotineiras do dia-a-dia. Refeições. Roupa limpa. O êxodo matinal para a escola e o trabalho. Essas listas não irão limpar a casa, redecorar a sala nem arrumar a garagem, mas darão conta do básico para manter a casa em funcionamento.

Para criar listas de tarefas diárias, divida uma folha de papel em duas colunas, uma para a manhã, outra para a noite. Em seguida, enumere as tarefas simples necessárias para sair de casa de manhã, garantir as refeições e as roupas limpas. Coloque a lista de tarefas em sua Agenda da Casa *(págs. 84-87)*, dentro de um plástico protetor, para acesso fácil.

Lista de tarefas da manhã. De manhã, examine o dia que terá pela frente. A lista lembra-a de olhar sua agenda para não ser surpreendida por reuniões inesperadas ou compromissos esquecidos. Inclui tarefas pessoais como exercícios, cuidados com a pele e arrumar-se. Faz sentido cuidar de si mesma em primeiro lugar. Para muitas mulheres, esse cuidado não existirá se não estiver no topo da lista! Acrescente tarefas ligadas a refeições e lavanderia. Arrume a bancada da cozinha antes de sair. Você irá agradecer a si mesma no fim do dia.

Lista de tarefas da noite. As tarefas da noite encerram o dia e preparam o seguinte. Na cozinha, arrume tudo depois do jantar e prepare as coisas para a manhã seguinte. Pense adiantado. Prepare o que vai precisar para o café-da-manhã, faça os lanches e deixe a mesa arrumada. Evite as crises de última hora quanto ao que vestir no dia seguinte planejando seu traje à noite. No fim do dia, enumere as tarefas pessoais que a prepararão para uma boa noite de sono: limpar o rosto, orar ou meditar, ler. Como último item da lista, inclua dar uma olhada na agenda do dia seguinte.

As listas de tarefas diárias são sua orientação para afastá-la da desordem aleatória de um dia sem planejamento. De manhã e à noite, irão relembrá-la de fazer o básico, aquele mínimo necessário para manter a vida nos eixos.

> “As listas são sua orientação para afastá-la da desordem aleatória de um dia sem planejamento.”

Planejamento semanal, mensal e sazonal

Se as listas de tarefas diárias são para manter o funcionamento do dia-a-dia, as semanais, mensais e sazonais garantem a realização de projetos maiores. O que entra nessas listas? Tudo! Desde o agendamento de faxinas e o planejamento do cardápio até o trabalho voluntário. Se tiver algo que precisa ser feito como rotina, isso faz parte das listas.

Como a lista de tarefas, guarde as listas semanais, mensais e sazonais em protetores de plástico dentro da Agenda da Casa. A cada semana, mês e estação, confira a lista apropriada para que as tarefas sejam feitas e a organização, mantida.

Use os exemplos de listas no quadro à direita como um método para criar suas próprias listas de tarefas rotineiras, que devem ser executadas a cada semana, mês e estação.

Listas de **longo prazo**

As listas de longo prazo de tarefas semanais e sazonais são para itens repetitivos na lista de coisas a fazer; consulte a lista grande para compilar as tarefas domésticas.

Lista semanal

- Rever a agenda da semana seguinte
- Ver a lista grande e acrescentar itens à atual lista de tarefas *(págs. 80-81)*
- Planejar o cardápio da semana
- Verificar ofertas no jornal
- Pagar contas
- Fazer compras
- Tarefas fora de casa: lavanderia, banco, laboratório fotográfico

Lista mensal

- Rever a agenda do mês seguinte
- Verificar a lista grande de coisas a fazer e acrescentar itens à atual lista de tarefas
- Conferir o talão de cheques
- Verificar o estoque da despensa e do freezer; fazer rodízio de alimentos

Lista sazonal

- Rever a agenda da estação seguinte
- Verificar a lista grande de coisas a fazer e acrescentar itens à atual lista de tarefas
- Marcar consultas médicas
- Fazer o rodízio das roupas de estação e avaliar a necessidade de roupas e calçados para a família
- Anotar planos para viagens e férias e, se for o caso, tomar as providências necessárias
- Chamar a manutenção dos aparelhos de ar-condicionado ou dos ventiladores
- Verificar detectores de fumaça/monóxido de carbono

Para manter **o rumo**

Listas e agendas organizam o trabalho, mas não fazem o serviço. Mesmo as listas mais bem elaboradas de nada servirão se você não as consultar regularmente. Mantenha as coisas no rumo, com seu planejamento:

- **Confira tudo a cada manhã e noite.** Consultar calendário, agenda e listas toda manhã garante um dia com início produtivo. No fim do dia, agende de novo qualquer tarefa não terminada e reveja os planos para o dia seguinte. Você irá para a cama preparada para uma boa manhã.
- **Seja flexível.** Na vida acontecem imprevistos, e, quando acontecem, os planos mais bem-feitos podem ir por água abaixo. É o momento de aliviar o peso das tarefas. Passe à manutenção mínima *(págs. 68-69)* em caso de doença ou de uma carga de trabalho maior, ou quando há feriados ou as férias chegam. Listas e horários que foram escritos ajudarão a retomar o planejamento quando as coisas voltarem ao normal.

Além da rotina: **listas de coisas a fazer**

Se as listas de tarefas são guias para atividades previsíveis do dia-a-dia, as listas de coisas a fazer organizam o imprevisto: tarefas isoladas, serviços esporádicos que precisam ser feitos na casa ou projetos em andamento. Junto com as listas de tarefas, garantem que você cuide de tudo aquilo que vai além da rotina.

Por exemplo: rotina da cozinha – limpar a geladeira ou a pia – está na lista de tarefas diária ou semanal *(págs. 76-77)*. Já algo como "instalar sancas na cozinha" é um item da lista de coisas a fazer, um serviço desmembrado de um objetivo mais amplo: "redecorar a cozinha". Você usará a lista de coisas a fazer para identificar esses serviços isolados e agendá-los na organização diária, e para desmembrar e agendar projetos maiores.

Há dois tipos de listas de coisas a fazer: a lista atual, para referência diária, e a lista grande. A lista atual inclui os itens de coisas a fazer de alta prioridade, que precisam ser realizados a curto prazo. A lista grande é a fonte onde você junta, classifica, organiza e encaminha todas as coisas a fazer.

A lista grande

Para começar uma lista grande, pegue uma folha de papel pautado e faça três colunas: "Data marcada", "Item" e "Feito em". Inicie pela coluna do meio, enumerando tudo – absolutamente tudo – que você já pensou que precisava, deveria ou gostaria de fazer.

Uma boa lista grande de coisas a fazer é uma miscelânea de metas e aspirações, serviços e detalhes. É o lugar para dar forma a todas as dúvidas que ficam na cabeça. Não se preocupe se a lista se estender por muitas páginas. É melhor pôr no papel pensamentos repetitivos do que ficar com eles na cabeça. Melhor ainda: a lista grande de coisas a fazer mostra o progresso num relance. Você vê quais serviços já fez, que tarefas estão em andamento e o que está por fazer.

Você usará a lista grande para fazer freqüentes listas atuais, mais curtas. Ao passar um item para a lista atual,

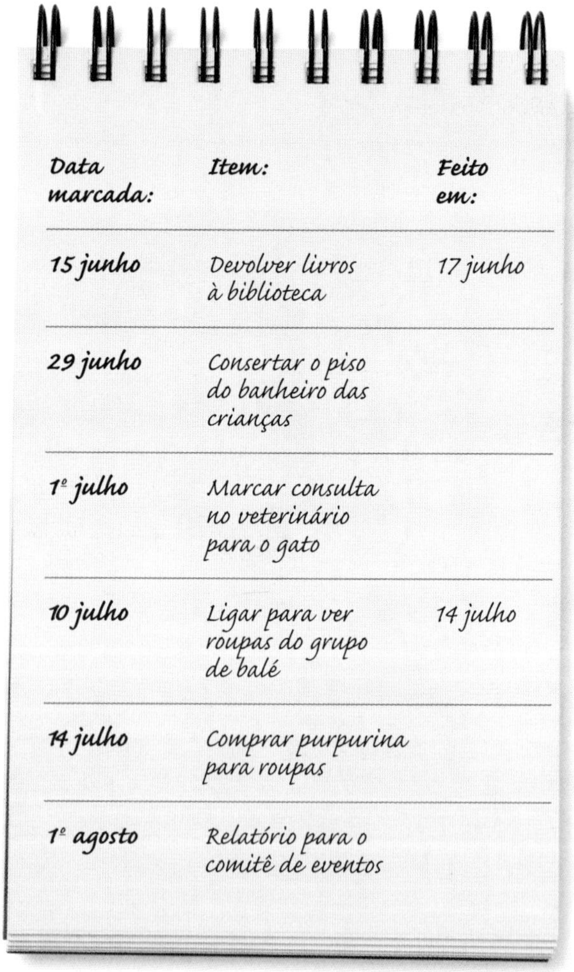

▲ **Planejamento eficaz.** Na lista grande de coisas a fazer cabe de tudo. Ao colocar serviços "preciso fazer" no papel, fica fácil marcar uma data para eles e concretizá-los.

escreva a data na coluna "Data marcada"; quando o serviço estiver pronto, anote a data em que foi feito. Com o passar do tempo, você terá um registro do trabalho realizado.

Estabeleça a lista atual de coisas a fazer

Da lista grande sai a lista atual: uma lista de coisas a fazer a curto prazo que é consultada e modificada com freqüência. Consulte-a diariamente junto com a lista de tarefas, para se manter em dia com seus objetivos e serviços a serem feitos.

"Uma boa lista grande é uma miscelânea de aspirações e metas, serviços e detalhes."

É simples preparar a lista atual de coisas a fazer. Consulte a lista grande e transfira de dois a dez itens para a lista atual. Alguns itens estão sujeitos a um prazo, como os "quero fazer" previstos para mais adiante. Amenize a lista acrescentando alguns itens "quero fazer", aqueles serviços que fazem um objetivo avançar. Ao passar os itens para a lista atual, anote a data marcada para eles na lista grande. Ao terminar o serviço, risque-o da lista. Ponha a lista em sua Agenda da Casa ou na agenda pessoal. Junto com as listas de tarefas rotineiras, as listas de coisas a fazer orientam o planejamento eficiente para ter uma casa organizada.

O básico das coisas a fazer no dia-a-dia: vá; chame; compre; o que tem para jantar?

Cada lista diária de coisas a fazer tem um ritmo próprio que pode ajudá-la a acelerar o trabalho. A maioria das listas de coisas a fazer diz: aonde você precisa ir, para quem ligar, o que tem de fazer, lista de compras e o que preparar para o jantar.

Faça uma lista fácil de seguir. Agrupe os itens nestas categorias; Ir, Ligar, Comprar e Fazer. Confira os planos para o jantar numa seção com o título "O que tem para jantar?" *(ver o formulário Lista Diária de Coisas a Fazer, pág. 242)*.

Ao agrupar as tarefas e relembrar seus planos para o jantar, a lista deixará imediatamente claro o que é importante fazer naquele dia.

Dicas: poupa-tempo **diário**

O tempo é um bem democrático; todo mundo recebe as mesmas 24 horas. Poupe seu precioso tempo com estas dicas:

- **Não vá com as mãos vazias.** Ao subir a escada, ao sair da sala ou ao ir lá fora, leve consigo alguma coisa para pôr no lugar. Leve jornais para o lixo reciclável ao ir até a área de serviço, leve um par de sapatos para guardar no armário ao subir, ponha um saco de lixo para fora quando sair de casa.
- **Use pequenos intervalos de tempo para fazer serviços pequenos.** Dobre meias durante o intervalo comercial. Dê uma rápida limpada na pia ao sair do banheiro. Pequenos esforços são ótimos.
- **Faça tarefas enquanto conversa.** Durante as conversas ao telefone, procure serviços para deixar as "mãos ocupadas" enquanto fala. Prepare uma salada, arrume uma gaveta ou guarde objetos enquanto conversa com a família ou com amigos. Um telefone sem fio ou um fone de ouvido com microfone ajudam a aproveitar o tempo.
- **Aproveite cada saída – ou não vá às compras.** Nunca dê uma saída para fazer apenas uma coisa; é preferível agrupá-las. Vá a uma lavanderia mais perto do seu banco ou passe no supermercado quando voltar do trabalho.
- **Aproveite o tempo no carro.** Audiolivros são boas companhias para um percurso longo de carro; use as idas e voltas da escola para discutir os planos do dia com as crianças. Mas não fale no celular quando estiver guiando, a menos que você tenha viva-voz: é proibido, dá multa, conta pontos na carteira e não compensa o risco.

Hábito: o milagreiro do lar

Imagine um comercial de TV assim: "Oferta especial! Fantástico Milagreiro do Lar transforma o caos de sua casa num palácio em apenas 21 dias. Ele é rápido na faxina, põe ordem no caos e acaba com a bagunça. Pesquisas científicas garantem sua eficácia. Nosso produto levará ordem e serenidade à sua casa desorganizada".

Hábito: por onde começar?

Você está convencida do poder do hábito, mas por onde começar? Embora sair do caos seja diferente para cada família, procure criar os primeiros hábitos para um lar ordeiro:

- **Consulte suas listas.** Reveja as listas de tarefas e de coisas a fazer todo dia de manhã e à noite. Elas irão mantê-la no rumo e organizada todos os dias.
- **Arrume a cama.** Invista 45 segundos em esticar os lençóis e estender as cobertas para começar o dia de modo organizado.
- **Reserve tempo para se cuidar.** De manhã ou à noite, não importa quanto esteja apressada, reserve 20 minutos para se arrumar e cuidar de você. Cuide-se primeiro: isso lhe dará confiança para o resto do dia.
- **Acorde com o pé direito.** Na noite anterior, decida as roupas que vai usar. Ponha a mesa para o café-da-manhã e deixe prontos os itens necessários para prepará-lo.
- **Mantenha as refeições em seu devido lugar.** Arrume a cozinha e lave a louça após cada refeição. Não deixe a arrumação de uma refeição roubar a energia necessária para preparar a seguinte.

Você já pegaria o telefone com uma mão e o cartão de crédito com a outra? Bom demais, não é? Sentimos muito, telespectadoras. O fantástico Milagreiro no Lar é a mais poderosa arma secreta na guerra contra a desorganização e a bagunça, mas não se pode comprá-lo nem em lojas nem em lugar nenhum. Você tem de inventar o seu, e é de graça. Faça-o trabalhar para você e ele a guiará, passo a passo, das trevas da desorganização até a luz. E o que ele é? É o hábito.

Que a força do hábito esteja com você

Hábito é uma palavra pequena para essa força tão poderosa. Pode começar pequeno, mas o hábito funciona como uma bola de neve no topo de uma montanha nevada. Basta um esforço minúsculo para empurrá-la da borda, e veja só o resultado! Quando chegar ao sopé, a pequena bola de neve terá ganho a força de uma avalanche.

Isso também ocorre com os hábitos que criamos em nossa vida cotidiana. Pequenos passos para a frente, quase imperceptíveis, produzem um efeito poderoso em nossa casa e em nossa vida. E qual é o segredo? O impulso. É preciso energia e intenção para empurrar aquela bolinha de neve. E o hábito, uma vez criado, ganha força e efeito a cada repetição, aumentando sua força e a potência subjacente – e você nem precisa pensar mais nele.

Anatomia de um hábito

Os hábitos são poderosos, mas não são misteriosos. Todos temos os nossos, para o bem ou para o mal. Cada dia começa com duas xícaras de café e o jornal? Hábito! Você torna mais agradável sua ida semanal ao supermercado com um croissant recheado da seção de padaria? Hábito! Você sempre coloca sua bolsa ou pasta no chão do carro, atrás do banco do motorista? De novo, o tal do hábito!

Se os hábitos são criaturas familiares, por que são tão difíceis de criar ou mudar? Volte à bola de neve. Sim, é meio incômodo fazê-la, não é? Você tem de ficar com as mãos molhadas, frias e dormentes, e socar a neve com firmeza. Você precisa colocar a bola de neve na borda e depois dar nela um empurrão. Mas, assim que o fizer, cuidado!

"O hábito, uma vez criado, ganha força e efeito a cada repetição, aumentando sua força e potência."

A analogia explica por que pode ser tão difícil criar um hábito bom ou se livrar de um mau hábito. Estabelecer bons hábitos implica criar uma mudança consciente, intencional. Dar um fim a maus hábitos significa lutar contra uma tremenda força, intensificada por milhares de repetições.

21 dias para o sucesso

Como se cria um bom hábito? O conceito é simples: decida o que você quer fazer e faça isso durante 21 dias. Quando tiver repetido o hábito por três semanas, você o possui, ou melhor, está possuída por ele. No lugar adequado, seu hábito se manterá sem que você pense mais nele.

Maxwell Maltz, autor do livro *Psycho-Cybernetics*, foi o primeiro a notar a importância desse período de 21 dias. Como cirurgião plástico, Maltz sabia que leva 21 dias para quem passou por uma amputação deixar de ter a sensação-fantasma do membro amputado. Quando começou a ajudar os pacientes a mudar de atitude em vez de mudar a aparência, descobriu que os 21 dias também se aplicavam à mudança no pensamento: período interior necessário para a mudança ser usufruída.

Se a idéia é simples (faça isso por 21 dias), o diabo está nos detalhes. Estabelecer um novo hábito é trabalho duro. Cada novo hábito precisa deslocar a formidável energia de um velho hábito arraigado para sobreviver e florescer. Não é fácil livrar-se de velhos hábitos. Na prática, os novos hábitos em formação precisam ser tratados com cuidado e afastados de intrusos. Durante sua infância e juventude, bons hábitos podem ser extintos num simples episódio de "amanhã não quero fazer isso!". Você precisa, ao mesmo tempo, tratar com carinho um bom hábito novo e lutar contra o mau hábito velho.

No caminho dos bons hábitos

Pronta para colocar o poder do hábito a seu favor na guerra contra o caos doméstico? Experimente estas sugestões para ajudar na criação de novos hábitos:

■ **Um hábito por vez.** Por mais tentador que seja decidir que hoje você vai mudar de vida e, daqui para a frente, tudo vai ser diferente, resista. É melhor criar um único hábito útil do que tentar uma transformação completa da sua vida... e fracassar.

Mudar um hábito exige energia concentrada e empenho. Para ter sucesso, escolha um único hábito. Só depois de ter estabelecido um novo hábito é que você deve encarar outro. Anime-se! Com 52 semanas em cada ano, você pode criar 17 hábitos novos e ainda tirar duas semanas de folga.

■ **Atrele seu hábito a um que já funciona.** Um hábito novo tem mais chances de sobrevivência se tiver um amigo. Pense num hábito que você já tem como uma locomotiva, e atrele o novo a ela. Ao criar novos hábitos unidos aos já estabelecidos, você facilita a mudança a ser adotada.

Você coloca seu bebê para tirar uma soneca às 14 horas, toda tarde? Isso é uma "deixa" perfeita para criar um hábito novo: 30 minutos de leitura inspiradora diária – marcados a partir das 14h05 no seu programa diário.

■ **Procure apoio.** Quando se trata de criar novos hábitos, uma rede de apoio vale mil palavras. Combine com uma boa amiga uma sessão mútua de "ficar no pé": você a fiscaliza, e ela fiscaliza você, durante a construção simultânea dos novos hábitos que vocês desejam adquirir.

Procure companhias para conquistar novos hábitos junto com essas pessoas. Você decidiu caminhar 45 minutos todo dia? Caminhar com uma amiga, uma vizinha ou seu marido irá dobrar a motivação (e o prazer!).

A Agenda da Casa: planos para a organização

Pessoas organizadas têm agenda pessoal: um caderninho que contém informações, compromissos e horários para manter sua organização. Casas organizadas também precisam de uma Agenda da Casa. Ela deve conter compromissos agendados, horários, listas e todos os tipos de informação. A Agenda da Casa é o centro de comando da família, ao qual se recorre quando é preciso saber alguma coisa.

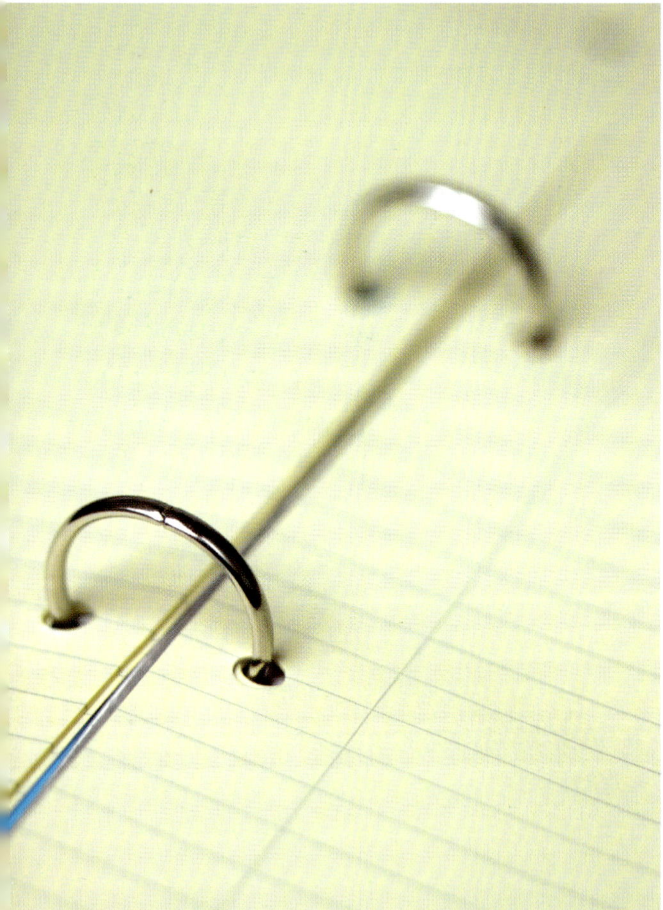

▲ **Simples e básica**, a Agenda da Casa é um poderoso gestor de informações. Acabe com recados escritos às pressas em post-its trocando-os por uma fonte confiável de informações sobre a casa.

Embora o conteúdo da Agenda seja exclusivo de cada família, em geral se pode usar um fichário de ganchos com várias divisórias. Como pode ser expandida infinitamente, a Agenda da Casa se torna tão específica quanto a família que a usa. Uma família com crianças em idade escolar, que praticam música, dança e esportes, irá incluir seções com horários de ensaio e treino, possíveis atividades de verão e listas de DVDs para alugar. Um casal que trabalha e tem filhos pequenos irá acrescentar seções para baby-sitters e babás e uma lista de telefones de emergência à Agenda da Casa. Casais cujos filhos já saíram de casa terão listas do que levar nas férias, registros de consertos na casa e idéias para presentear filhos e netos.

"A Agenda da Casa é o centro de comando da família."

Compilar e armazenar as informações da família num único local traz benefícios à vida em casa. Nunca mais você ficará procurando papeizinhos ou permissões escolares perdidas. A informação sempre estará onde deve: na Agenda da Casa.

Crie a sua Agenda da Casa

Para criar uma Agenda da Casa você precisa de um fichário de ganchos, alguns protetores de plástico transparente, papel e divisórias com índice.

Ponha as divisórias. Adquira divisórias com índice numa papelaria e coloque tantas quanto forem necessárias para sua casa. Cada família desenvolve a própria agenda, e as divisórias irão mudar conforme as necessidades de sua família. Há algumas sugestões de divisórias nas páginas seguintes, mas cada família é única, e o que você escolher refletirá sua casa. Coloque protetores transparentes de página em cada divisória.

Ponha os papéis. Comece com o calendário e acrescente páginas ou formulários para anotar informações. No site OrganizedHome.com você encontra calendários, formulários e listas de tarefas em inglês prontos para imprimir e gratuitos *(os mais usados estão nas págs. 240-247)*, para iniciar sua Agenda da Casa. Aqueles que têm computador podem usar programas para criar formulários de informação; senão, use papel pautado.

Por fim, coloque protetores de plástico transparente em cada seção, para facilitar a localização de listas e horários, e consultar o manual de instruções de um produto.

Tudo pronto. Com divisórias, calendários e formulários para as seções, a agenda está pronta para uso. Junte papéis, folhetos e cartões espalhados: folhetos de pizzarias e cartões de visita, circulares da escola, horários de aulas e panfletos de férias. Passe as informações para a agenda. Anote telefones nas páginas destinadas à agenda telefônica, fure e arquive os calendários de atividades do clube e ponha em envelopes de plástico com furos os artigos recortados de revistas.

Seja criativa! Acrescente divisórias para prioridades e necessidades da sua família. Quer reformar? Abra a seção "Reformas" e arquive, em plásticos com furos, recortes de revistas e amostras de tecidos. Use listas grandes de coisas a fazer e listas diárias de coisas a fazer *(págs. 76-77, 80-81)* em cada seção para controlar projetos e objetivos. Folhas pautadas servirão para as informações fora dos formulários específicos.

Mantenha a Agenda da Casa perto do telefone principal e do calendário para orientar as atividades e decisões da casa. Tem um pedido de bolo para seu grupo de amigas? Anote no calendário e acrescente "ovos e farinha" na lista de compras. Está pensando em sair na sexta-feira com seu marido? Vá à página de informações sobre baby-sitters. Antes de sair, repasse as informações de emergência com a baby-sitter.

Divisórias para sua **Agenda**

A Agenda reflete a especificidade daquela família. Estas sugestões de divisórias cobrem a maioria das informações necessárias:

- **Informações para emergências.** Deixe as informações para emergências na primeira seção da Agenda da Casa. Anote uma lista de telefones de emergência, incluindo o endereço de sua casa, para ajudar as equipes de atendimento *(pág. 240)*; listas de baby-sitters com informações; listas de serviços de atendimento médico do convênio e informes sobre procedimentos de emergência.
- **Calendário e planejamento.** O calendário e o planejamento por escrito são a alma de uma Agenda da Casa: crie uma seção para eles. E o que vai nela? Nesta divisão ficam: o calendário do mês, as listas de tarefas e as listas de coisas a fazer, dentro de protetores de plástico. Use um furador para acrescentar horários de trabalho, calendários escolares e listas de eventos cívicos e da igreja. O objetivo é ter um só local com todas as informações de planejamento para cada dia, semana e mês.
- **Agenda telefônica e de endereços.** Com todos os números de telefone que interessam, a agenda telefônica é a seção mais útil e mais consultada da Agenda da Casa. Na agenda telefônica ficam os números dos pais do rodízio escolar, dos lugares que entregam comida, dos clubes e telefones de emergência. Inclua uma agenda de endereços em sua Agenda, para o contato com a família e os amigos. Não se limite a anotar nomes, endereços e telefones. Acrescente informações pessoais como nomes de bebês, aniversários e endereços de e-mail, a fim de não se perder da família e dos amigos.

A Agenda da Casa é exclusiva

Com endereços e telefones anotados, a agenda será formada conforme as necessidades de sua casa. Ele poderá dispor de divisórias para estas atividades:

Família e escola. A família é o núcleo da agenda e merece sua própria divisória. Esta seção inclui as necessidades de informação para os membros da família no dia-a-dia:

- Páginas com informações pessoais de cada membro
- Tamanhos de roupas
- Lista de datas importantes (aniversários, comemorações)
- Lista de sugestões de presentes
- Idéias para festas de aniversário
- Websites bons para a família
- Lista de DVDs/vídeos para alugar
- Lista de livros para ler
- Informações relativas a bibliotecas

Famílias com crianças em idade escolar poderão acrescentar uma divisória para escola com:

- Horários e calendário escolares
- Cardápios de almoço
- Informações sobre rodízio escolar
- Página de informações da escola
- Listas de leituras para a escola
- Informações sobre atividades de verão

Administração doméstica. Lembre-se de tudo da casa. A seção "Administração doméstica" reúne as informações para a casa e a vida doméstica. Informações sobre faxina, diversões, decoração e a despensa "moram" aqui:

- Agenda de faxina da casa
- Listas de tarefas sazonais
- Listas de tarefas das crianças
- Inventário da casa
- Idéias para decoração da casa
- Planejamento de festas
- Cronograma de manutenção do carro
- Dicas para remoção de manchas
- Endereços para o lixo reciclável
- Inventário dos guardados da casa

Refeições e cardápios. Para a cozinha, a Agenda da Casa ajuda a planejar refeições, criar cardápios e manter a despensa e o freezer abastecidos. Use esta seção para:

- Planejamento semanal de cardápios
- Listas de compras
- Formulários de acompanhamento de preços
- Formulários de inventário do freezer
- Formulários de inventário da despensa
- Receitas
- Listas de receitas a serem experimentadas

Dinheiro e finanças. Convém abrir uma seção para controlar despesas. Administre as finanças da casa aqui:

- Orçamento e lista das despesas
- Contas a pagar
- Extratos bancários
- Lista de cartões de crédito
- Serviços bancários on-line/informações para esses serviços
- Inventário da casa
- Informações sobre seguros
- Inventário do cofre
- Lista de serviços e assistências técnicas
- Assinaturas de jornais/revistas
- Informações sobre garantias de produtos
- Documentos do carro

Saúde e forma física. Organize o acompanhamento da saúde da família com uma seção "Saúde". Numa emergência médica, leve a Agenda da Família ao sair para o pronto-socorro. Vai a uma consulta com o pediatra? Use a seção para anotar doenças, remédios e histórico médico dos filhos. Entre as informações desta seção estão:

- Controle de dietas
- Registros de pressão arterial
- Lista de primeiros socorros
- Lista de informações médicas de cada membro da família
- Endereços/telefones para atendimento de emergência
- Histórico médico das crianças
- Registro de receitas de medicamentos
- Informações sobre seguro-saúde
- Registros sobre a saúde de animais de estimação

Viagens, hobbies e atividades. A seção "Viagens, hobbies e atividades" abrange itens extracurriculares que fazem a vida valer a pena. Aqui entram hobbies, locais de oração, clubes, esportes, serviço voluntário, idéias para férias e viagens. Sua Agenda da Casa pode ter muitas divisórias para este fim. Você canta num coro? Faça uma seção para ele. As crianças jogam num time de futebol? Seção para ele!

O que entra nessas seções? Qualquer pedaço de papel relativo a essas atividades. Horários das cerimônias nos locais de oração. Circulares sobre os esportes. Folhetos de viagens e de acampamentos. Essas seções variam de uma família para outra, mas aqui estão algumas idéias:

- Planejamento para piqueniques
- Lista do que levar em viagens
- Lista de coisas a fazer antes de viajar
- Lista para acampamentos
- Lista de idéias para as férias
- Informações sobre empresas de vigilância de casas
- Circulares da associação de pais e mestres
- Horário das cerimônias no local de oração
- Material para escoteiros e bandeirantes
- Inventário de materiais para artesanato
- Controle de moldes para costura
- Livros para ler
- DVDs/vídeos para assistir

Feriados e temporadas. Torne inesquecíveis os momentos de folga com ajuda da Agenda da Casa. Nosso outro site, OrganizedChristmas.com, oferece formulários gratuitos em inglês para planejar as folgas; ou faça suas próprias páginas para esses momentos. No ano todo, não se esqueça de datas importantes, de presentes e decorações para festas, anotando:

- Calendário de aniversários da família
- Planejamento de festas de aniversário
- Lista de presentes de Natal
- Lista de cartões de Natal
- Planejamento dos cardápios de festas
- Inventário das decorações para festas
- Lista de enfeites a fazer
- Lista de "presentes a fazer"
- Inventário de presentes já comprados e guardados

Tudo em dia: **calendário da família**

Qual é a melhor maneira de se manter em dia com os agitados horários da família? Um calendário da família. Escolha um calendário grande com espaço para anotações nos dias e marque nele compromissos, saídas, atividades das crianças, jantares de família e dias de rodízio escolar. Use canetas de cores diferentes para cada membro da família.

Basta um relance para ver os compromissos da família, o que facilita o planejamento. A semana das finais do futebol (em que se janta fora toda noite, perto do campo) não é a melhor época para começar um projeto de reforma. Uma vantagem extra: ver as datas do calendário em cores vivas ajuda a evitar novos compromissos quando entram em conflito com os planos já feitos.

Crie um centro de informações

O melhor lugar para colocar o calendário da família é num centro de informações: um espaço da casa destinado a rever listas, anotar recados telefônicos, acrescentar itens a uma lista de coisas a fazer e verificar datas.

Um centro de informações da família tem como objetivo obter e lidar com informações. Por isso, deve ficar perto de um telefone e ter lugar para sentar.

Pendure o calendário na parede e ponha a Agenda da Família do lado do telefone. Coloque canetas e lápis num recipiente bonito, junto com um bloquinho para recados telefônicos.

Outra opção é comprar um quadro branco para servir de "central de informações" e nele anotar os recados telefônicos. Marcadores coloridos permitem um código de cores e o apagador facilita mudar uma mensagem.

ciclos da casa organizada

Alimentos
planeje, compre, organize, armazene

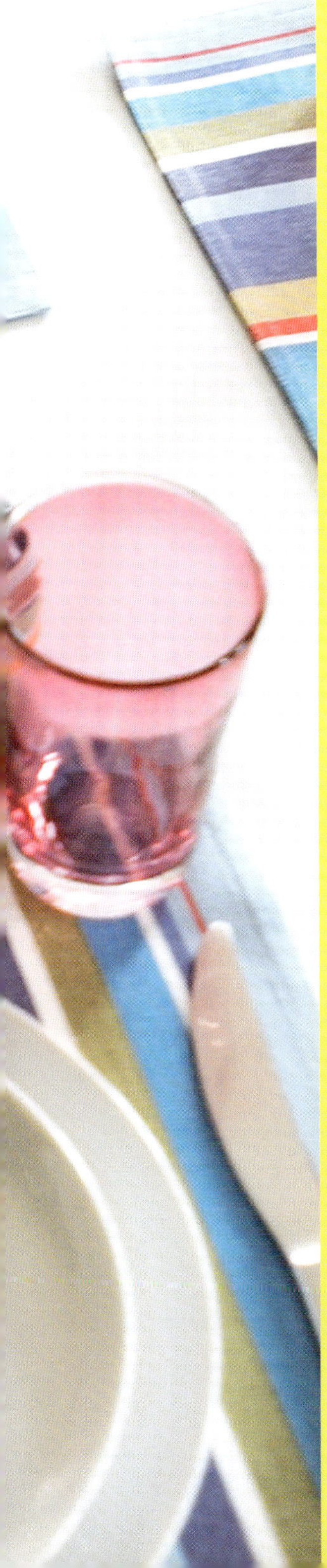

Há algo mais próximo do ritmo da própria vida do que o ciclo dos alimentos? Assim como a cozinha é o centro do lar, a comida e seu preparo moram em nossas lembranças: almoços ou jantares de festas e ocasiões especiais, piqueniques no verão e as refeições diárias da família. Mantenha essas lembranças nas idéias desta seção, que procura acelerar, tornar mais funcional e fazer economia na cozinha.

Procure planejar o cardápio e as refeições para poupar tempo e garantir uma dieta saudável, economizando com estratégias inteligentes nas compras. Técnicas adequadas para estocar comida preservam o investimento de sua família na despensa.

Arrume armários, geladeira e freezer e aplique princípios de organização para criar "centros" na cozinha que irão acelerar o preparo da comida e a limpeza após a refeição.

Domine os princípios de manutenção da despensa para economizar ao máximo – e proteger a família contra desastres naturais ou tempos difíceis.

Planejamento **dos cardápios da família**

O que fazer para o jantar: este é um problema urgente. Volta e meia nos vemos no supermercado às 5 da tarde, tentando resolvê-lo. Sob o assédio e as perguntas das crianças famintas, ficamos nervosas na frente das gôndolas e quebramos a cabeça para achar uma resposta rápida para a questão recorrente da hora do jantar.

Manter a família alimentada pode ser apavorante. Três refeições por dia. Sete jantares por semana. Do supermercado para a despensa, da geladeira para a mesa, da pia para o armário, a rotina da cozinha pode ser bem cansativa. Não é à toa que escondemos a cabeça feito avestruz diante do fato irrefutável: todo dia tem jantar. Qual a solução? Um cardápio planejado.

O cardápio planejado economiza dinheiro, pois elimina as idas de última hora ao supermercado. E poupa tempo. Nada de corridas à vizinha para pedir um ingrediente que falta, nada de buscas frenéticas no freezer atrás de alguma coisa – qualquer coisa – para descongelar para o jantar.

E o mais importante: o cardápio semanal (ou mensal) planejado preserva o recurso mais valioso da dona-de-casa: a energia. Siga estas estratégias para se beneficiar do poder do planejamento das refeições e do cardápio.

Seja ousada

Planejar o cardápio é algo que gostaríamos de fazer... algum dia. Em vez de achar que o planejamento do cardápio vai aumentar nossa qualidade de vida, a idéia de se sentar para decidir o jantar da próxima quinta-feira nos desanima. "Na semana que vem eu faço, quando estiver mais organizada."

Errado! O cardápio planejado é a primeira linha de defesa na batalha contra o caos na cozinha. É melhor fazer o planejamento do cardápio numa única sessão semanal de 10 minutos do que toda noite – e nervosa – na fila do caixa do supermercado ou olhando para a geladeira aberta.

E jure: "Eu prometo nunca mais ir às compras enquanto não tiver um cardápio planejado".

Dia	*Pratos*	*Sobremesa*
Segunda	*Ensopado de carne, batata assada, brócolis*	*Frutas*
Terça	*Peito de frango, arroz, legumes refogados*	*Torta de maçã e sorvete*
Quarta	*Sanduíches de sobras de carne, maionese*	*Sobra de torta de maçã*
Quinta	*Macarronada com frango, salada*	*Biscoito com sorvete*
Sexta	*Lasanha congelada, salada de folhas*	*Picolé de frutas*
Sábado	*Comida chinesa*	*Sorvete*
Domingo	*Salmão grelhado, arroz, vagem*	*Torta em camadas*

▲ **Planeje por escrito.** Um cardápio planejado no papel não toma tempo, poupa-o. Escrever as refeições da semana acaba com o problema "O que tem para jantar?" e economiza tempo.

Começo simples e modesto

Idéias de receitas novas e complicadas a cada semana e planos mensais complexos podem liquidar o ato de planejar um cardápio antes que ele comece. É divertido pensar em pôr suas receitas num banco de dados e elaborar cardápios completos até a próxima década, mas resista à tentação.

Jure: "Eu prometo nunca mais ir às compras enquanto não tiver um cardápio planejado".

Então pense: sete jantares simples e uma só ida ao supermercado. Aos poucos você vai desenvolver as habilidades para planejar o cardápio e perceber a vantagem de fazê-lo. Cardápios planejados elaboradamente e com excesso de detalhes viram outra tentativa fracassada para ter uma cozinha organizada.

O poder da propaganda

Por onde começar o planejamento? Pelos anúncios de jornal e folhetos de ofertas dos supermercados. Tente fazer com que o dia do planejamento do cardápio e das compras seja o mesmo das ofertas. Com os anúncios você tem uma noção das promoções. Isso orientará o planejamento de seu cardápio.

Nesta semana, por exemplo, dois supermercados do bairro estão oferecendo frangos por um preço bem convidativo. Para alimentar bem e economicamente minha família, esta é a semana de servir frango, e não para sonhar com carne ensopada ou lombo de porco assado. Deixarei para servir esses últimos quando estiverem em promoção.

Dicas para o planejamento do cardápio

Eis alguns aspectos a considerar para dominar o planejamento do cardápio e acabar com o "nervoso" da hora de jantar.

Elabore uma lista de compras da família. Olhe em lojas de presentes ou papelarias e encontrará atraentes bloquinhos de listas de compras para todos os propósitos e ocasiões. Listas de compras em forma de urso. Listas de compras compridas e afiladas. Listas de compras com design elegante

O cardápio **planejado**

Guarde as ofertas de supermercados e planeje um cardápio simples. Os propósitos são dois: eficiência na compra dos alimentos necessários para sete jantares e corte nos custos e no tempo de compra, preparo e limpeza. Estes são os princípios básicos do planejamento do cardápio: faça um rascunho, compre a partir de uma lista. Mas seja flexível. Faça, então, a versão definitiva do cardápio e siga-a.

- **Confira as ofertas** e promoções. Faça o rascunho do cardápio: sete pratos (mais guarnições e saladas) a serem feitos com produtos em oferta. Use uma folha de papel em branco ou um formulário de planejamento de cardápio *(págs. 246-247)*.
- **Verifique na despensa** e na geladeira o que pode ter sobrado da semana passada e ficou esquecido atrás da alface murchando ou de massas meladas. A maior pechincha é a comida que você já comprou. Então, planeje de modo a usá-la! Reveja a lista de compras e anote temperos ou especiarias de que irá precisar para as refeições da semana.
- **Pronta? Vá às compras**, mas com a mente aberta. O frango inteiro em oferta pode não parecer tão vantajoso como o pacote grande de coxas desossadas com desconto maior. Admita fazer substituições conforme o que encontrar em oferta.
- **Volte das compras** e arrume as prateleiras. Ao guardar as compras, faça a versão definitiva do cardápio. Veja se está adequado ao calendário da família, deixando o assado para domingo, a pizza para a noite do futebol.
- **Afixe o cardápio planejado** na porta da geladeira. Consulte-o na semana seguinte para preparar as refeições.

ou com bordas coloridas. A maioria das casas tem dois ou três bloquinhos de listas (ou uma dúzia deles).

Só há um problema: por que você não os usa?

Porque não funcionam, só por isso. Filhos adolescentes enchem a lixeira com caixas de cereais, mas você já viu algum deles escrever o nome do produto corretamente na lista? Além disso, listas com itens já impressos funcionam tão bem quanto as meias de tamanho único da loja da esquina.

Qual a solução? Fazer uma lista de compras com todos os alimentos e outros itens que a família consome *(ver formulário de Compras, pág. 244)*. Olhe suas receitas arquivadas no computador, que ajudam a lembrar de itens para a lista. Deixe espaço para outros alimentos ou ingredientes inesperados.

Organize um lista de compras personalizada de acordo com as gôndolas que você visita com freqüência no supermercado. Ao terminar a lista de sua família, imprima ou tire 52 cópias: um ano inteiro de listas de compras para sua casa.

Toda semana, afixe uma lista nova na porta da geladeira ou no centro de informações da família *(pág. 87)*. Quando acaba o suco de laranja para o café-da-manhã, marque esse item na lista. Meninos que não marcam o cereal favorito ao esvaziarem a última caixa logo aprenderão o princípio de causa e efeito – não ter marcado significa que ficarão sem cereais pelo resto da semana.

No dia de fazer as compras, pegue a lista e leve-a ao supermercado. Num relance você saberá que precisa comprar mais suco, cereal e pão.

Fazer uma lista de compras personalizada pode ser um exercício interessante... e revelador. Quando ainda tínhamos adolescentes em casa, cereal, leite e biscoitos encabeçavam a lista, junto com o "lixo nuclear" – nossa gíria familiar para uma bebida barata, uma espécie de refresco de cores berrantes, da gôndola de laticínios. Ah... bons tempos. Agora que nossa casa voltou a ser só nós dois (e ambos ligeiramente acima do peso), "brócolis" e "peixe" encabeçam a lista.

Busque a tranqüilidade da rotina. Sim, há algumas almas bem organizadas que não planejam cardápios. Mas observe e verá que há uma estratégia subjacente a essa abordagem aparentemente informal – o serviço de refeições dessa casa segue uma rotina.

O jantar de domingo é elaborado e as sobras ficam para terça-feira. Segunda-feira é noite de hambúrguer. Quarta-feira, de ensopado. Quinta-feira tem espaguete. Na sexta-feira, o papai faz churrasco. E sábado é dia de pedir pizza.

Crie uma rotina com cardápio planejado. Você pode experimentar receitas novas, mas não se entusiasme mais do que duas vezes por mês pelas páginas coloridas do livro de culinária. Cozinhar pratos já testados acelera a preparação do jantar e simplifica o planejamento do cardápio.

Para isso, procure dicas nos horários da família. Nos dias em que se fica em casa mais tempo pode haver uma refeição mais elaborada. Numa noite de folga, poder ter sopa e sanduíche. Se é a sua noite de buscar as crianças após a natação, eis uma boa ocasião para comprar hambúrgueres a caminho de casa. Adote uma rotina para facilitar as coisas.

Seja flexível. Os cardápios planejados não são imutáveis. Você está morta de cansaço no dia de "realmente" cozinhar? Troque-o pela noite de pizza e vá para a cama mais cedo com uma xícara de chá. A família a perdoará, desde que um ou dois dias depois saboreie o prato favorito que foi adiado. A flexibilidade no cardápio também pode servir para economizar, com a "Noite da Escolha da Cozinheira". Tradicionalmente na véspera de compra grande no supermercado, nela você pode servir um jantar "descuidado" ou picar tudo o que sobrou na geladeira e fazer uma fritada. De qualquer jeito, você irá se orgulhar de sua capacidade de planejar e economizar.

Crie um hábito. Simples ou não, o cardápio planejado não a ajudará se você não o elaborar. O planejamento semanal do cardápio é um bom candidato para a lista de tarefas semanal. Habitue-se a planejar antes das compras e você acabará viciada – um vício que vale a pena cultivar.

Recicle em vez de reinventar. Depois de planejar o cardápio de algumas semanas, a beleza da coisa fica evidente: pode-se reciclá-los! A família não irá se incomodar, e você vai poupar mais tempo e energia. Em vez de um ambicioso planejamento de cardápios para 30 dias, ponha os cardápios planejados numa pasta ou envelope. Quando houver promoção de frango, troque o cardápio que você fez para esta semana.

Dicas: para congelar

Sua família adora refeições preparadas em casa. Mas, com uma vida cheia, quem tem tempo de preparar um jantar completo toda noite? Aqui entra a cozinha para congelar: um método organizado de cozinhar uma só vez e comer muitas, estocando pratos e guarnições já preparados no freezer.

Também conhecido como "cozinhar por mês" ou "cozinha de investimento", o conceito de cozinhar para congelar é simples. Ao cozinhar, faça quantidades maiores e congele as porções extras.

O problema desse método é ser meio a olho. Quem nunca passou pela sensação de ter preparado um panelão de molho de tomate e ter armazenado um ou dois recipientes no freezer? De onde, para nosso horror, nunca mais saem. Meses depois, uma limpeza revela montes de potes anônimos com comida pré-cozida e congelada. Sem etiquetas, planejamento ou controle das porções, o esforço de cozinhar antecipadamente vira desperdício.

Siga estas dicas para aprimorar sua cozinha para congelar e evitar potinhos misteriosos:

- **Planeje refeições múltiplas.** Carne moída ou frango em pedaços estão em oferta nesta semana? Compre a mais para congelar refeições, mas faça com método. Um quilo de carne dá para quatro refeições de sua família? Ótimo! É quanto vai comprar. Nem um grama a mais. Se pensar em congelar o excesso, irá desperdiçar.
- **Embale antes o que vai congelar.** Lá está a família faminta e uma enorme panela de molho à bolonhesa na mesa. Aí um adolescente que adora carne moída quase esvazia a panela e faz um sério estrago no que você pretendia congelar para outras refeições. Para evitar esse risco, encha os recipientes que vão para o freezer antes de servir a refeição. Você terá como controlar as porções, e não haverá mais potinhos com resto de molho soltos no freezer.
- **Congele os pratos antes de serem cozidos.** Ninguém gosta de comida requentada. E depois do jantar, quem quer guardar sobras no freezer? Quem cozinha com eficiência para congelar prepara a lasanha em três porções que dêem para uma refeição. Congela duas; a terceira é para o jantar da noite.
- **Embalagem adequada.** Potes de margarina e recipientes que não fecham direito são para amadores, e o que você investiu para congelar irá estragar ou "queimar". Adquira três ou quatro travessas de forno do mesmo tamanho. Nesta noite tem ensopado? Unte as travessas com manteiga e cubra-as com um pedaço de papel-alumínio suficiente para envolver completamente a comida. Unte também o papel-alumínio. Despeje o ensopado. Feche o papel-alumínio sobre a comida. Congele à noite; no dia seguinte tire o pacote da travessa. Coloque em saco próprio para congelar e etiquete. Ao usar, ponha o pacote de papel-alumínio na travessa, descongele e aqueça.
- **Muitas etiquetas.** Quem cozinha para congelar primeiro reúne material para etiquetar. Entre o embrulho de papel-alumínio e o saco para freezer, insira uma etiqueta com: nome do prato, instruções para aquecer, data de preparo e validade, para saber por quanto tempo manter. Os cozinheiros que entendem de computador podem imprimir etiquetas adesivas para rotular com facilidade os alimentos congelados.
- **Mantenha um controle.** Muita gente bem-intencionada se perde na hora de fazer comida congelada. Crie um controle do estoque num quadro branco. Quer acrescentar três porções de macarrão com queijo ao que há no freezer? Anote tudo. As visitas estão diminuindo seu estoque? Apague cada refeição ao usá-la. Um quadro branco magnético pode ser posto na porta do freezer para o controle dos congelados. Ou copie o inventário do freezer da página 245 e afixe-o na porta.

Dicas importantes para comprar alimentos

Na maioria das casas, comida é o item mais elástico do orçamento doméstico. O aluguel não muda, o gasto com eletricidade é quase o mesmo a cada mês, mas as compras inteligentes podem reduzir o custo da comida e poupar tempo e energia na hora da aquisição. Experimente estas dicas para fazer compras econômicas e eficientes.

1 **Nunca compre com fome**
A fome induz as compras por impulso e você enche o carrinho de itens desnecessários.

2 **Compre menos, economize mais**
Uma parada rápida para comprar leite transforma um momento de compras numa dúzia de sacos de supermercado. Evite saídas para compras pequenas.

3 **Compre em casa antes**
Ao planejar o cardápio, verifique o que já existe na geladeira, no freezer e na despensa antes de comprar mais alimentos.

4 **Faça uma lista e se atenha a ela**
O marketing dos supermercados é baseado nas compras por impulso. Economize com uma lista.

5 **Compre quando há promoção**
Planeje fazer as compras no dia em que os estabelecimentos remarcam produtos que estão no fim do prazo de validade. Você pode economizar até 50% nesses produtos se fizer as compras nesses dias, mas fique de olho no prazo, é claro.

◀ **Procure** fazer de sua ida às compras uma tarefa agradável e interessante. Mas vá sozinha. Com as crianças, você terá a atenção desviada e será convencida a comprar mais do que pretendia.

6 Seja volúvel e compre em vários lugares
Quem tem "lojas preferidas" costuma pagar pela fidelidade. Compare os preços de alguns supermercados e compre em dois ou três para economizar.

7 Você adora certas marcas? Deixe disso!
Os produtos genéricos têm qualidade equivalente, a preços menores que os de marcas famosas.

8 Faça as contas dos preços por unidade
Embalagens grandes nem sempre são econômicas. Verifique o preço por unidade, por grama. Dessa forma você escolherá o produto com o melhor preço, independentemente do tamanho da embalagem.

9 Compre conforme a estação
Mangas no verão e morangos no inverno são muito mais baratos do que fora da estação. Coma o que é da época: mais frescor e economia.

10 Compre em quantidades grandes...
mas apenas se o resultado for um preço unitário mais baixo e se sua família for capaz de consumir tudo sem desperdício.

11 Seja fã dos "preços imbatíveis"
São itens em promoção nos supermercados, oferecidos abaixo do custo para atrair consumidores. Mas evite itens mais caros.

12 Prefira alimentos não processados
Produtos frescos custam menos do que alimentos embalados e contêm menos conservantes, sódio e espessantes.

13 Equipe o porta-malas
Para facilitar as compras, ponha um isopor no porta-malas para laticínios e comida congelada e caixas para as sacolas de plástico.

Corte custos com o **caderno de preços**

Até no supermercado saber é poder. Mas como acompanhar os preços e manter-se informada? Com um caderno de preços.

O caderno de preços é um registro de produtos que acompanha preços, ofertas e ofertas de alimentos. Com o tempo você irá descobrir o "preço certo" do item: o preço realmente mais baixo para a compra.

Além disso, o caderno de preços revela o ciclo de vendas de cada produto: o número de semanas das vendas em oferta com o preço certo. Se o atum em lata entra em promoção a cada seis semanas, os compradores inteligentes comprarão atum em lata para seis semanas, evitando comprá-lo nas semanas de preço mais alto.

Use um caderninho ou imprima o formulário (em inglês) do OrganizedHome.com. Faça uma página para cada produto repetido na lista de compras. Em cada página, marque a data, localização da loja, marca, preço do item e preço por peso. Nas compras, anote cada novo "preço baixo" para cada produto.

Produto: MOLHO DE TOMATE			
Data	*Marca*	*Tamanho/ preço*	*Preço unitário*

Dica: Com o tíquete do supermercado fica fácil anotar os preços. Em geral, nas gôndolas há o preço unitário do produto.

GUIA PARA ARMAZENAR ALIMENTOS FRESCOS

Alimento	Prazo	Temperatura	Embalagem e dicas
LATICÍNIOS			
Ovos		Geladeira (4 °C)	Mantenha os ovos na embalagem original; jogue fora os com a casca trincada ou vazando.
Cru	3-5 semanas		
Cozido	1 semana		
Leite	7 dias	Geladeira (4 °C)	Sempre compre por último leite e laticínios para mantê-los resfriados e frescos.
Manteiga	1-3 meses (4°C)	Geladeira	A manteiga costuma pegar o cheiro de outros alimentos. Mantenha na embalagem original ou em recipiente fechado para evitar perda de sabor.
Iogurte	7-14 dias	Geladeira (4 °C)	Mantenha o iogurte na embalagem original.
Creme de leite fresco	7-21 dias	Geladeira (4 °C)	Após abrir, use o creme de leite em 7-10 dias.
Queijos			
Firme (cheddar, suíço)	6 meses fechado	Geladeira (4 °C)	Embale bem o queijo na sua embalagem original ou em filme de PVC para protegê-lo contra bolor e perda de sabor.
Macio (brie)	3-4 semanas aberto		
Queijo ralado	1 semana		
Queijo cottage, ricota	7-14 dias	Geladeira (4 °C)	Mantenha o queijo cottage ou ricota bem fechado em seu recipiente original. Coloque-o de cabeça para baixo para deixar o ar fora e preservar o frescor.
CARNES, AVES E PEIXES			
Carne de boi		Geladeira (4 °C)	Guarde as carnes na parte mais fria da geladeira. Guarde a carne crua na embalagem original a vácuo ou em sacos plásticos herméticos para armazenagem de alimentos.
Moída	1–2 dias		
Em peça	3–5 dias		
Bifes	3–5 dias		
Cozida (sobras)	3–4 dias		
Molhos e caldo de carne	1–2 dias		
Aves		Geladeira (4 °C)	O líquido que soltam pode contaminar outros alimentos. Guarde frango e peru em embalagens fechadas na parte mais baixa da geladeira.
Frango ou peru inteiro	1–2 dias		
Pedaços de frango	1–2 dias		
Miúdos	1–2 dias		
Peixes		Geladeira (4 °C)	Para prevenir o cheiro, guarde peixes frescos em embalagens fechadas longe de outros alimentos.
Magro (como linguado)	1–2 dias		
Gorduroso (como tainha)	1–2 dias		
Cozido	3–4 dias		
Frutos-do-mar		Geladeira (4 °C)	Lave bem as mãos com água e sabão depois de lidar com frutos-do-mar crus.
Camarão, vieira, mexilhão sem concha	1–2 dias		
Marisco e lagosta	2–3 dias		
Cozidos	3–4 dias		

Alimento	Prazo	Temperatura	Embalagem e dicas
FRUTAS E LEGUMES			
Frutas (na geladeira)		Geladeira (4 °C)	Mantenha bem fechados os sucos de fruta. Embrulhe melões para evitar que peguem o cheiro de outros alimentos.
Maçã	1–3 semanas		
Amora e cereja	1–2 dias		
Frutas cítricas (laranja, limão, mexerica)	3 semanas		
Uva	5 dias		
Sucos de fruta	6 dias		
Melão	1 semana		
Frutas (temperatura ambiente)		Temperatura ambiente	Deixe damascos, pêssegos e peras amadurecerem na temperatura ambiente; quando maduros, guarde na geladeira.
Abacate	3–5 dias		
Banana	3–5 dias		
Pêssego, pêra, damasco	3–5 dias		
Legumes (na geladeira)		Geladeira (4 °C)	Guarde aspargos em recipientes verticais contendo 2,5 a 5 cm de água. Lave a alface em folhas ou picada e guarde em recipientes de plástico com tampa. Adicione uma toalha de papel para absorver a água e deixar os legumes mais crocantes.
Aspargo	1–2 dias		
Ervilha	1–2 dias		
Cenoura e beterraba	1–2 semanas		
Aipo/salsão	1–2 semanas		
Alface (pé)	3–5 dias		
Alface (folhas ou picada)	1–2 dias		
Cogumelo	1–2 dias		
Espinafre	5–7 dias		
Milho (na espiga)	1–2 dias		
Legumes (lugar fresco)		Lugar fresco (7-10 °C)	As cebolas precisam ser guardadas em lugar seco; não as coloque junto com as batatas, que transpiram. Não guarde batatas ou cebolas em sacos plásticos. Duram mais com boa circulação do ar.
Cebola	Até 4 semanas		
Batata	2-3 meses		
Batata-doce, cará, inhame	2-3 semanas		
Legumes (temperatura ambiente)			Deixe os tomates amadurecerem em temperatura ambiente protegidos do sol.
Tomate	1-3 dias		
PÃES E CEREAIS			
Pães		Temperatura ambiente	Guarde pão em fatias na embalagem original ou em sacos plásticos. Pães podem ser guardados na geladeira para durar mais, mas ficam dormidos e secos mais rápido.
Pão em fatias	5-7 dias		
Pão francês ou baguete	1 dia		
Centeio ou caseiro	2-3 dias		
Cereais		Temperatura ambiente	Despeje o conteúdo das caixas de cereal abertas em recipientes herméticos para durar mais. Mantenha a aveia para mingau em recipiente hermético para protegê-lo de umidade e insetos.
Cereal aberto	Até 2 meses		
Cereal fechado	Até 18 meses		
Aveia para mingau	Até 3 meses		

Para arrumar a **mesa**

A mesa bem arrumada é uma festa para os olhos. E o clima agradável que ela cria até supera a eventual simplicidade do que é servido. Incremente as refeições diárias com belos jogos americanos e porcelana elegante. Guardanapos são ecologicamente corretos.

- **Faça tudo simples.** Para a maioria das refeições, garfo, faca, colher, prato e copo são suficientes. Mantenha a arrumação da mesa simples e funcional.
- **Arrume antes.** Ponha a mesa para a refeição seguinte imediatamente após ter tirado a que acabou de usar, com pratos retirados diretamente da lava-louças. Você economiza a etapa "guardar a louça" e adianta a preparação da refeição seguinte.
- **Delegue a tarefa.** Pôr na mesa os guardanapos e colheres pode ser a primeira tarefa de uma criança pequena. Faça a família participar. Deixe as crianças colocarem um centro de mesa para criar uma arrumação simpática.

Ordem na cozinha

Se tudo começa a despencar na sua cabeça ou no pé das crianças, com potes de plástico voando quando se abre um armário, é hora de arrumar a cozinha!

Antes de começar, desocupe as bancadas, esvazie a lava-louças e deixe a cozinha limpa. Encha uma bacia ou pia com água quente com detergente para limpar e guardar de novo com rapidez os itens que estiverem sujos. Depois vá por etapas: gavetas, armários, prateleiras...

Opções e mais opções

Para cada item que encontrar você terá de optar: manter, vender ou dar, guardar ou jogar fora? Para se decidir, olhe bem para cada item e faça a si mesma uma pergunta simples: "Quando foi a última vez que usei isto?".

- **"Nunca!"** E lá se vai o item para o lixo, para ser dado ou vendido num bazar. Dê a outra família a chance de ter o êxtase consumista de possuir aquela genuína máquina de descascar batatas anunciada na TV.
- **"No ano passado."** Também vai embora, com uma exceção: utensílios sazonais de cozinha usados apenas uma vez por ano, como fôrmas de biscoitos especiais, podem ser mantidos se – e apenas se – forem tirados da cozinha e guardados junto com as decorações de Natal numa caixa com a etiqueta "Utensílios de Cozinha para Festas".
- **"No mês passado."** Candidato a ficar. A decisão de onde guardar esse item surgirá na fase de organização da arrumação da cozinha.
- **"Ontem!"** Preste atenção nestes itens: são a espinha dorsal da cozinha organizada. Ficam todos. Limpe-os e guarde-os onde os encontrou. Serão as estrelas de sua cozinha nova e melhorada.

ACABE com a bagunça na cozinha

Rotule três caixas: "Pôr no Lugar", "Vender/Dar" e "Guardar". Acrescente uma quarta caixa: "Pôr no Lugar (Cozinha)". Você a usará para itens que estão fora do lugar na cozinha, e a outra "Pôr no Lugar" para itens perdidos, cujo lugar não é aqui. Pegue sacos de lixo e marque o cronômetro para 20 minutos.

1 Separe
A etapa de separar é a fonte de energia, destinada a forçar uma decisão. Este item é lixo? Então vai para o lixo. Ele tem outro lugar na cozinha ou em outro cômodo? Coloque-o na caixa "Pôr no Lugar" correta. Pode ser dado ou vendido? Vai para a caixa "Vender/Dar". É um item específico ou sazonal que deve ficar guardado? Caixa "Guardar". Separe até esvaziar o espaço ou o cronômetro tocar.

2 Jogue fora
Terminou de separar? Jogue fora o lixo. Sem dó nem piedade! Se você não usa, não tem por que manter numa cozinha arrumada, organizada.

3 Organize
Avalie o espaço esvaziado. Limpe o pó e as migalhas. Troque o forro das prateleiras, se necessário, ou instale material antideslizante para os pratos e copos. Depois verifique o que restou. Itens sujos ou empoeirados ganham uma boa lavada antes de ser colocados em seu novo e reluzente lugar.

4 Ponha no lugar
Verifique as caixas "Pôr no Lugar" e guarde seus itens nos locais apropriados. Leve as caixas "Guardar" e "Vender/Dar" para o depósito. Guarde seus instrumentos até a próxima sessão.

antes de arrumar ▲

depois de arrumar ▲

Regras para guardar **as coisas na cozinha**

Qual é o princípio que rege uma cozinha organizada? Quanto mais uso tem, mais perto fica. Itens menos usados são alcançados se você se curvar ou se esticar, e os utensílios sazonais são enviados para o equivalente a um buraco negro. Avalie o conteúdo da cozinha e as opções para guardá-lo, de acordo com estas três regras.

Sem sentimentalismos **na cozinha**

Observe a cozinha de uma sentimental e não se admire se tiver a impressão de estar num santuário ou museu. A porta da geladeira tem muitas camadas de fotografias de pontas tortas e trabalhos artísticos das crianças respingados de água. A bancada tem uma coleção de bules da vovó. E os armários estão abarrotados de panelas, pratos e travessas herdados.

A cozinha é o coração da casa, mas a cozinha funcional não é sentimental. Um excesso de lembrancinhas impede que a cozinha seja usada com eficiência, e o ambiente quente e úmido é inadequado para manter fotografias e outros guardados preciosos. Não misture sentimentos com coisas da cozinha se o seu objetivo é organizar-se.

- Reúna os bules da vovó no console da lareira, onde terão uma função realmente decorativa.
- Coloque as fotografias em álbuns, onde podem ser vistas à vontade, longe dos respingos de água.
- Resgate o melhor dos trabalhos de arte das crianças e pendure-os na parede, jogando fora o resto.
- Faça uma arrumação e separe as panelas, pratos e travessas herdados usando as regras A, B, C.

1 "A" é para o que se usa todo dia

Toda cozinha tem amigos fiéis: louças, utensílios e equipamentos usados diariamente. Os itens "A" da cozinha incluem pratos, copos, tigelas, xícaras, canecas, talheres de mesa e de servir, panelas, frigideiras, facas de cozinha e tábuas de cortar, abridor de latas, chaleira e bule.

Eles merecem um lugar nobre na cozinha. As áreas de "A" são as mais fáceis de alcançar: bancadas, a parte da frente das prateleiras dos armários, gavetas de cima e parte da frente das gavetas inferiores. Coloque os utensílios de todo dia nessas áreas nobres para guardar coisas na cozinha.

> "É fácil: escolha as áreas mais acessíveis da cozinha para guardar os itens que você mais usa."

2 "B" é para o que se usa com freqüência

Você adora sua panela de cozinhar no vapor, mas a usa só uma vez por semana. Esse é um apetrecho do grupo "B": itens usados com freqüência, mas não todo dia. São coisas como ralador, peneira, fôrmas e tigelas grandes.

Atribua à brigada "B" os lugares de nível "B": prateleiras mais altas ou mais baixas; áreas no fundo das gavetas. Para alcançar a terra do "B" você terá de ficar na ponta do pé ou se esticar um pouco, mas ainda está bem acessível.

3 "C" é para o que se usa raramente

Na cozinha, itens "C" são aqueles utensílios misteriosos, sazonais, e engenhocas de uso específico que só não perderam seu lugar na casa porque são usados uma ou duas vezes por ano. Há também aqueles aparelhinhos que, se deixados livres para proliferar, podem acabar dominando tudo, com seus fios se emaranhando. Examine bem os itens "C" para deixá-los na cozinha. Se nunca usou a máquina de fazer macarrão, doe-a a uma amiga que adora espaguete. A maioria dos itens deve ser descartada. Mas se o que ficar na seleção de itens "C" for usado pelo menos uma vez por ano, tudo bem. Esse grupo inclui fôrmas de biscoitos, louça para festas, espremedor de batata, travessas muito grandes, potes para geléia caseira ou o aparelho de waffle.

Guarde os itens "C" nas áreas mais difíceis, como a parte de trás das prateleiras de baixo dos armários. Se forem decorativos, deixe de enfeite na bancada. Armários pequenos sobre a geladeira, só alcançados com banquinho, são lugares perfeitos para itens "C". Outra opção é guardá-los em outras áreas da sua casa. Guarde a louça para festa no porão ou na área de serviço, junto com os enfeites de Natal. Empilhe caixas com potes na garagem até chegar a época de fazer geléia, ou ponha todos os utensílios "C" num recipiente de plástico com a etiqueta "Coisas de Cozinha" na edícula.

▼ **Itens de todos os dias,** como tigelas para sopas ou sobremesas, ficam nos lugares "A", aonde você tem acesso sem precisar fazer esforço e onde é fácil guardar depois de lavar.

Centros de atividade **na cozinha**

Na cozinha há uma regra básica: utensílios usados juntos devem ser guardados juntos. Você consegue preparar um bolo, descascar legumes ou fritar um hambúrguer sem fazer algo a mais? Crie na cozinha centros de atividade: locais que agrupam e organizam itens necessários para a rotina de cozinhar.

Cada centro será organizado de acordo com um foco de atividade, terá um espaço destinado a ele e contará com espaço para guardar os utensílios necessários à atividade.

Na maioria das cozinhas, os centros de atividade se sobrepõem. O centro pia/cortar – área para descascar, cortar, lavar alimentos – pode ficar ao lado de um centro de cozinhar, tendo como foco o fogão. O espaço de gavetas e armários pode ser compartilhado pelos centros, do mesmo modo que os utensílios que contêm. Atenção! O foco está nas funções, não nas fronteiras. Desde que você consiga fazer a tarefa sem ficar andando de lá para cá, não tem problema sobrepor centros.

Centro pia/cortar

Você está fazendo salada de batata para um piquenique. Nos próximos 15 minutos, irá escorrer batatas que acabaram de cozinhar; descascar e picar ovos cozidos; picar cebola e salsão; misturar os ingredientes do tempero. E fará isso tudo usando os componentes lógicos do centro pia/cortar da cozinha.

Esse é o centro para: lavar, cortar, escorrer e preparar comida. A área destinada a ele inclui a pia e a bancada da pia. Os locais de guardar desse centro podem incluir a bancada, o armário embaixo da pia, uma gaveta e parte de outro armário.

Os utensílios de corte mais usados merecem um local no valioso espaço da bancada. Faca de descascar, faca de serrinha e faca de açougueiro ficam bem à mão – e charmosas – guardadas num suporte próprio. Pendure o toalheiro de papel na parede ou sob um armário para economizar espaço. Para lavar as mãos, despeje sabonete líquido num frasco de bombear e arranje um lugar para ele na pia ou perto.

Centro de limpeza

A maionese está pronta, enfeitada, esperando esfriar. É hora de limpar. Para isso, recorremos ao centro de limpeza e aos espaços de armazenamento dessa área.

Aqui fica tudo o que é necessário para limpeza e coleta de lixo. O local mais prático é sob a pia, e inclui o que é preciso estocar para esse centro; em casa com crianças pequenas, instale trancas seguras no armário, ou então escolha um local perto que seja inacessível a elas, para guardar o material.

A umidade é um problema constante embaixo da pia. Por isso, é necessária uma forração. Pedaços de pisos de vinil, recortados para encaixar na base do armário, facilitam limpar respingos e deixam a área mais higiênica.

Plataformas giratórias grandes são úteis para guardar itens na parte de trás, mais difícil de acessar, do armário da pia. Aumente a capacidade de armazenamento instalando organizadores no interior das portas. Convém instalar um toalheiro. Pequenas prateleiras podem conter detergente, esponja e luvas de borracha, e dão acesso imediato ao material.

Se você tem uma lixeira sob a pia, fica mais limpo e útil forrá-la com saco de plástico. Facilite a troca de sacos mantendo uma boa quantidade deles ao lado da lixeira, num recipiente apropriado. Quando remover o saco cheio, um novo fica imediatamente disponível.

Centro de cozinhar

Tendo como foco o fogão e o forno (e talvez um forno de microondas), o centro de cozinhar é o lugar para fritar frango, cozinhar macarrão ou assar biscoitos. É onde se guardam

panelas e frigideiras, espátulas e outros utensílios usados para aquecer, cozinhar e assar a comida. Como os utensílios desse centro são muitos e grandes, aproveite todo o espaço que houver perto do fogão para guardá-los. Sobre o fogão guarde as fôrmas. Alguns fogões contêm gavetas na parte de baixo, ideais para assadeiras maiores. Ponha panelas e frigideiras em seu lugar, pendurando-as sobre o fogão, mantendo-as à vista – e à mão.

Colheres e espátulas são amigas duradouras: guarde-as na gaveta de acesso mais fácil ou as coloque de pé num recipiente perto do fogão. Pendure um gancho na parede ou sob o armário para colocar bem perto as luvas para forno – mas longe das fontes de calor.

Guarde as assadeiras mais rasas e médias, chapas, placas e tábuas verticalmente no armário. Assim você poderá pegar apenas o item de que precisa, sem ter de levantar ou separar – e arranhar – o resto das coisas.

▲ **O centro pia/cortar** é onde começa boa parte da preparação da comida. Aqui você irá manter todos os utensílios necessários para cortar, picar, ralar, peneirar e espremer.

Temperos e ervas precisam de uma localização conveniente para facilitar na hora de usá-los, mas escolha um lugar fresco, pois perderão o aroma se forem guardados em locais quentes.

Centro de preparação

A letra da música diz que é para pôr "paio, carne-seca, toucinho no caldeirão...". Mas será que a cozinha tem um centro de preparação bem planejado para isso?

O foco: misturar, preparar e montar comida. O centro de preparação é onde as massas de pão e de tortas, as marinadas e as feijoadas aparecem. A estrela da cena é o processador, tendo como coadjuvantes a balança de cozinha, o copo de medidas, os ingredientes e as peneiras.

Esse é o mais móvel de todos os centros da cozinha. Como não está vinculado a um equipamento, como fogão ou pia, pode ocupar qualquer área com uma boa superfície plana para o trabalho. Os utensílios ficam pendurados na parede ou guardados em armários e gavetas ao lado da área escolhida.

Centro para lavar e guardar louça

A refeição terminou. É hora de arrumar a cozinha, recorrendo ao centro para lavar e guardar louça. O mais provável é que esse centro fique bem ao lado do centro de cortar, pois ambos compartilham a pia da cozinha como área designada e dividem os mesmos utensílios. A lava-louças é o segundo ponto de referência desse centro de atividade.

O foco é a atividade de lavar e guardar louça, de modo que ajude a família a fazer a tarefa depressa. Crie lugares para guardar esses itens perto da lava-louças. Prateleiras com forro adequado evitam que os pratos se arranhem; revestimentos de plástico antideslizante funcionam como amortecedores para a porcelana mais delicada e os copos, evitando que se quebrem. Escolha o local dos pratos conforme o uso. O fato de você comprar a porcelana em jogos não implica guardá-la como conjuntos. Uma "prateleira de café-da-manhã" é o lugar de tigelas para cereal, canecas e pratinhos, e permite que as crianças ponham a mesa do café todos os dias.

Travessas raramente usadas ficam na inacessível parte de trás da prateleira, enquanto as que são utilizadas todos os dias merecem uma posição na frente da prateleira.

Mantenha recipientes de plástico à mão. As sobras da noite ajudarão a preparar o almoço do dia seguinte. Deixe as tampas separadas numa cesta de plástico ou numa gaveta para prevenir "avalanches", ou seja, a queda de um monte de recipientes em seu pé ao abrir a porta do armário.

▼ **Mantenha tigelas, canecas** e outros itens do café-da-manhã juntos numa prateleira baixa, onde as crianças podem alcançá-los para pôr a mesa sem demora.

Utensílios dos centros da cozinha

Organizar a cozinha em centros de atividade agiliza as tarefas culinárias, e os utensílios ficam onde seu uso é mais provável. A lógica natural dos centros de atividade faz com que seja fácil para os outros encontrar o que precisam – e guardar depois. Embora alguns utensílios façam parte de mais de um centro, as categorias abaixo constituem um guia básico do "quem é quem" na cozinha.

Centro pia/cortar

- Facas
- Tábuas
- Ralador
- Coador e peneira
- Escorredor
- Espremedor de frutas
- Colheres de misturar
- Espátula de borracha
- Espremedor de alho
- Descascador de legumes
- Escova de legumes
- Papel-toalha
- Sabonete líquido para as mãos

Centro de limpeza

- Lixeira
- Sacos de lixo
- Detergente
- Detergente da lava-louças
- Luvas de borracha
- Bacia para lavar
- Escorredor de pratos
- Panos de limpeza
- Panos de prato
- Materiais de limpeza ou kit de faxina
- Saponáceo
- Esponja
- Lustrador de prata
- Regador para vasos
- Fertilizante para vasos

Centro de cozinhar

- Panelas, frigideiras e tampas
- Assadeiras
- Utensílios para microondas
- Fôrmas de pão
- Fôrmas de pudim
- Fôrmas pequenas
- Prato de bolo
- Grelhas
- Prateleira de temperos
- Colheres de pau
- Espátulas e escumadeiras
- Batedor de ovos
- Conchas
- Termômetro
- Fôrmas de biscoitos
- Grill giratório

Centro de preparação

- Batedeira
- Mixer
- Processador
- Liquidificador
- Tigelas
- Balança e copo medidor
- Espátula de borracha
- Rolo para massas
- Cortadores de biscoitos
- Recipientes com os ingredientes básicos de bolos (farinha, açúcar, açúcar mascavo, fermento, maisena)
- Ingredientes adicionais: fermento biológico, bicarbonato de sódio, baunilha, spray para untar.
- Saleiro
- Temperos e ervas
- Gorduras
- Adoçantes (mel, melado)
- Fôrmas pequenas de papel
- Utensílios para decoração de bolos

Centro para lavar e guardar louça

- Pratos
- Tigelas
- Copos
- Xícaras e canecas
- Travessas
- Facas, garfos e colheres (de mesa e sobremesa)
- Talheres de servir
- Recipientes de plástico para guardar alimentos
- Guardanapos (pano ou papel)
- Escorredor de pratos/bacia de lavar
- Luvas de borracha
- Detergente
- Detergente da lava-louças
- Toalhas de mão
- Panos de prato

Grandes desafios na **limpeza da cozinha**

A cozinha é o coração da casa. E nela estão os desafios mais difíceis de limpeza. A preparação de refeições todos os dias alimenta a família – e os monstrinhos da sujeira também. Remova a sujeira e deixe a cozinha brilhando com estas sugestões para limpar o fogão, o forno, a pia e as bancadas.

Forno

No forno, calor mais gordura mais respingos resulta numa tarefa de limpeza pesada. Comida queimada e respingos de gordura requerem o poder de limpadores especiais. Os produtos comerciais para limpeza do forno dão bons resultados, mas contêm em sua fórmula substâncias corrosivas, como lixívia, e devem ser usados com extremo cuidado.

- **Segurança acima de tudo.** Qualquer que seja o método, proteja os olhos, a pele e as roupas ao limpar o forno. Use mangas compridas e luvas de borracha para proteger braços e mãos; óculos, para os olhos. Uma máscara de pintor protege contra gases tóxicos, ainda mais quando se usam limpadores em spray. Se for possível, aplique um produto líquido.
- **Siga as instruções.** Se usar um limpador de forno comercial, leia as instruções e siga-as. Há dois tipos de limpador: para o forno ainda quente e para o forno frio. Portanto, verifique qual é o método antes de começar. Versões mais novas não exalam vapores, protegendo a sua saúde e a da família.
- **Enxágüe no fim.** Depois de limpar, use um borrifador com água para enxaguar as paredes do forno. Então as seque com um pano. Este processo remove os últimos resíduos do limpador e impede que seu próximo assado tenha gosto de produtos de limpeza! Remova do mesmo modo todos os resíduos do limpador na vedação da porta do forno.
- **Experimente alternativas caseiras.** Se não gosta da idéia de um produto de limpeza corrosivo, há uma opção mais branda: bicarbonato de sódio. Polvilhe uma camada uniforme de 5 mm de bicarbonato de sódio na base do forno frio e umedeça-a com água, o suficiente para ficar uma pasta, e não um líquido. Espalhe a pasta nas paredes e no teto.

Deixe a pasta de bicarbonato repousar por 12-24 horas, umedecendo-a de novo, se secar. A pasta dissolve a gordura e amolece a comida grudada, fazendo com que seja mais fácil removê-las no dia seguinte. Vai ser um trabalho pesado, mas evitará o uso de limpadores corrosivos.

Para limpar as prateleiras e a bandeja inferior do forno de modo caseiro, amoleça a sujeira dando-lhes um banho de amoníaco. Coloque as prateleiras e a bandeja num saco de lixo preto, grande e reforçado. Adicione 60 ml de amoníaco. Feche o saco e coloque-o do lado de fora ou na garagem por uma noite. O amoníaco amolecerá a comida grudada e facilitará a limpeza. Enxágüe bem e remova os resíduos que sobrarem. Seque as prateleiras e a bandeja antes de recolocá-las.

"A sujeira do fogão vai direto para as entranhas escondidas nos botões, frisos e queimadores."

Fogão

A mesa do fogão é um depósito de sujeira. Panelas transbordam, frigideiras espirram gordura, colheres de mexer depositam poças grandes e pequenas de molho – e tudo

Limpeza da cozinha

De manhã, nada melhor do que uma cozinha limpa e reluzente. Conseguir essa limpeza diante do interminável desfile de familiares famintos já é outra história. Enfrente com rapidez a sujeira da cozinha com este guia passo a passo para uma cozinha limpa.

1 Esvazie a lixeira da cozinha e substitua o saco de lixo. Faça uma pré-aplicação de limpador multiuso em spray em todas as bancadas e no fogão. Percorra a cozinha borrifando levemente todas as superfícies planas.

2 Limpe as paredes, as portas dos armários e o painel dos aparelhos da cozinha com um pano embebido em limpador. Dê um borrifo extra de limpador multiuso para remover marcas de dedos, nódoas e manchas.

3 Esfregue o interior da pia com saponáceo em pó ou desengordurante em spray. Use uma escova de dentes para remover a sujeira do ralo. Enxágüe. Depois use o limpador nas torneiras e na borda da pia. Seque com um pano limpo.

4 Volte às bancadas para passar o pano e seca-las. Use uma espátula para remover resíduos ressecados e uma escovinha dura para tirar a sujeira entre as bancadas e os azulejos.

5 Volte ao fogão. Com uma escova de dentes, remova os resíduos de comida amolecidos nos queimadores, botões e painel. Retire resíduos resistentes com uma espátula. Seque com um pano limpo.

6 Varra ou passe aspirador no chão e, depois, um pano úmido. Dê atenção especial às áreas perto da pia (água) e do fogão (gordura). Sacuda e ponha no lugar os tapetinhos. Guarde o material usado.

isso vai direto para as entranhas escondidas nos botões, frisos e queimadores, onde seca e endurece.

■ **Prevenção em vez de cura.** Como no jogo da vida, a melhor defesa contra a sujeira do fogão é o ataque. Limpe a comida derramada imediatamente, antes que o calor consiga endurecê-la. Quando não estiverem sendo usados, cubra os queimadores para protegê-los da gordura na cozinha.

■ **Sem pressa.** Quando você tiver mesmo de limpar, faça com que os utensílios e o tempo ajudem. Borrife o fogão frio com uma camada espessa de desengordurante. Espere uns dez minutos, para o produto amolecer a sujeira. Use uma escova de dentes para remover a sujeira de cantos e ranhuras.

■ **Tratamento noturno.** Grelhas e bandejas do fogão podem ser limpas de uma maneira similar às prateleiras do forno. Retire-as do fogão e coloque-as num saco de lixo preto grande e reforçado. Adicione 60 ml de amoníaco, feche o saco e coloque-o do lado de fora por uma noite. Depois use uma esponja abrasiva para remover os últimos resíduos de sujeira.

■ **Necessidades especiais.** Os mais recentes queimadores selados ou cerâmicos requerem método de limpeza especial para manter sua beleza. Siga as instruções do fabricante quanto aos produtos recomendados para a limpeza desse tipo de fogão.

▲ **Brilho e segurança.** Uma pasta feita de uma solução meio a meio de bicarbonato de sódio e água deixa as torneiras de aço inoxidável brilhantes e evita o uso de abrasivos mais pesados.

Forno de microondas

Como os microondas cozinham a comida de dentro para fora, os resíduos ficam menos ressecados ali dentro. Adote uma abordagem gradual para a limpeza do microondas.

> "A melhor defesa contra a sujeira do fogão é o ataque. Limpe a comida derramada imediatamente."

■ **Limpeza a vapor.** Para a sujeira mais leve, ferva 250 ml de água num recipiente para microondas por cinco minutos. O vapor amolecerá a sujeira. Passe um pano para limpar e secar.

■ **Desengordure e desodorize.** Para um poder de limpeza maior, use o método a vapor acima, com uma solução meio a meio de suco de limão e água, ou vinagre e água. O ácido ajudará a eliminar a gordura mais persistente e o poder desodorizante do suco de limão ou do vinagre ajudará a tirar o cheiro que estiver entranhado no aparelho.

■ **Limpeza pesada.** Se houver necessidade de uma limpeza abrasiva para resíduos ressecados dentro do forno, use uma pasta de bicarbonato de sódio *(pág. 110)* para soltá-los e removê-los. Procure não fazer muita pressão ao limpar a pasta, a fim de evitar arranhões na superfície interna.

Pia

É a saúde que está em jogo quando se trata de limpar a pia e o armário embaixo. A umidade dessa área mais os resíduos de comida e do preparo de carnes e aves fazem com que ela se torne o lugar ideal para a proliferação de bactérias. Embaixo da pia, os canos e uma eventual lixeira abrigam

▲ **As tábuas exigem cuidados especiais.** Para remover odores, esfregue-as com meio limão; para limpar e desinfetar, mergulhe-as em solução de 1 colher (chá) de água sanitária para 1 litro de água.

▲ **Limpeza de bancadas.** Remova a comida espalhada nas bancadas da cozinha com um limpador desinfetante em spray. Deixe o produto agir para soltar as manchas ressecadas.

germes e odores. A presença da umidade combinada com os furos destinados ao encanamento cria um hábitat atraente para insetos, mofo e bolor.

- **Borrife e escove.** Use um limpador desinfetante em spray para limpar as superfícies, torneiras e bordas da pia. Remova a sujeira na base da torneira ou das bordas com uma escova de dentes. Depois passe um pano de limpeza para secar.
- **Limpeza pesada.** Se manchas ou depósitos mais resistentes exigirem um limpador abrasivo, use um saponáceo em pó na cuba, mas apenas dentro dela. É muito difícil enxaguar o saponáceo das bordas ou das bancadas.
- **Mantenha o brilho.** Para pias de aço inoxidável, use uma pasta de bicarbonato de sódio com água, aplicada com um pano de algodão, ou use um produto comercial especialmente formulado para limpar essas pias. Evite o saponáceo, pois suas qualidades abrasivas arranham a superfície do aço.
- **Fora com as manchas.** Use vinagre branco sem diluir nas manchas na pia. Borrife ou despeje generosamente, deixe agir por um tempo e esfregue com esponja abrasiva.
- **Limpo e arejado.** Embaixo da pia, limpe as paredes e portas do armário com um limpador desinfetante. Seque tudo com panos de limpeza. Depois deixe as portas abertas por no mínimo duas horas, a fim de permitir que a área ventile e seque completamente.

Superfícies para preparar comida

As autoridades sanitárias recomendam que se higienizem as superfícies de preparo de comida com água quente e detergente. Enxágüe. Depois desinfete as superfícies limpas com uma solução de 1 colher (sopa) de água sanitária para 1 litro de água. Use esse método em bancadas, pias e tábuas – onde quer que se apóie o alimento durante o preparo.

Para acabar com a bagunça da geladeira

Ela é grande e branca, e dela jorram água e icebergs. Ao observar suas congestionadas entranhas, você sabe o que precisa fazer. Recipientes de plástico com um pouco de comida se empilham em precárias torres por todos os lados. Sobras se acotovelam nos fundos. Frutas enrugadas e alface murcha se aninham na gaveta de legumes. Acabe com a bagunça da geladeira!

Uma geladeira não é só um aparelho doméstico: é um sustentáculo de vida. Ao limpá-la você encontrará indícios de seus valores (hospitalidade), aspirações (perda de peso), resoluções (prudência financeira) e auto-indulgência (torta de chocolate com musse de framboesa). Uma sessão para acabar com a bagunça é mais do que limpar: pode ser um vislumbre valioso do estado geral da casa... e do que se passa na sua cabeça.

Para arrumar a geladeira siga os passos do método ACABE com a bagunça, da página 115. Antes de começar, desligue a geladeira (tire o plugue da tomada, também, para garantir). Os únicos choques que você precisa tomar são os das datas de validade há muito expiradas de certas comidas que vai encontrar.

Hora da verdade

Você está na sua cozinha, na frente de uma geladeira esvaziada e limpa, uma lixeira cheia até a borda de comida descartada, uma lava-louças cheia de recipientes de plástico e os poucos sobreviventes de sua corajosa sessão. O que podemos aprender com isso tudo?

Incline-se sobre a bancada da cozinha e enfrente tudo o que aquele monstro branco estava escondendo em suas entranhas sombrias. As implicações vão saltar aos olhos. Sua família está mudada, mas seus hábitos de compra são os mesmos? No dia em que joguei fora quatro potes de geléia ressecada e um pote de manteiga de amendoim da década anterior, eu me dei conta de que meus filhos tinham entrado em outra fase culinária e aqueles itens eram coisa do passado.

Você também chegará a algumas conclusões desagradáveis quanto a você mesma. Preste atenção nos alimentos que foram para o lixo, em especial os da gaveta de frutas e legumes. Você é como eu? No supermercado, sou a própria Miss Valor Nutricional, mas as minicenouras e a margarina light apodrecem intocadas nos cantos escuros da geladeira.

▶ **Tenha uma geladeira organizada.** Com espaço de sobra, a geladeira livre da bagunça agiliza o preparo da comida e, ao mesmo tempo, a boa circulação de ar ajuda a economizar energia.

Pegue papel e caneta e anote as descobertas e novas resoluções. Comer alimentos light é uma prioridade? Sim? Então jogue fora os restos de manteiga e margarina e substitua-as por produtos com pouca gordura e geléias só de fruta.

Você quer economizar? Observe o desperdício que produziu. Você adquire laranja e acaba jogando fora, toda seca? Está comprando leite, queijo ou carne em excesso? Se você jogou fora um item, compre menos (ou nem compre) na próxima vez em que for às compras. A família se acostumou a obter dúzias de refrigerantes como rotina, em vez de algo especial? Trate de cortá-los, substituindo essa beberagem cara por sucos concentrados de fruta. (Manterei um silêncio respeitoso quanto à torta de chocolate com musse de framboesa. Uma vida plena precisa contar com algumas tolerâncias.)

> "Uma sessão para acabar com a bagunça é mais do que limpar: pode ser um vislumbre de sua cabeça."

Uma geladeira organizada

Agora que você fez a triagem, jogou fora, limpou e substituiu, você quer uma geladeira organizada. Veja estas dicas:

- **Crie centros de refeições.** Facilite o preparo de um sanduíche juntando maionese, mostarda, fatias de queijos e frios num recipiente de plástico de fundo chato. Do mesmo modo, agrupe os ingredientes da "torrada matutina": manteiga, mel e geléias no jeito para passar na torrada.
- **Mantenha as sobras visíveis.** Não esconda as sobras em recipientes fechados; coloque-as em sacos plásticos transparentes. Se puder vê-las, você se lembrará delas e será mais provável que sejam consumidas.
- **Controle a geladeira.** Com uma limpeza semanal da geladeira, realizada antes de planejar o cardápio, você manterá o controle do estoque. Descarte alimentos vencidos, limpe manchas e rearrume o que sobrou antes de fazer compras.

Fim da bagunça gelada

Junte as ferramentas: lixeira, bacia de água quente com detergente, desengordurante, limpa-vidros e panos. Arrume a bancada da cozinha, abrindo espaço para as coisas. Esvazie a lava-louças.

1 Separe e jogue fora

Comece tirando tudo o que há na prateleira de cima. Separe o que ainda pode durar e descarte todas as sobras. Continue até a parte de baixo; você encontrará forças para enfrentar a gaveta de frutas e verduras. É surpreendente como inocentes tomatinhos e virtuosos pé de salsão sofrem uma transformação nociva nesse lugar.
A menos que você tenha comprado o vegetal em questão na última semana, jogue-o fora. Depois ataque as prateleiras da porta.

2 Limpe

Tire os resíduos dos recipientes esvaziados e coloque-os na lava-louças. As prateleiras vão direto para a bacia com água e detergente. Enquanto a sujeira se dissolve, use o desengordurante para limpar as superfícies internas e a porta da geladeira. Enxágüe as prateleiras, seque-as e recoloque-as. Com o limpa-vidros, remova marcas de dedos em cromados e plásticos transparentes. Limpe a vedação, a porta e em cima da geladeira.

3 Ponha no lugar

É hora de pôr de volta os alimentos que sobreviveram à fase do "separe e descarte". Se feita corretamente, a sessão de limpeza da geladeira deve ter deixado o aparelho praticamente vazio. Não se assuste com isso, já que o consumo de energia é muito menor quando há boa circulação de ar.

Para acabar com a bagunça **do freezer**

O freezer, lugar frio e ermo, é o refúgio da comida esquecida. Potes cheios até a boca, com tampas mal fechadas, se juntam a porções disformes e sem etiqueta na imensidão ártica do total desperdício. Objetivo de arrumar o freezer: fazer uma triagem para remover alimentos que nunca serão utilizados e recolocar o que sobrar num espaço organizado, a fim de obter o máximo dos congelados.

Descongelar para quê?

Muitos freezers modernos não precisam ser descongelados, mas você paga mais por essa conveniência. Freezers com descongelamento automático gastam 35% mais de energia do que modelos similares com descongelamento manual. E o ciclo automático extrai umidade dos alimentos congelados e pode prejudicar sua qualidade. Descongele quando o gelo acumulado atingir entre 5 mm e 1 cm de espessura ou quando o gelo se acumular na serpentina do compressor.

Descongelamento: o que é correto

- **Desligue.** Antes de descongelar, desligue o freezer e também tire o plugue da tomada.
- **Tire tudo de dentro.** Remova toda a comida do freezer. Mantenha-a numa geladeira de isopor enquanto descongela e limpa o aparelho.
- **Derreta o gelo.** Deixe a porta aberta para o gelo derreter naturalmente (não se esqueça de forrar o chão com panos para absorver a água ou o gelo que cair) ou aplique calor para acelerar o processo. Use panelas com água quente da pia ou aponte o secador de cabelos para o gelo *(ver "Segurança acima de tudo", pág. 117)*. Conforme o gelo derreter, use uma esponja e panos para retirar a água.
- **Limpeza.** Quando não houver mais gelo no freezer, esfregue todo o seu interior com uma pasta suave de bicarbonato de sódio e água. O bicarbonato absorverá os odores remanescentes de comida e removerá resíduos de alimentos. Se necessário, lave as prateleiras ou divisórias do freezer em água morna com detergente. Enxugue-as bem antes de recolocá-las.
- **Religue o aparelho.** Feche a porta do freezer, ligue a tomada e religue o freezer. Deixe-o funcionar por pelo menos 15 minutos antes de pôr de volta a comida que ficou no isopor, devidamente seca com um pano limpo.

◄ **Presos no gelo.** O freezer doméstico protege os alimentos congelados, às vezes até demais. Descongele o freezer regularmente quando o gelo acumulado interferir no acesso aos alimentos.

Descongelamento: o que é errado

■ **Nada de agressões.** Não use furador de gelo, facas nem instrumentos afiados para remover o gelo do freezer. Se escorregar, pode machucar você ou danificar a serpentina do freezer.
■ **Segurança acima de tudo.** Se usar o secador de cabelos para derreter o gelo, cuidado com choques elétricos. Não pise em poças de água nem deixe água respingar no secador.
■ **Esqueça o sabão.** Não lave as paredes do freezer com água com sabão. Enxaguá-lo é muito difícil e resíduos de sabão afetam o sabor da comida armazenada.

Como organizar o freezer

Ao contrário da geladeira, que precisa de boa circulação de ar para se manter fria, o freezer opera com mais eficácia quando está cheio. Porém, um freezer cheio é um cenário perigoso, pois deixa que a comida se esconda até não prestar mais. Mantenha o freezer organizado com estas sugestões:

■ **Etiqueta em tudo.** Rotular alimentos congelados é o segredo de manter o freezer organizado. Ponha uma etiqueta em cada item (caseiro ou comprado pronto), com o nome do conteúdo, número de porções e data em que foi congelado. Use um marcador permanente para escrever diretamente nos sacos de plástico próprios. Ponha etiquetas adesivas feitas no computador nos frascos e vidros. Dica para o usuário de computador: imprima muitas etiquetas com os alimentos mais congelados ("hambúrguer", "molho de macarrão", "frango", "carne de panela"), para agilizar a organização.
■ **Ponha data em tudo.** Para administrar com eficiência os alimentos congelados, você precisa saber se ainda estão bons. Escreva sempre a data em cada item que você adiciona ao freezer. Faça sempre um rodízio dos alimentos, para que os novos fiquem atrás dos mais velhos.
■ **Organize um freezer grande por categorias.** Mantenha todos os alimentos preparados numa área; peças de carne e bifes crus em outra parte. Frango (inteiro ou em pedaços) e peru congelados devem ser mantidos na prateleira de baixo do freezer, onde são de fácil acesso.
■ **Use recipientes vazados para freezers.** Cestas vazadas de plástico são ideais para os sacos de plástico e organizam o conteúdo do freezer. Coloque todos os legumes numa, o pão

Fim da bagunça congelada

Junte saco de lixo reforçado para itens descartados, geladeira de isopor para o que sobrar, água quente com detergente, bicarbonato de sódio e panos.

1 Separe

Desligue o freezer e tire-o da tomada. Comece por cima e retire os alimentos congelados. Um a um, decida se o recipiente fica ou vai para o lixo. A regra para limpar o freezer é simples: se está bem fechado, com etiqueta e é recente, fica. Se é uma carne misteriosa de idade desconhecida, danificada pelo congelamento, ou um recipiente mal fechado, vai direto para o lixo.

2 Jogue fora

Descarte alimentos com embalagem aberta ou rasgada e qualquer item que você não consiga identificar ou datar. Para reaproveitar os recipientes, coloque-os sob água quente corrente para soltar o bloco de alimento congelado. Jogue-o no lixo reforçado e ponha o recipiente de molho com água quente e detergente. Mantenha os alimentos que restaram dentro do isopor.

3 Limpe e ponha no lugar

Quando o freezer estiver vazio, limpe-o com uma pasta de bicarbonato de sódio e água. Seque com panos limpos. Se necessário, retire e lave prateleiras ou organizadores em água quente com detergente. Enxágüe bem e seque antes de recolocá-los no freezer. Retire, lave e enxugue as prateleiras da porta; limpe os compartimentos da porta com pasta de bicarbonato de sódio e seque. Quando o freezer estiver limpo e seco, religue-o e deixe-o funcionar por 15 minutos antes de recolocar os alimentos com as embalagens secas.

de fôrma em outra. Recipientes especiais para freezers se encaixam uns nos outros e não racham em baixas temperaturas, sendo uma boa opção para o freezer horizontal.

- **Seja quadrada.** Ao congelar sopas ou ensopados caseiros, faça-os em recipientes de plástico para freezer quadrados ou retangulares, em vez de redondos. Recipientes com ângulos retos se encaixam bem e ocupam muito menos espaço do que os de formatos cilíndricos.
- **Rodízio para manter o frescor.** Quando adicionar novos alimentos ao freezer, coloque-os atrás dos que já estão ali, e use os alimentos mais velhos primeiro.

Inventário do freezer

Item					
Massa de pão			/	X	X
Pão francês		/	/	/	X
Galinha ensopada	/	/	/	X	X
Carne moída crua				/	X
Lingüiça			/	X	X
Sorvete (chocolate)	/	/	X	X	X
Canja de galinha			/	/	X
Sopa de lentilha				/	X

Dê uma ticada para marcar cada item ou prato congelado no freezer. Cruze-a cada vez que utilizar aquele item.

/ **Item no freezer** X **Item usado**

▲ **Controle** o conteúdo do freezer com um simples quadro-branco ou com um formulário do inventário do freezer *(pág. 245)*. Ou imprima um formulário (em inglês) do site OrganizedHome.com.

Inventário do freezer

Quando se trata do freezer, não raro o que está fora da vista também nunca é lembrado. Pratos caros congelados acabam no lixo porque ninguém lembra que eles estavam lá.

A solução é fazer um inventário do freezer *(ver o formulário ao lado e na pág. 245).* Afixe o inventário na porta do freezer e consulte-o regularmente ao planejar o cardápio. Lembre-se: a maior pechincha do supermercado é a comida que você já comprou e pagou.

Como escolher e comprar geladeira/freezer

A geladeira ou o freezer são mais que um lugar para guardar comida; são investimentos consideráveis e grandes consumidores de energia. Se você está pensando em comprar algum deles, tenha em mente estas orientações.

Capacidade Para mais economia, escolha uma geladeira com capacidade adequada ao tamanho de sua família. Um aparelho muito grande ou pequeno representa mais despesa de energia. Uma geladeira muito grande desperdiça energia esfriando espaços vazios; a muito pequena fica abarrotada e tem de trabalhar dobrado para manter o frio e sem circulação de ar adequada.

Os fabricantes medem a capacidade das geladeiras em litros. Para estimar a capacidade correta para a sua casa siga esta regra: uma família de duas pessoas requer 250-300 litros de espaço na geladeira. Para cada pessoa a mais, acrescente 30-60 litros.

Tamanho A planta e o mobiliário de sua cozinha determinam o tamanho máximo da geladeira nova. Meça o espaço disponível e vá às compras com uma fita métrica. Assim, você evitará cair de amores por um mamute resplandecente, ligeiramente mais alto que o espaço disponível.

A profundidade da geladeira também é importante; você vai precisar garantir que haja espaço suficiente para a abertura total da porta. Veja se ela abre para a direita ou para a esquerda; em alguns modelos é possível mudar o lado. Ao considerar a profundidade, não se esqueça de manter a distância adequada da parede. A geladeira precisa de 10 a 15 cm de espaço para a circulação do ar sobre a serpentina do compressor, atrás.

GUIA PARA ARMAZENAR ALIMENTOS NO FREEZER

Alimento	Prazo em 0 °C	Dicas de embalagem
PÃES E BOLOS		
Bolinhos	3 meses	
Panquecas ou waffles	6 meses	
Pão, assado	12 meses	
Pão, massa (fermento, não assado)	2 semanas	
Pão francês cru	2 semanas	
Pão francês assado	12-15 meses	
Pão não fermentado (pão de banana, de nozes)	3 meses	Embrulhe bem em filme PVC e coloque dentro de sacos de fechamento hermético para não perder umidade.
LATÍCINIOS		
Creme de leite, (integral, semi desnatado, desnatado)	2 meses	O creme não pode ser batido para virar chantilly depois de congelado.
Leite	1 mês	Deixe espaço para expansão no recipiente; o congelamento afeta o sabor e a textura.
Manteiga com sal	3 meses	O sabor "salgado" da manteiga se intensifica com o congelamento; guarde os pacotes não abertos envoltos em filme plástico (PVC) ou em sacos herméticos.
Manteiga sem sal	6-9 meses	
Margarina	12 meses	
Ovos (cru e fora da casca)	6-12 meses	Não congele ovos na casca, pois eles estouram; o congelamento altera a textura. Congele em recipiente com tampa.
Queijo (cheddar, suíço, jack)	4 meses	Descongele na geladeira.
Queijo (roquefort, gorgonzola)	3 meses	O congelamento afeta a textura, que tende a ficar quebradiça.
Queijo cottage	3 meses	Descongele na geladeira.
Sorvete	2 meses	

Alimento	Prazo em 0 °C	Dicas de embalagem
CARNE, AVES E PEIXES		
Bacon	1 mês	
Carne, bife	6-12 meses	
Carne assada	6-12 meses	
Carne moída crua	3-4 meses	
Costeleta de porco	4-6 meses	
Frango inteiro	12 meses	Se for deixá-lo congelado por mais de 12 meses, embrulhe a embalagem original com filme plástico ou coloque-o dentro de saco plástico de fechamento hermético.
Lingüiça defumada	1-2 meses	
Lingüiça fresca	1-2 meses	
Partes de frango (cru)	9 meses	
Partes de frango (cozidos)	4 meses	
Peixe cozido	3 meses	
Peixe fresco (inteiro, em filés ou postas)	6 meses	Congele o peixe fresco em recipientes fechados ou embrulhado para evitar a perda de umidade.
Peru inteiro	12 meses	
Porco assado	4-6 meses	
Porco moído cru	3-4 meses	
Pratos com aves	2-3 meses	
Pratos com presunto	1 mês	
Pratos feitos com carne	2-3 meses	
Presunto cozido	1-2 meses	Não congele fatias de presunto; o congelamento afeta a textura e o sabor.
Salsicha	1-2 meses	
DIVERSOS		
Arroz cozido	3-4 meses	
Macarrão cozido	3-4 meses	
Sopas e ensopados (de legumes e/ou carne)	2-3 meses	

Como montar uma **despensa**

A cozinha organizada dispõe de uma despensa funcional – uma reserva planejada de alimentos e suprimentos que economiza tempo, dinheiro e estresse na cozinha. Esse estoque pode ser instalado em qualquer lugar. Mesmo que haja apenas um rolo de papel higiênico sobressalente embaixo de uma pia, já é o bastante para você se orgulhar de ter uma despensa em casa.

Qual é o propósito de criar e manter uma despensa? É duplo: conveniência da casa e uma prevenção contra eventos inesperados. Uma despensa bem planejada significa que sua casa nunca ficará sem os produtos mais usados, a exemplo de papel higiênico. Porém o mais importante é que a despensa pode ser uma reserva para tempos difíceis. Seja diante da perda de emprego, de uma doença ou de um desastre natural, a despensa garante que a família continuará a se manter alimentada, limpa e confortável diante da adversidade.

Iniciante, intermediária ou avançada?

A despensa de iniciantes se concentra em utilidades e contém itens de reposição para cada produto estocável usado na casa. O padrão é simples: para cada saco, caixa ou frasco, mantém-se na despensa outro igual para a reposição. Uma boa medida é dispor de suprimento para três dias de alimentos e produtos de higiene e limpeza, a fim de servir sua família e mais uma pessoa extra.

Despensas com outros produtos abrangem mais objetivos. No caso de uma emergência, a despensa intermediária pode alimentar a família por um período de duas semanas a um mês. Ela inclui substitutos para alimentos frescos, como leite em pó, frutas e legumes secos e produtos com proteínas.

As despensas mais bem abastecidas são elaboradas para atender a necessidades de estoque de alimentos para um prazo mais longo, de seis meses a um ano. É um estoque de produtos versáteis, com prazo de validade maior, como trigo integral em grão, conservas e alimentos desidratados.

Como armazenar

Seja ravióli de marcas baratas, seja sopa gourmet cara, decida o conteúdo da despensa de acordo com sua família, suas finanças e o espaço de armazenamento disponível.

Famílias com só uma fonte de renda e crianças pequenas terão a despensa repleta de massa, alimentos para bebês, fraldas descartáveis e ingredientes para lanches. Casais cujos filhos já saíram de casa, com vida social ativa e as dietas dele e dela costumam ter conservas com pouco sal e antepastos para servir ou dar de presente. Quem não gosta de cozinhar terá pratos congelados. E todas as famílias costumam estocar itens básicos para a cozinha e o banheiro, como sabonete, papel higiênico, pasta de dentes, detergente e guardanapos de papel.

Consulte a lista de compras

Qual o melhor lugar para descobrir as preferências de sua família para a despensa? Na lista de compras. Se é algo que você compra, usa e pode ser guardado, pode ir para a despensa. Encher a despensa a partir da lista de compras é também um antídoto poderoso contra a Mania da Despensa: uma compra indiscriminada de latas e mais latas de conservas ou sopas que ninguém vai comer.

Uma visão abrangente para formar a despensa também inclui o uso do freezer e de uma parte restrita do espaço da geladeira. Cenouras, laranjas e maçãs entram na zona da despensa quando compradas em oferta e guardadas em cantos da gaveta de frutas e legumes. Também se podem incluir pratos congelados, úteis para refeições programadas (ou não).

Dicas de **organização**

Para a despensa funcionar você tem de se organizar! O uso mais eficiente possível da despensa requer que você saiba o que tem, quanto tempo dura e como armazenar corretamente.

- **Iniciar uma despensa não** exige organização complexa. Basta comprar dois de cada item necessário ao uso semanal e guardar o extra. Quando tiver terminado um pote de maionese na salada de atum de hoje, pegue o pote sobressalente na despensa e anote "maionese" na lista de compras.
- **A despensa do iniciante** pode freqüentemente ser criada lado a lado com os produtos abertos ou em uso. Por exemplo, guarde a caixa de sabão em pó sobre outras caixas fechadas, ou enfileire latas de sopa na prateleira de latas.
- **Faça um rodízio da** despensa pondo os itens que você acabou de comprar no fim da pilha ou fileira; use primeiro o que estiver na frente.
- **Ter uma área específica** para a despensa pode ser de grande ajuda. Escolha um armário ou estante para estocar os itens. Organize-os por categoria, empilhando latas e caixas. Caixas de plástico com tampa servem para sacos de feijão, arroz ou açúcar.
- **Refeições completas** na despensa são a única exceção da regra "guardar por categoria". Numa parte da prateleira, reúna tudo o que é necessário para fazer de três a cinco refeições completas: macarrão, pote de molho de tomate e queijo ralado colocados juntos ajudam a perceber os espaços vazios que vão ficando e repor o que foi usado.
- **Despensas maiores** podem se localizar em diversos locais na casa, de acordo com as condições para armazenar os diferentes alimentos. Tubérculos e maçãs precisam de local ventilado e seco; alimentos em lata toleram variações de temperatura. Um inventário por escrito pode ajudar a lembrar a localização de cada item.

guia para armazenar alimentos na despensa ▲ *(pág. 122-123)*

GUIA DE ARMAZENAGEM DE ALIMENTOS NA DESPENSA

Alimento	Prazo	Embalagem
Açúcar de confeiteiro	18 meses	
Açúcar mascavo	4 meses	
Açucar refinado	2 anos	
Arroz branco	2 anos	
Arroz integral	1 ano	
Azeite de oliva	9 meses	
Azeitonas	1 ano	
Bicarbonato de sódio	2 anos 6 meses	Fechada Aberta
Biscoito cream-cracker	6 meses	
Cacau em pó	Indefinido	
Café instantâneo	1 ano	Fechado, embalagem original
Café moído	2 anos	
Carnes e aves em lata	12-18 meses	
Cereais para o café-da-manhã (aveia etc.)	1 ano	
Cereais para o café-da-manhã prontos	6-12 meses 2-3 meses	Fechada Aberta
Chá a granel	2 anos	
Chá em saquinhos	18 meses	
Chá instantâneo	3 anos	
Chocolate em pó	18 meses	
Chocolate granulado	12 meses	
Coco ralado	1 ano	Fechado, embalagem original
Croûtons	6 meses	
Extrato de tomate	12-18 meses	
Farinha de milho	18 meses	
Farinha de trigo	10-15 meses	Aberta, recipiente hermético
Farinha de trigo integral	6-8 meses	Aberta, geladeira
Fermento em pó	18 meses 6 meses	Fechada Aberta
Frutas em conserva	1 ano	
Gelatina	12-18 meses	
Geléia	1 ano	Fechada, embalagem original
Glucose de milho	1 ano	
Gordura hidrogenada	8 meses 6 meses	Fechada Aberta
Ketchup	1 ano	
Legumes em lata	1 ano	
Leite condensado	1 ano	
Leite em pó (lactentes)	12-18 meses	
Leite em pó desnatado	6 meses	
Lentilha, ervilha seca	18 meses	
Macarrão	2 anos	Guarde o macarrão aberto em recipientes herméticos
Maionese	4 meses	Fechada, embalagem original
Mel	1 ano	
Melado	1 ano 6 meses	Fechado Aberto
Milho para pipoca	1-2 anos	
Mistura para biscoitos	12-18 meses	
Mistura para bolo	1 ano	
Mistura para panquecas	6 meses	
Mistura para pudim	12-18 meses	
Molho de tomate	12-18 meses	
Molho para saladas	10 meses	Fechado, embalagem original
Molhos, condimentos	1 ano	Fechados
Nozes (na casca)	8 meses	
Óleo (de milho etc.)	18 meses, 6-8 meses	Fechado Aberto, mantenha em local fresco
Picles	1 ano	De preparo comercial, embalagem original e fechada

Alimento	Prazo	Embalagem
Purê instantâneo	18 meses	
Refrigerantes	3 meses	Fechados, embalagem original
Sal	Indefinido	
Suco cítrico em lata	6 meses	
Suco não cítrico em lata	1 ano	
Temperos e ervas secos	6-12 meses	Jogue fora os temperos quando perderem o aroma; guarde-os em recipientes herméticos
Vinagre (balsâmico, de cidra, de vinho, tinto ou branco)	Indefinido	Mantenha o vinagre na embalagem original ou em recipientes de vidro; não use recipientes metálicos

Como armazenar itens na despensa

Escolha locais frescos. Alimentos em lata e outros tipos de embalagem devem ser mantidos a 21 °C ou menos; não os deixe expostos à luz. Agora alguns alimentos recém-embalados têm marcada uma data específica em que devem ser usados para não perder o sabor. Quando não houver datas, observe estas dicas:

Datas nos produtos: o que significam?

- **Data para venda.** A durabilidade para venda é indicada com uma data nos produtos perecíveis. Em seguida vem a data do período em que ainda são utilizáveis em casa. Produtos mais novos costumam apresentar a data da durabilidade para venda, depois da qual não devem ser vendidos, e também a data de validade, depois da qual o produto não deve ser consumido.
- **Data para o melhor uso.** Esta data é uma orientação quanto ao período de melhor qualidade de um produto com prazo de validade grande. A data para melhor uso não indica a expiração da validade do produto. O alimento permanece comestível por mais algum tempo, mas sua qualidade começa a declinar.
- **Data de validade.** Comumente usada para alimentos altamente perecíveis, como carnes e laticínios, a data de validade indica a última data em que o produto pode ser consumido. Jogue fora produtos com validade vencida.
- **Data de fabricação.** As datas de fabricação dos produtos enlatados e processados indicam quando foram embalados. Use as recomendações para o armazenamento específico daqueles alimentos para determinar por quanto tempo eles se mantêm comestíveis depois de embalados.

Para criar uma despensa econômica

Investir no princípio do armazenamento compensa em economia de tempo e dinheiro, mas significa gastar mais nas compras. Experimente estas dicas para diminuir os custos:

- **"Dízimo" para a despensa.** Reserve uma porcentagem fixa do orçamento para a compra de comida que será estocada.
- **Compre na promoção.** Aproveite as ofertas no supermercado – atum, molho de tomate, sopa, ervilha – para estocar esses produtos.
- **Compre grandes quantidades.** Comprar grandes quantidades para a despensa realmente compensa. O saco de farinha de trigo de 5 ou 10 kg comprado no atacado terá preço menor que o de saquinhos de 1 kg do supermercado. Você vai economizar e, ao mesmo tempo, fazer seu estoque de produtos mais duráveis.

Roupas
planeje, compre, lave, guarde

Roupas! Há pessoas para quem as roupas são muito mais do que algo para cobrir a nudez. Comprar roupas, usá-las e cuidar delas pode fazer as emoções aflorarem. Nossos guarda-roupas estão repletos de peças que são versões anteriores de nós mesmas – mais magras, mais jovens e com interesses diferentes.

Em muitas casas, roupas são problemas. Uma montanha disforme de roupas sujas entra em erupção na área de serviço, numa velocidade vulcânica. Gavetas que não fecham direito e armários abarrotados denunciam a presença de roupas em excesso. E no meio disso tudo exclamamos: "Não tenho nada para vestir!".

Ao examinar o ciclo das roupas, planeje e compre com cuidado para maximizar o dinheiro para as roupas da família. Livre armários e gavetas de roupas que estão fora de moda, fora da estação ou fora do lugar. Novos sistemas de lavagem mantêm as roupas limpas, em ordem e prontas para usar, e um rodízio bem planejado manterá as roupas sazonais armazenadas, mas prontas para ser usadas.

Como planejar o guarda-roupa da família

Qual a diferença entre um caos de roupas e um guarda-roupa funcional? Um planejamento do guarda-roupa que avalie as roupas necessárias para cada membro da família, indique onde estão as roupas existentes e identifique a necessidade de roupas novas antes de ir às compras. Tal planejamento abrange princípios de estilo que orientam a escolha das roupas: cor, flexibilidade e clássicos.

Necessidades das **crianças**

Minha avó Betty tinha uma regrinha muito simples para a quantidade de roupas para os três filhos na década de 1930: "Uma para usar, uma para lavar e uma limpa".

Os tempos e as crianças mudaram. A vida mais movimentada e os custos mais baixos das roupas fazem muitas famílias comprarem bem mais. Há roupas demais, que se empilham e costumam ficar pequenas antes de puir – se é que chegam a ser usadas. O excesso de roupas abarrota armários e gavetas, e as crianças nunca conseguem mantê-las em ordem.

De quantas roupas seus filhos realmente precisam?

A máquina de lavar vai dizer. Se você lava as roupas de seus filhos uma vez por semana, bastarão de sete a dez camisetas e calças, com sobressalentes em caso de acidente. Se você as lava com mais freqüência, pode reduzir a quantidade para cinco ou seis.

Dobre a quantidade de meias e roupas de baixo, principalmente para as crianças pequenas. Acidentes acontecem, e quase sempre a caminho da casa da vovó.

Planejamento do guarda-roupa

Para formar um guarda-roupa familiar básico, use uma folha de papel pautado (ou um formulário próprio, disponível em inglês no site OrganizedHome.com) para cada membro da família.

Pense nas atividades. Escola e trabalho, esportes e brincadeiras, igreja e outras atividades constituem o eixo para planejar um guarda-roupa em que as peças são usadas. Para cada membro da família, enumere essas atividades: escola, trabalho, igreja, esportes, dança, voluntariado. Acrescente itens básicos: meias, roupa de baixo, pijama, agasalho e capa.

Inventário de roupas. Passo seguinte: o inventário das roupas que a família tem, com cada item na categoria certa. Para os filhos em crescimento, atenção para os tamanhos, senão as roupas ficarão pequenas em poucas semanas.

Ao fazer a lista você descobrirá quem precisa do quê. No seu armário há muitos jeans, mas não tem sido fácil achar o que vestir para compromissos formais. Um filho pequeno tem uma montanha de camisetas, mas não consegue mais abotoar a calça chique que usa em festas ou para jantar fora. Uma filha tem diversos vestidos bonitos, mas precisa de meias, tops e calças para os passeios escolares.

Lista de compras. A partir do inventário, faça uma lista de compras com as necessidades atuais de roupas para a família. A lista indica o que realmente é preciso e ajuda a controlar os gastos. Não saia para as compras sem ela.

Critérios para o planejamento

Cada novo item deve ter motivo para estar no armário. Chega de roupas que nunca são usadas.

Pense na cor. A escolha de um esquema de cores diferencia um guarda-roupa funcional de outro em que não há nada para vestir (mesmo com o armário repleto). Sim, aquela blusa rosa parece maravilhosa na loja com a saia cinza da vitrine, mas não combina com as peças bege e marrons que predominam em seu guarda-roupa. Evite esse tipo de erro desenvolvendo um esquema de cores como parte de seu planejamento do guarda-roupa. Para cada membro da família, escolha uma cor neutra básica da preferência dele e coordene sapatos, casacos, cintos e bolsas. As cores contrastantes devem se harmonizar com a cor neutra básica: lembre dela ao escolher tops.

Seja flexível. Procure roupas adaptáveis que terão mais de uma função no guarda-roupa: uma camiseta de verão pode ser usada sob um paletó no inverno, um jumper pode ser usado em dias mais frios com meias de lã e uma gola olímpica por baixo. Quanto mais usos uma roupa tiver, mais ela compensará o valor pago.

Confie nos modelos clássicos. É divertido usar a última moda, mas é impossível construir um guarda-roupa eficiente só com tendências do momento. Para os itens mais caros, escolha modelos clássicos. A aparência atemporal de um conjunto de bom corte fará você se apresentar sempre com estilo.

▼ **O toque certo.** Ao escolher camisas, camisetas, cachecóis e suéteres, prefira cores contrastantes mais leves e vivas.

Guia de compras: **para roupas de qualidade**

Atualmente não se pode determinar a qualidade de uma roupa apenas pelo preço. Roupas caríssimas de grife podem ser malfeitas; roupas mais baratas talvez tenham excelente qualidade. Uma roupa boa usa tecido de primeira, tem bom corte e acabamento adequado – e o preço varia. Experimente estes truques para distinguir o que tem qualidade do que não presta.

1 **Examine: tecido e instruções na etiqueta**
O tecido de qualidade tem mais fibra natural e vai resistir aos processos normais de lavagem.

2 **Avalie a aparência geral**
Mangas, golas ou cós engruvinhados ou franzidos indicam um item malfeito. Costuras devem ser uniformes e os zíperes devem deslizar bem.

3 **Verifique botões, casas e fechos**
Uma casa de botão protuberante é mau sinal; os fechos devem ser adequados, funcionar e estar bem instalados. Veja se os botões estão bem pregados.

4 **Cheque as bainhas**
A menos que uma bainha visível seja parte do design da roupa, ela deve ficar invisível. Uma bainha que se enrola ou retorce é um sinal de que o tecido foi mal cortado, e isso se aplica à roupa inteira.

5 **Confira as costuras**
Veja se as costuras são retas, lisas e uniformes. Costuras esticadas, com intervalos grandes ou bolhas ficarão piores no corpo.

◄ **Vista-se bem.** Comprar roupas de qualidade é um bom investimento, tanto em termos financeiros quanto no que se refere à autoconfiança. Você se sente bem… se as roupas estiverem bem.

6 **Teste os acabamentos**

Vire a bainha e confira o acabamento das costuras e das bainhas. Uma costura bem-acabada não descostura; uma bainha generosa permite alterações para ajustar a roupa de maneira adequada.

Economize dinheiro nas roupas

Roupas, como alimentos, são uma despesa "elástica" no orçamento: tanto pode esticar quanto encolher. Veja estas dicas para economizar e vestir bem sua família:

1 **Compras sazonais**

As melhores compras são no fim de cada estação, quando as lojas liquidam as roupas de inverno para abrir espaço para as de meia-estação. As promoções das lojas estão cada vez mais fora de sincronia com a realidade, então preste atenção! Compre pechinchas quando as lojas trocam o estoque.

2 **Não compre por comprar**

Comprar roupas pode ser uma diversão, uma terapia ou até um evento social. Seja fiel à sua lista e, se você não encontrar o que procura, não compre outra coisa só para adquirir algo. Esse é o caminho para ter "14 twin-sets azuis no armário" comprados no desespero "porque sempre é possível usar outro twin-set".

3 **Saiba quando consertar**

Roupas que precisam de retoques na costura podem ser encontradas a preços baixíssimos, mas tenha cuidado com isso. Pense em suas habilidades na costura. Não faz sentido comprar uma calça que precisa de um zíper novo se você jamais trocou um zíper... ou nem tem máquina de costura.

4 **Compre em bazares ou brechós**

Roupa usada de qualidade pode ter preço bem reduzido em bazares de caridade ou brechós. Uma vantagem é que a equipe inspeciona as roupas que recebe e rejeita as que estão manchadas ou muito gastas.

Compra de **roupas usadas**

Bazares, brechós e feiras de caridade podem ser boas fontes de roupas de qualidade a preços baixos. Experimente as sugestões a seguir para comprar bem roupas usadas.

- **Prefira comerciantes respeitáveis.** Você pode julgar pelas aparências. É provável que o vendedor que oferece roupas penduradas com esmero esteja vendendo roupas de qualidade melhor do que um que está sentado ao lado de um monte de roupas amassadas e empoeiradas.
- **Vista-se para isso.** Bazares não têm provadores. Por isso, é bom ir de camiseta justa e leggings. Assim, não terá problemas para experimentar as peças.
- **Siga seu faro.** Dê uma boa cheirada nos itens usados. Se você sentir o perfume (ou coisa pior) da ex-dona, deixe para lá.
- **Procure marcas de qualidade.** Etiquetas de boas marcas podem facilitar a busca de boas roupas de segunda mão.
- **Verifique com cuidado os zíperes, botões e fechos.** Mesmo se uma roupa é aprovada, um zíper quebrado ou um botão faltando podem fazer da compra certa uma "roubada". Inspecione todos os fechos e zíperes para ver se não estão com problema.
- **Meça tudo.** Leve uma fita métrica e use-a para conferir o tamanho das roupas. O tamanho marcado na etiqueta pode enganar ou simplesmente nem existir. Uma rápida checada com a fita métrica lhe dará a dimensão real.
- **Não se empolgue.** No calor da hora, é fácil se empolgar por uma bobagem quando a peça é de boa marca e o preço é bom. Oriente-se por seu planejamento do guarda-roupa para evitar compras equivocadas.

Arrume o **armário**

Lotado, abarrotado, o armário assusta. Se você leva muito tempo para se vestir para uma festa ou para achar um jeans e uma camiseta no fim de semana, está na hora de ACABAR com a bagunça no armário.

antes de arrumar ▲

Regras para ACABAR com a bagunça

Nos armários, como na vida, menos é mais. A consagrada regra 80-20 se aplica: usamos 20% das roupas em 80% do tempo, e os demais 80% – compras por impulso e diversas peças um número menor – representam os "penetras" do guarda-roupa. O princípio básico é cortar o excesso. Cada roupa de seu armário se sustenta? Aplique as regras do método ACABE com a bagunça para determinar quais roupas manter, jogar fora, vender, doar ou consertar.

Mantenha um item de roupa se:

- Serve hoje, e não "daqui a menos 4,5 kg", ou cabia "no ano passado, quando tive uma gripe feia e perdi muito peso".
- Está limpa, sem manchas e em ordem.
- Você a usou pelo menos uma vez neste ano.
- Você a adora.

Jogue fora toda roupa que estiver:

- Gasta, manchada ou precisando de sérios consertos, como zíperes quebrados, rasgos ou costuras esgarçadas. Itens que podem ir para a cesta de conserto são os que têm bainha solta, bolso descosturado e costura que pode ser refeita.

Identifique uma candidata ao brechó quando:

- Não foi usada neste ano.
- Está fora de moda.
- Não é de uma cor que você gosta.
- Não serve, não é confortável ou simplesmente não cai bem.

ACABE com a bagunça no armário

Prepare seus utensílios: cronômetro, caixas para "Pôr no Lugar", "Vender/Dar" e "Guardar", saco de lixo e uma caixa extra de itens para "Consertar". Ajuste o cronômetro para 20 minutos. Sim, eu sei que consultores de vestuário recomendam que se experimente cada uma das roupas com todas as outras, rejeitando as inaceitáveis, remendando as puídas e pendurando as que sobreviverem conforme a cor. Em sessões de 20 minutos a tarefa é feita em pouco tempo.

1 **Separe**
Uma roupa por vez, decida usando as regras do ACABE. Comece aos poucos: uma prateleira, 30 cm do cabideiro. Examine cada peça e decida se vai manter, jogar fora, vender, consertar ou guardar. Se necessário, experimente a roupa para resolver.

2 **Jogue fora**
Se for manter, pendure a roupa de volta ou recoloque-a na prateleira. Se não, ponha na caixa adequada ou no saco de lixo.

3 **Organize**
Itens fora do lugar – equipamentos de esporte, escovas de cabelo, alfinetes, o grampeador que foi usado num conserto de emergência numa bainha – vão para a caixa "Pôr no Lugar". Arrume as roupas restantes, por cor, no cabideiro ou na prateleira.

4 **Ponha no lugar**
Quando o cronômetro tocar, pare. A campainha dele é sua amiga, cuidando para que você não se proponha a fazer mais do que consegue. Esvazie o saco de lixo, leve a caixa "Consertar" para a área de costura e percorra a casa com a caixa "Pôr no Lugar".

depois da arrumação ▲

Como organizar o **armário de roupas**

Você livrou o armário das roupas folgadas, das que caem mal, das feias. É hora de pensar nas roupas que ficaram, e o segredo é agrupá-las. Organizar suas roupas em grupos compatíveis, nos quais elas funcionam misturadas, maximiza a versatilidade e as opções, o que ajuda você a tirar o melhor de cada roupa.

Dicas de arrumação **para bagunceiras**

Basta olhar o armário para descobrir qual a personalidade da dona quanto à moda e quanto à bagunça:

- **A "guarda-tudo".** No guarda-roupa da "guarda-tudo" há roupas novas sem uso empilhadas por toda parte. Mas ela só usa as velhas. Controle a mania de não se desfazer de nada. Estréie as peças novas e recicle camisetas e itens gastos, como panos de limpeza.

  Dica de viagem para a "guarda-tudo" (ou para todas): quando as roupas de baixo perdem a elasticidade, junte-as numa mala. Na próxima viagem, leve-as em vez das novas. Use-as mais uma vez e jogue-as fora, levando para casa o que comprar na viagem.
- **A sentimental.** No armário da sentimental, as roupas de vidas passadas estão vivas e passando bem, em detrimento das atuais. Separar-se delas dá a sensação de estar se desfazendo de suas memórias. Para retomar o espaço, guarde um símbolo dos bons tempos que as roupas representam. Corte um dos enfeites do vestido do baile da escola e guarde-o num álbum de recortes. Escolha uma das roupas de bebê de que mais gostava e monte-a numa moldura. Depois desfaça-se de toda aquela roupa... veja como sobrou espaço.

Princípio básico: agrupe as peças

Um "grupo" de roupas é aquele que reúne de cinco a oito peças que combinam. Um grupo típico pode conter um blazer de lã em tons de bege, vermelho e azul-marinho, saia azul-marinho combinando, calça azul-marinho elegante, jeans escuro, uma camiseta vermelha e uma blusa marfim. Se quiser elegância, use o blazer, a blusa e a saia. Para algo mais informal, ponha o jeans e a camiseta, com o blazer sobre os ombros. Para uma reunião mais formal, coloque a calça elegante e a blusa sobre a camiseta. Assim, você terá dominado a arte de agrupar peças.

Examine o guarda-roupa tendo em vista a formação de vários grupos com as roupas que já tem. O princípio organizador mais importante é a cor, não a estação ou o estilo. Reúna roupas de cores similares e pense: "O que posso juntar para formar um grupo?". A mãe que não trabalha fora pode fazer um grupo com jeans claro, camiseta branca, jaqueta jeans, um blazer combinando e suéter, ou túnica, longo vermelho.

Pensar nos "grupos" simplifica o processo de adquirir roupas. Você deixa de comprar roupas para determinadas ocasiões ou situações, num processo em que acaba com o armário abarrotado e nada para vestir. Acrescentar outra peça a um grupo significa que você poderá usá-la de várias maneiras, combinando-a com as roupas que já possui.

Princípio básico: simplifique a arrumação

Muitos modos tradicionais de guardar roupas não funcionam. Gavetas emperram e rangem. Em geral ficam cheias demais. Vestidos longos pendurados roçam nos sapatos e amassam.

Cabides de arame se engancham pelas extremidades pontiagudas de metal e rasgam roupas delicadas quando se tenta separá-los. Sapatos tombam no chão e você tropeça neles. Experimente estas dicas para simplificar a arrumação:

▪ **Facilite na hora de guardar.** Mude sua maneira de pensar na arrumação das roupas. Aqui também há um princípio: deve ser mais fácil pôr de volta no lugar do que tirar. Com esse princípio em mente, guarde calcinhas e sutiãs numa prateleira, dentro de uma caixa de plástico, em vez de deixá-las numa gaveta apertada. Pendure camisolas e robes em ganchos e ficará fácil guardá-los de manhã. Invista em um desses sistemas modernos de organização do guarda-roupa em vários níveis, e nunca mais as blusas delicadas irão se prender nos ganchos onde você pendura as saias.

"Na arrumação, deve ser mais fácil pôr de volta no lugar do que tirar."

▪ **Pense nos grupos.** Se possível, pendure as roupas em grupos, em vez de separá-las em camisas, calças e vestidos. Se a interessante camisa de listras múltiplas está escondida entre duas velhas camisas jeans, fica difícil lembrar como ela combina bem com a calça de algodão cru. Guarde as roupas em grupos e você simplificará o processo de se vestir.

▪ **Tudo visível.** Empilhe jeans, shorts e camisetas em prateleiras abertas e você nunca mais perderá uma de suas peças prediletas nos cantinhos de uma gaveta cheia demais. Meias merecem seu próprio cesto aberto; guarde-as por cor e cada cor dentro de um saco de plástico transparente.

▪ **Pendure direito.** Por fim, invista em cabides de boa qualidade para que suas roupas durem mais *(pág. 136)*, e dê outro uso àqueles frágeis cabides de arame.

▸ **Se os sapatos** são guardados em caixas, use uma câmera digital para tirar uma foto rápida do conteúdo. Com as fotos coladas você saberá, só de olhar, o que há em cada caixa.

Dicas para guarda-roupas organizados

Se você pode ver, pode achar... e vestir também. Experimente estas dicas para deixar seu armário organizado:

▪ **Aumente o espaço com organizadores próprios.** Nos armários, o espaço é precioso. No entanto, muitos deles têm áreas inúteis de sobra. Organizadores especializados podem preencher esse espaço vazio. Duplique o lugar das camisas e blusas com um cabideiro vertical. Prateleiras empilháveis subdividem as prateleiras altas demais e acrescentam novas divisórias. Cabides dotados de prateleiras criam espaço extra para suéteres, bolsas ou jeans dobrados.

▪ **Reúna os sapatos em sapateiras.** Os sapatos podem fazer até as pessoas mais organizadas tropeçar. Trate de tirá-los do chão. Use sapateiras, caixas ou sacos para sapatos, a fim de guardá-los em espaços pequenos.

Dicas para organizar cômodas

Gavetas abarrotadas podem resultar em meias desfiadas, roupas amarrotadas e dedos presos. Use estas dicas se quiser arrumar e organizar as roupas guardadas em cômodas:

- **Arrume sempre.** Como são espaços para guardar coisas, as gavetas funcionam melhor quando têm espaço para respirar; se estão entupidas e abarrotadas, danificam as roupas e fazem com que seja difícil achá-las. Mantenha as gavetas em ordem arrumando-as. Use o método ACABE com a bagunça *(págs. 20-23 e 130-131)* para jogar fora meias sem par e calcinhas rasgadas. Não permita que a bagunça deixe as gavetas inacessíveis.
- **Etiquetas mostram o caminho.** Mantenha o conteúdo das gavetas arrumado – e no devido lugar – com etiquetas. Etiquete as gavetas na frente ou na borda. Use etiquetas com imagens para ajudar as crianças pequenas a guardar as roupas nas gavetas certas.
- **Divida tudo.** Divisórias de gavetas mantêm as calcinhas em ordem, as meias dobradas e as camisetas nas pilhas. Use tiras de papelão para subdividir gavetas ou ponha a lingerie e as meias em cestas vazadas de plástico. As divisórias vendidas em lojas transformam a confusão numa ordem primorosa.
- **Enrole o que puder.** Enrole as roupas em vez de dobrá-las. Combine os pares de meias e enrole-os; ficará mais fácil achá-los e você não forçará a elasticidade das bordas. Rolinhos de camisetas são mais fáceis de separar e guardar; e nunca mais você terá de remexer na pilha toda para tirar apenas uma. Roupas enroladas ocupam menos espaço e não amarrotam.
- **Bote para fora.** Para acabar com o excesso de roupas na cômoda, encontre locais alternativos para guardá-las, em áreas menos cheias. Ponha as meias enroladas num cesto plástico e coloque-o embaixo da penteadeira ou da cama. Calças jeans volumosas podem tomar mais espaço do que devem numa gaveta; em vez disso, pendure-as no armário. Porém não pendure suéteres, pois essas peças precisam ser guardadas na horizontal para manter a forma.

◄ **Tudo dividido.** Com divisórias nas gavetas fica fácil você achar logo as roupas que quer, e isso impede que itens menores se desloquem quando as gavetas são abertas ou fechadas.

Dicas para arrumar roupas **conforme a personalidade**

Siga estas dicas para cada tipo de personalidade, acabando com a bagunça do armário:

- **A perfeccionista.** Ela acha que têm o armário mais organizado do mundo. Como seu sonho de sistemas organizados por cor é tão sublime, ela jamais aceitará alguma que se interponha entre o que ela de fato tem e o que imagina ter. Enquanto nada muda, ela precisa mergulhar sob os casacos de lã grossa de inverno para encontrar um maiô.

  A perfeccionista precisa se dar um tempo. Um serviço "satisfatório" é só satisfatório. Não se esqueça da regra 20-80: 20% do esforço de qualquer serviço rende 80% dos benefícios.
- **A proteladora.** Seu sonho é um armário de roupas organizado, mas a tarefa parece tão imensa que ela entra em pânico só de pensar. Não protele mais, começando por uma parte bem pequena: arrume meia gaveta ou meio cabideiro. No dia seguinte faça mais um pouco, e assim por diante. A ação costuma ser um remédio para a proteladora não ficar mais parada; dar muitos passos pequenos a fará construir uma ponte até a meta: um armário arrumado e organizado.
- **A rebelde.** A mãe ficava no pé dela para guardar as roupas. Agora, sozinha, a rebelde continua largando as peças em qualquer lugar. Depois de um tempo, ter de mergulhar nas pilhas amontoadas no chão para se vestir de manhã acaba perdendo a graça, mas o comportamento está arraigado.

  Para fazer as pazes com sua rebelde interior, lembre-se de que você é quem faz as opções. "Vou guardar minhas roupas de um jeito que as proteja e facilite eu me vestir bem." Assim, a rebelde sera mandada de volta ao passado, onde é o lugar dela.

Para guardar as **roupas sazonais**

A menos que sua família more numa cálida região equatorial, convém fazer um rodízio e guardar as roupas para as estações quentes e frias. Pense em opções de armazenamento que irão proteger as roupas fora da estação e facilitar o acesso a elas na próxima mudança sazonal do guarda-roupa.

Antes de guardar

Lave ou mande lavar a seco as roupas antes de guardá-las, mesmo se parecerem limpas. Manchas ocultas podem não estar evidentes agora, mas você as verá daqui a seis meses, depois que estiverem ressecadas. E a gordura da pele atrai traças e causa um odor entranhado se não for removida.

Retire dos sacos plásticos as roupas lavadas a seco, pois eles retêm umidade, provocando bolor. Sacos de algodão ou lençóis velhos desse tecido protegem as roupas guardadas do pó e, ao mesmo tempo, permitem a circulação de ar.

Escolha um local seco, fresco e arejado para guardar. Evite locais com temperaturas muito altas, o que poderá causar danos às fibras. E mais: o calor irá fixar qualquer mancha oculta. Procure não guardar roupas numa área que recebe diretamente a luz do sol, que irá desbotá-las.

Escolha de cabides. Selecione os cabides certos para guardar as roupas sazonais. Evite os cabides de arame *(pág. 138)*. Guarde paletós e casacos em cabides acolchoados ou em cabides de madeira para ternos. Pendure as calças pelas bainhas, sem dobrar, para evitar vincos. Pendure saias pela cintura em cabides próprios. Cabides de madeira ou plástico podem ser usados para blusas e camisas. Vestidos e saias costumam ter penduradores adequados ao peso da peça; prenda-os nos ganchos no cabide.

◄ **Embaixo da cama.** Este espaço funciona bem para o armazenamento de roupas sazonais. Use organizadores e, se necessário, erga a cama com blocos, para que eles caibam.

Caixas para roupas. Se puser as roupas em caixas, evite as de papelão. O papelão é ácido e a cola que contém atrai insetos. Recipientes de plástico com tampa mantêm as roupas protegidas, sem atrair insetos nem danificar as fibras. Use etiquetas ou marcadores para rotular os recipientes, a fim de facilitar a identificação do conteúdo mais tarde.

Traças. Em áreas onde as traças são comuns, bolinhas de naftalina ajudam a proteger as roupas de fibras naturais. Mas trate-as com todo o cuidado – naftalina mata as larvas com vapores químicos, por isso deve ser usada apenas em recipientes fechados. Não coloque a naftalina direto sobre as roupas.

Os vapores da naftalina são prejudiciais à saúde. Então, não use a roupa imediatamente se ela foi guardada com naftalina. Limpe-a e areje-a num local bem ventilado por pelo menos um dia antes de usar. Sempre mantenha a naftalina fora da alcance de crianças e animais domésticos.

O cedro, em pedaços, serragem ou óleo, constitui uma proteção menos tóxica contra traças. Do mesmo modo que a naftalina, deve ser usado em recipientes fechados, para que seus vapores matem as traças.

Onde guardar as roupas fora da estação?

Siga estas dicas para guardar as roupas de estação quando não estão sendo usadas:

- **Em cabides.** Araras (armação de metal com rodinhas para pendurar cabides) são resistentes e facilitam a troca sazonal do guarda-roupa. Leve-a até o armário e pendure casacos, paletós e calças de inverno. Use um cabide com divisórias na vertical para colocar peças dobradas. Ao terminar, leve a arara para um local alternativo de armazenamento; cubra com um lençol de algodão para proteger do pó.
- **Em malas.** As malas são ideais para transportar roupas – e armazená-las também. Disponha as roupas sazonais em malas. Etiquetas ou post-its afixados nelas identificam quais roupas estão ali dentro.
- **No maleiro.** Se você dispõe de um armário com maleiro, aproveite esse espaço para colocar as roupas sazonais. Disponha as roupas fora de estação em camadas e cubra-as com um lençol de algodão para protegê-las.

Um "arquivo" de **roupas infantis**

Famílias com filhos em crescimento têm desafios adicionais para guardar roupas. Se há mais de um filho, faz sentido financeiramente guardar as roupas que possam ser passadas para os filhos subseqüentes. Pais econômicos "compram adiantado", adquirindo roupas em liquidação, com números maiores, para os filhos usarem depois; viciados em bazares podem ir juntando um guarda-roupa infantil completo e de qualidade.

O problema é que na maioria dos quartos de criança já é difícil achar espaço para as roupas em uso, o que dificulta o armazenamento de roupas "futuras". A solução é criar um "arquivo" simples para separar, guardar e organizar as roupas das crianças.

Pronto para usar

Para criar um "arquivo" de roupas infantis, adquira de seis a dez organizadores de plástico com tampa, que têm de ser limpos, secos e fáceis de empilhar.

Separe as roupas por sexo, por tamanho ou por idade. Ponha cada pilha num organizador e coloque uma etiqueta: Menino – 6 anos; Menina – 8 anos. Guarde as caixas numa área de depósito, empilhando-as por sexo e tamanho.

Você achou macacões de meninos pequenos a preço de banana? "Arquive-os" em "Menino – 1-2 anos" até que o bebê comece a andar. Se todos os vestidos de sua filha estão curtos demais, dê uma olhada na caixa "Menina – 6 anos" antes de sair para comprar novos; disponha os vestidos que ficaram pequenos, em bom estado, no organizador "Menina – 4 anos" para a filha mais nova.

Cuidado e manutenção **das roupas**

Seja porque você adora suas roupas, seja porque detesta comprar roupa, é sempre bom mantê-las de forma adequada. Elas constituem um investimento substancial de dinheiro, tempo e energia, e ninguém gosta de perder uma roupa favorita. O cuidado apropriado prolonga a vida das roupas e conserva a boa aparência delas.

Aqui estão algumas orientações básicas para suas roupas:

- **Areje as roupas antes de guardá-las.** Não guarde a roupa que acabou de tirar de volta no armário. Deixe-a pendurada do lado de fora da porta para tomar ar antes de devolvê-la ao armário. Uma arejada alisará os amassados e também vai acabar com a umidade e os odores, diminuindo a freqüência das caras lavagens a seco.
- **Dê adeus aos cabides de arame.** Os cabides que vêm de brinde da lavanderia são ruins para roupas boas. Suas extremidades deformam as mangas das blusas, forçando o tecido, e as pontas do arame desfiam a trama de tecidos delicados. O arame fino faz vincos nos ombros e não agüenta roupas mais pesadas. Para conselhos sobre qual tipo de cabide usar, veja a página 136 e a legenda abaixo. Dica ecológica: muitas lavanderias reciclam os cabides de arame; veja se esse é o caso da empresa que você usa.
- **Vista-se seca.** Desodorantes, cremes, loções para a pele e perfumes são ótimos para seu corpo, mas ruins para as roupas.

> "Arejar alisará os amassados e diminuirá a freqüência das caras lavagens a seco."

◄ **Como pendurar direito.** Use fortes cabides de madeira para agüentar o peso dos paletós e blazers; os mais finos ou de plástico mantêm as blusas sem amassar e prontas para usar.

As substâncias químicas usadas em cosméticos podem danificar a fibra dos tecidos; espere estar seca antes de se vestir. Deixe desodorantes e colônias secarem bem antes de pôr as roupas. Nunca aplique perfumes diretamente na roupa.

■ **Cuide logo das manchas.** Manchas são mais difíceis ou impossíveis de remover quando se fixam. Assim que a mancha ocorrer, lave a roupa manchada ou mande-a para a lavanderia o mais depressa possível. A probabilidade de apagar a nódoa é muito maior se você agir rapidamente.

> "Diz o ditado: mais vale prevenir do que remediar."

■ **Tire o pó... das roupas.** Além do aspecto feio, poeira e fiapos são abrasivos e podem danificar as fibras. Use um tira-fiapos e uma escova para roupas regularmente para remover de suas roupas os fiapos e o pó.

■ **Conserte logo.** Diz o ditado: mais vale prevenir do que remediar. Conserte pequenos rasgos rapidamente, antes que eles aumentem. Alguns pontinhos numa bainha que começa a soltar impedirão que ela se desfaça e a deixe constrangida.

■ **Desentulhe.** Além do desleixo, o armário muito cheio também estraga as roupas. As peças muito apertadas amarrotam sem necessidade. E a umidade e os odores se fixam nos tecidos. Deixe espaço para suas roupas respirarem dentro do armário, a fim de preservá-las.

■ **Acabe com a umidade.** Em climas úmidos, as roupas no armário viram um terror fedorento. A umidade do ar se deposita nas peças e cria bolor; e o espaço fechado potencializa o efeito destrutivo. O resultado é cheiro de mofo e roupas danificadas. Adquira produtos desumidificadores para secar o interior do armário e proteger suas roupas. São recipientes de plástico com cristais que absorvem umidade e podem ser colocados num canto onde consomem a umidade em excesso.

■ **Evite insetos.** Traças e outros insetos adoram o espaço fechado do guarda-roupa, onde atacam fibras naturais como lã e algodão. Mantenha-os longe com os ecologicamente corretos pedaços de cedro. No armário, o cedro tem a propriedade de repelir insetos. Quando o aroma enfraquecer, restaure-o lixando os pedaços para expor uma nova superfície.

Lavagem a seco: **certo e errado**

A lavagem a seco é um excelente meio de prolongar a vida da roupas, mas convém estar bem informado. Tire o melhor da lavagem a seco com estas dicas:

■ **Lave a seco com moderação.** O processo de lavagem a seco é radical e caro. Só submeta as roupas a ele se precisar muito.

■ **Tudo ou nada.** Como a lavagem a seco pode desbotar ou alterar a cor dos tecidos, sempre mande lavar ambas as peças de um conjunto, nunca uma só.

■ **Diga a verdade para a lavanderia.** Ao levar roupas manchadas para a lavanderia, localize as mancha e, se possível, diga ao profissional o que as causou. Se ele tiver de adivinhar, é menos provável que consiga remover as nódoas.

■ **Rejeite os grampos.** Peça para a lavanderia usar alfinetes ao prender os tíquetes na sua roupa, em vez de grampos, que arrebentam as fibras desnecessariamente.

■ **Valha-se dos talentos do tintureiro.** Muitas lavanderias oferecem também consertos e alterações nas roupas e tratamento especial para vestidos de casamento, edredons e peças de couro. Informe-se sobre qualquer serviço especial que você precisar, a fim de cuidar de seu guarda-roupa.

■ **Retire os sacos de plástico.** Assim que chegar em casa, retire as roupas dos sacos plásticos da lavanderia. Os solventes usados na lavagem a seco precisam de ar para se dissipar, e os sacos plásticos retêm umidade, que pode prejudicar as roupas.

■ **Dica para reciclagem.** Dê um nó no furo para cabide do saco plástico que veio da lavanderia e use-o para forrar a lixeira.

Quando é o caso **de remendar roupas?**

Minha avó Betty era rápida na agulha quando era uma jovem mãe na década de 1930. Mas consertar ou não as roupas é uma questão mais complexa no mundo de hoje. A mão-de-obra global mais barata baixou o custo relativo das roupas, enquanto a qualidade, em geral, diminuiu – e a costura não mais faz parte dos currículos escolares. Quando vale a pena consertar ou reformar roupas?

Os consertos **básicos**

Como cresceu num lar com uma costureira amadora, desde pequeno meu filho era fascinado por máquina de costura. Aos 8 anos, Ryan já aprendera a fazer na máquina a maioria das costuras de seus shorts de algodão favoritos, de cores fortes.

Fiquei feliz em incentivar esse interesse, porque todo mundo – homens, mulheres, os que são "fashion" ou os contra modismos – precisa ter um mínimo de habilidade na costura para fazer consertos. Quando ele entrou na Marinha, viu como os colegas sofriam nos consertos mais simples.

Eis uma lista dos consertos básicos que todo mundo – mesmo fuzileiros navais – deve ser capaz de fazer. Estas tarefas simples de costura requerem pouquíssimos utensílios e manterão as roupas em bom estado:

- Pregar botão
- Consertar uma costura reta
- Cerzir um furo
- Fazer bainha
- Remendar um rasgo
- Trocar colchetes e fechos de pressão

Hoje é difícil saber se vale a pena consertar uma roupa. O tempo que os consertos tomam, comparado aos custos mais baixos das roupas, desaconselha consertos; roupas de baixa qualidade são mais difíceis de consertar; e podemos não ter os utensílios de costura – ou as habilidades – necessários para a tarefa. Reflita sobre estas perguntas e decida se é o caso de consertar ou reformar uma roupa:

- **A roupa está em bom estado?** Remendar um rasgo pequeno no macacão de brim novo de um filho faz sentido, mas o mesmo conserto dificilmente se justificará se a roupa estiver puída e o tecido for fino. Conserte as roupas só quando estiverem em boas condições, porque o tecido gasto não irá manter um conserto por muito tempo.
- **Qual a demora do conserto necessário?** Subir uma bainha puída ou reforçar uma costura que abriu são serviços fáceis e rápidos; trocar um zíper é difícil e demorado. Reserve os serviços de conserto mais complicados para as roupas mais caras, que justificarão o esforço.
- **Sei fazer esse conserto?** Mesmo um conserto simples será uma tarefa pesada se estiver acima de suas possibilidades. Nada mais frustrante do que ter problemas ao costurar; por isso, é melhor ser realista quanto a suas habilidades na costura. Algumas sabem costurar; outras, não. Assim, seja honesta quanto à sua competência na costura.
- **De que utensílios vou precisar?** Uma bainha simples requer apenas agulha e linha, mas consertar um zíper embutido talvez seja impossível sem um adaptador especial para

sua máquina de costura. Ao avaliar a conveniência do conserto, não se esqueça de levar em conta o custo de algum utensílio de que você irá precisar para o serviço.

- **Quanto um profissional cobraria pelo conserto?** Para avaliar os aspectos econômicos dos consertos, descubra quanto uma costureira profissional cobraria pelo conserto. Compare esse valor com o preço da roupa, para determinar se deve ou não consertar.

"Um conserto simples será uma tarefa pesada se estiver acima de suas possibilidades."

Para um centro de consertos

Um cesto de peças para consertar pode virar um buraco negro que só engole as roupas, devolvendo-as apenas quando o tempo e a moda já passaram. Para facilitar as tarefas de costura, crie um centro de consertos em sua casa organizada. O foco do centro é ser um lugar para guardar as roupas que precisam de consertos e os utensílios necessários para fazê-los.

Disponha o centro de consertos no centro de lavagem de roupas *(págs. 142-143)*. Uns pontinhos numa bainha que está descosturando antes de pôr para lavar garante que o problema não se agrave. Reserve uma área para pendurar peças que precisam de conserto ou use um cesto. Guarde o material de costura num cesto com alça ou numa caixa.

O material básico contém:

- Tesoura
- Linhas, agulhas e alfinetes
- Fita métrica
- Dedal
- Dispositivo para desfazer costura

Quando um conserto requer mais do que um ou dois minutos, o cesto com alça torna fácil você se instalar numa poltrona confortável para costurar. Escolha um local que seja bem iluminado para não forçar a vista; e, se for perto da TV ou do rádio, você irá se divertir costurando.

Controle o cesto de consertos

Pouca gente tem vontade de consertar roupas. Como um item da lista de coisas a fazer, "esvaziar a cesta de consertos" tem prioridade baixíssima. Roupas que precisam de conserto representam um capital oculto, em termos de tempo e dinheiro. Para mudar seu modo de pensar (e liberar as roupas), teste este método para controlar o cesto de consertos:

- **Seja realista.** Se você está usando esse cesto para protelar decisões (ou para escapar da tarefa de passar roupa), está enganada. Use as dicas desta página para ser realista quanto a fazer ou não consertos e quando fazê-los.
- **Primeiro, veja o que tem em casa.** Antes de sair para comprar algo, espie o cesto de consertos. Aquela "elegante calça preta" da lista de compras talvez esteja no cesto. E leva menos tempo encurtá-la do que ir ao shopping center.
- **Observe a mudança de estação.** Algumas roupas compradas em fim de estação nunca chegam até o armário porque ficaram esquecidas no cesto de consertos para uma alteração rápida. Vá atrás delas quando a estação mudar e você começar a pensar em outro tipo de roupa.

▲ **Utensílios básicos de costura.** Agulha, dedal e linha são aliados baratos na batalha pelo uso máximo das roupas. Um kit básico de costura mantém as roupas em bom estado.

Centro de lavagem de roupas

Onde há vida há roupas, e onde há roupas há lavanderia. O chão de sua casa parece alimentar montanhas de roupas? Os maníacos por lavanderia podem se deliciar com o ato de dobrar lençóis que acabaram de secar, mas os demais humanos levam um susto. Estas dicas ajudam a derrubar as montanhas.

Agende as lavagens de roupa

Você usa roupa? Então você lava a sua roupa, além da roupa de cama, mesa e banho. Adie uma lavagem e tudo se complicará na lavanderia. No cesto de roupa suja, manchas e dobras vão se fixar e se tornar permanentes. Uma máquina de lavar cheia, deixada sem estender, é um convite ao mofo. As roupas dentro da secadora, esquecidas sem dobrar, ficam amarrotadas depois que o calor se esvai. Enquanto a montanha de roupas sujas vai crescendo, membros da família começam a saquear as laterais à procura de meias ou jeans que estejam limpos o bastante para ser usados de novo.

A solução é agendar as cargas da lavadora. A freqüência das lavadas dependerá da necessidade da família. As que têm crianças pequenas talvez tenham de lavar muitas cargas num só dia, enquanto os solteiros podem fazer cargas semanais, desde que isso se mantenha com regularidade.

Crie um centro de atividade de lavanderia

O centro de atividade de lavanderia combina aparelhos, utensílios e suprimentos necessários para fazer o serviço – e rapidamente. Estabeleça uma área para reunir a roupa suja, separar cores/texturas, lavar, secar e dobrar as roupas limpas.

- **Localização.** É onde a máquina de lavar (se você tem uma) está que se estabelece o centro de lavanderia. Abra espaço em volta da máquina; dobrar roupa é um processo ativo que requer todo o espaço vazio que você conseguir nas bancadas em volta. Um tanque ao lado tornará mais fácil esfregar manchas e pôr de molho roupas encardidas.
- **Muita luz.** A boa iluminação ajuda a descobrir manchas. Aumente a iluminação existente, se ela não for adequada. Você consegue ler as letrinhas na etiqueta de uma roupa? Se não, providencie lâmpadas ou luminárias adicionais.
- **Produtos de limpeza.** Guarde o sabão em pó e outros produtos de lavanderia num armário alto ou instale uma prateleira na parede acima da máquina de lavar. Famílias com crianças pequenas precisam manter os produtos de limpeza no alto, longe das mãozinhas, mas ao alcance dos pré-adolescentes, para que os filhos que estão crescendo não tenham obstáculos em suas tarefas de lavanderia.
- **Cabideiro.** Instale um cabideiro na lavanderia para pendurar as roupas que não precisam ser passadas. Se os armários permitirem, um cano expansível para a cortina de chuveiro serve para pendurar cabides em espaços menores.
- **Varais.** Se houver espaço, instale um varal de teto ou retrátil na lavanderia. Mesmo se a casa tiver secadora automática, o varal serve para secar rapidamente suéteres, roupas de baixo e roupas que encolhem e que não devem ser postas na secadora.
- **Código de cores.** Use cestos de cores diferentes para cada membro da família – e coloque os cestos em todos os quartos e banheiros. Nos dias de lavar roupa, membros da família que já entendem podem levar seus próprios cestos para a lavanderia. E, no fim do dia, podem buscar as roupas limpas e dobradas para guardar no armário.

▶ **Uma série** de cestos plásticos de lavanderia facilita a tarefa de separar roupas brancas, coloridas e escuras até que haja peças suficientes para encher uma máquina.

Princípios básicos da lavanderia

Nossas avós sabiam bem o que era a canseira de lavar roupas à mão. Elas iriam invejar a variedade de aparelhos e produtos para lavanderia disponíveis hoje, que facilitam e agilizam a tarefa. Você vai lavar a roupa da família? Eis algumas dicas: separe e prepare, trate ou conserte, lave, seque, dobre e guarde.

Separe e prepare

Se você pular a etapa de separar antes de lavar, sabe o que acontecerá: blusão vermelho mais agasalho branco é igual a calcinha cor-de-rosa (ou cueca cor-de-rosa).

Para separar a roupa, comece pela cor: brancas, cores suaves, cores fortes e escuras, para evitar a mistura de pigmentos. Lave roupas brancas e de cores suaves separadamente para que não se tinjam de outras cores.

Separar as fibras sintéticas (poliéster, náilon, acrílico) das naturais (algodão, linho) também evita o problema da mistura de pigmentos: fibras sintéticas podem atrair tintas, absorvendo o que se solta das fibras naturais ricas em pigmentos.

Fiapos atrapalham? Ao lavar, separe as peças que soltam fiapos (moletons, toalhas, tecidos atoalhados e aflanelados) das que os atraem (roupas de náilon e microfibra).

Para roupas bem limpas, separe as roupas por grau de sujeira. Jeans usados ao plantar sementes no jardim não são bons companheiros para blusas levemente sujas. O peso do tecido também deve ser levado em conta: costuras pesadas, detalhes e botões de metal dos jeans são muito grosseiros para se misturar com roupas leves e delicadas.

Trate ou conserte

Ao encher a máquina, confira cada peça de roupa. Feche zíperes, remova cintos e gravatas e verifique se não há coisas esquecidas nos bolsos que não devem entrar na lavagem.

Procure manchas e trate delas antes de lavar *(págs. 150-151)*. Verifique se alguma peça precisa de conserto rápido *(págs. 140-141)*. Mantenha o centro de consertos na lavanderia ou perto dela, a fim de facilitar as tarefas.

separe e prepare ▲

trate ou conserte ▲

Lave

Você está pronta para lavar, mas você conhece bem sua lavadora? O manual de instruções da máquina traz muitas informações sobre como lavar as roupas com eficácia. As recomendações variam segundo a máquina. Por exemplo: encher totalmente uma máquina com a porta na frente faz as roupas ficarem mais limpas, mas sobrecarregar uma na qual se colocam as roupas por cima pode causar danos às peças.

Com a máquina cheia, coloque sabão em pó. Este é um dos aspectos técnicos em que compensa estar bem informada. Máquinas de lavar variam de capacidade, e são projetadas

"Se você pular a etapa de separar, blusão vermelho mais agasalho branco é igual a... cueca cor-de-rosa."

para usar diferentes quantidades de sabão em pó. Consulte o manual de instruções da máquina e, depois, o que está escrito na caixa do sabão para determinar quanto sabão deve colocar. E meça cuidadosamente, usando um copo-medida. Você precisará usar mais sabão se a máquina estiver muito cheia ou as roupas muito sujas. Use um pouco menos de sabão para máquinas mais vazias e roupas menos sujas.

Adicione os aditivos para tecidos ou amaciantes de sua preferência. Siga as indicações do fabricante quanto ao uso de alvejante ou alvejante sem cloro, que são tóxicos e devem ser usados com cuidado e de acordo com as instruções. O amaciante deve ser acrescentado no último enxágüe.

Se houver esta opção, selecione a temperatura da água apropriada para as roupas *(págs. 148-149)* e ligue a máquina.

Seque

Quando o ciclo de lavagem terminar, é hora de secar. Pendure as roupas no varal ou as coloque na secadora, selecionando a temperatura e o tempo adequados. Dê uma boa sacudida nas peças muito amassadas antes de pô-las na secadora, para que fiquem sem rugas. Pendure as roupas delicadas em cabides ou no varal para secarem ao natural. Para mais informações sobre a secagem, veja as páginas 148-149 e 151.

Dobre e guarde

Não deixe de dobrar ou pendurar as roupas imediatamente após tirá-las da secadora; o calor remanescente irá ajudar a alisar as rugas (sem necessidade de passá-las). Cuidado com os botões de metal e zíperes. Podem estar muito quentes ao sair da secadora.

Em cestos com cores diferentes para cada membro da família, separe as roupas ao dobrá-las. Você facilitará para todo mundo guardar suas próprias roupas, pois basta pegar um cesto e levá-lo para o quarto.

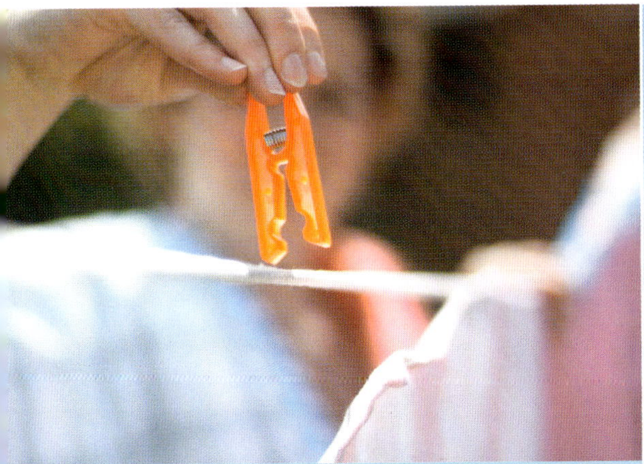

lave e seque ▲

dobre e guarde ▲

Evite as **brechas**

Quando as roupas eram caras e não havia máquinas, elas só eram lavadas quando realmente necessário. Com o acesso fácil a lavadoras, secadoras e aos modernos produtos para lavanderia, as famílias atuais podem ser um tanto descuidadas quanto ao que vai parar no cesto de roupa suja.

Imagine esta cena típica numa família: uma pilha de roupas limpas é entregue num quarto. Ignorada, desmorona no chão na hora de dormir. Alguns dias depois, nem se diz que as roupas estão limpas. Então, o ocupante do quarto cria um curto-circuito no serviço de dobrar e guardar, pois irá jogá-las no cesto de roupa suja. De novo.

Lavar de novo roupa recém-lavada custa caro e desperdiça água, sabão e tempo. Então estabeleça: a pessoa que não guardou a roupa e a pôs no cesto outra vez irá cuidar pessoalmente do processo de lavagem.

Os infratores vão trabalhar na lavanderia para evitar que surjam brechas nessas tarefas.

Como cuidar dos **diferentes tecidos**

Os avanços na tecnologia das fibras criaram roupas muito mais funcionais do que antigamente, mas cuidar delas pode confundir. As etiquetas oferecem uma intrigante gama de opções. Lavar à mão. Ciclo para roupas delicadas. Secar no varal. Não passar. Siga estas orientações para cuidar bem de suas roupas.

Acetato

Fibra artificial que costuma aparecer misturada a outras fibras, para criar roupas de bom caimento. O acetato e suas mesclas são fáceis de limpar, mas podem ser muito sensíveis às tintas. Leia a etiqueta e lave acetato em água fria.

Sua fibra é frágil e pode ser danificada quando torcida ou espremida e pelo calor. Lave à mão as mesclas de acetato ou use o ciclo para roupas delicadas na máquina de lavar.

Passe as roupas de acetato com o ferro em baixa temperatura, pelo avesso, com um pano entre o ferro e o tecido para evitar que fique brilhante e preservar a beleza da peça.

Algodão

Esta fibra natural é usada no mundo todo em roupas confortáveis e versáteis. O tecido é encontrado em roupas informais, como camisetas, ou refinadas, como vestidos de baile.

O algodão encolhe, a menos que tenha sido pré-encolhido. Por isso, observe o que a etiqueta diz. "Só água fria" pode indicar que uma calça de algodão até o calcanhar ficará pelo meio da perna se não for lavada corretamente.

Peças de algodão que foram pré-encolhidas podem ser lavadas em água quente, morna ou fria, dependendo da cor da peça e das recomendações da etiqueta.

Se a etiqueta permitir, adicione na máquina alvejante com cloro às roupas de algodão brancas para remover manchas; use alvejante sem cloro, formulado para roupas coloridas, que aviva as roupas de algodão colorido. Lavar em água fria protegerá a cor intensa do jeans de algodão e preservará as cores vivas de camisas coloridas.

O algodão pode encolher se secar em temperatura alta; seque as roupas de algodão em baixa temperatura e remova-as da secadora antes que aqueçam muito.

> "'Só água fria' pode indicar que a calça de algodão ficará pelo meio da perna se não for lavada corretamente."

Linho

Outra fibra natural. Verifique a etiqueta das roupas de linho para decidir se é necessário lavá-las a seco. Se puderem ser lavadas na máquina, siga as instruções da etiqueta, usando produtos adequados à cor da roupa. O linho absorve mais água do que as outras fibras; por isso, não encha demais a lavadora nem a secadora. Passe o linho pelo avesso, com o ferro quente e usando vapor.

Poliéster

"Fibra maravilhosa" do século 20, cria roupas coloridas, duráveis e fáceis de cuidar. A maioria dos tecidos de poliéster pode ser lavada na máquina com água morna, mas veja a etiqueta.

Use temperatura baixa na secadora para as roupas de poliéster. Tire-as quando estiverem levemente úmidas, para evitar rugas e o acúmulo de estática. Se for preciso passar, use temperatura baixa: o poliéster derrete com o ferro quente.

Seda

Flexível, forte e brilhante, esta fibra natural é um dos materiais mais antigos para roupas. Embora a seda seja lavável, muitos padrões de tecelagem se retraem ou enrugam ao ser lavados, e as tintas escuras podem não ser firmes.

Oriente-se pela etiqueta para lavar peças de seda. "Lavar a seco" indica um tecido ou trama que não sobreviveria se lavado com água. Use produtos delicados para lavar à mão peças que aceitam água. Xampus para bebês (sem condicionadores, que podem incluir cera ou óleos) são uma boa opção para lavar à mão tecidos de seda. Esses xampus limpam a proteína natural e revitalizarão a fibra.

Nunca ponha seda na secadora. Enrole a peça numa toalha para espremer a água. Depois, pendure para secar. Passe roupas de seda pelo avesso, com o ferro morno.

Elastano

Um toque de elasticidade faz com que a roupa tenha um caimento melhor e dê uma sensação mais agradável. O elastano é uma fibra elástica, agora incorporada em pequenas quantidades a muitos tipos de tecido para conferir elasticidade e conforto. Embora seja lavável à mão e na máquina, evite a água quente e alvejantes, que danificam suas fibras. A menos que a etiqueta diga o contrário, evite usar a secadora.

O calor da secadora pode fazer algumas combinações de fibras com elastano enrugar ou criar bolinhas. Se precisar passar, faça-o rapidamente e com o ferro morno.

Lã

Fibra macia e quente feita com a pelagem das ovelhas. Um isolante natural, fácil de tingir. Há grande variedade de tecidos de lã, do resistente tweed à levíssima casimira.

Em estado natural a lã é lavável, mas, como muitas roupas de lã incorporam fibras que não podem ser lavadas, lave-as a seco sempre que a etiqueta indicar. Se suportar água, use um sabão suave e lave à mão ou na máquina, conforme recomendado na etiqueta.

Dica de uma respeitada tricoteira das ilhas Shetland: lave e enxágüe fibras de lã em água morna. Usar água fria para enxaguar pode provocar o encolhimento das fibras.

ORIENTAÇÕES PARA LAVAR E SECAR TECIDOS

	LAVAR				SECAR			
Tecido	**À mão**	**Fria**	**Morna**	**Quente**	**Ao natural**	**Secadora fria**	**Secadora morna**	**Secadora quente**
Acetato	●				●			
Algodão				●			●	
Elastano	●				●			
Lã	●				●			
Linho		●			●	●		
Náilon			●	●	●			
Poliéster		●			●	●	●	
Raiom			●		●			
Seda	●	●			●	●		

Para acabar com as manchas

A vida é como um sorvete em casquinha: gostoso, doce – mas sempre caem alguns pingos. Se caírem na roupa, você sabe como lidar com eles? O tratamento rápido e correto das manchas manterá o bom aspecto da roupa por mais tempo. Mas a mancha talvez se fixe se você demorar para agir ou agir errado.

Ao separar a roupa suja, atenção para as peças manchadas; a pré-lavagem é o meio mais eficaz e fácil de remover manchas. Uma passagem pela máquina de lavar e pela secadora pode transformar um respingo de molho numa nódoa permanente na roupa se a mancha não tiver sido tratada antes.

Faça a pré-lavagem corretamente. Quando a mancha tem de ser removida, saiba que nem todos os produtos funcionam do mesmo jeito. Manchas diferentes requerem métodos de pré-lavagem diferentes. Aqui estão alguns dos problemas mais comuns com manchas e a pré-lavagem para eles:

- **Manchas oleosas.** Molho de salada, batom e graxa de carro criam manchas oleosas, como as que ficam no colarinho das camisas. Na pré-lavagem de manchas oleosas, aplique detergente líquido diretamente na área manchada. Deixe a peça repousar por 15 minutos antes de lavar. O detergente solta e dissolve a mancha e ela será removida na lavagem.
- **Manchas de proteína.** Quando o bebê regurgita no seu ombro, fica uma mancha de proteína. Sangue, leite, laticínios e a maior parte dos resíduos do corpo contêm matéria orgânica que vai endurecer e se fixar com o tempo ou se for imersa em água quente. As roupas devem ficar de molho em água fria por, no mínimo, 30 minutos antes de ser lavadas. E uma dica de profissionais de enfermagem: manchas secas de sangue persistentes podem ser removidas com uma solução a 3% de água oxigenada. Mas teste para ver se o tecido não desbota.
- **Manchas de tanino.** O tanino confere a adstringência do seu chá, mas mancha se pingar na roupa. Vinho, café, chá, refrigerantes, frutas e sucos de frutas em geral produzem manchas de tanino. Na pré-lavagem, mergulhe a peça em água fria. Depois lave na temperatura adequada ao tecido.
- **Manchas de cor.** Se você se deitar na grama numa tarde de verão, talvez fique com a roupa manchada de verde. Alimentos de cores fortes, como a mostarda, criam manchas de cor. O mesmo ocorre quando tecidos ou o couro transferem sua cor para outras peças. Esse é o caso do azul que passa para a roupa de baixo branca quando se usa um jeans novo. Na pré-lavagem, aplique sabão em pó diretamente na área manchada. Depois lave na temperatura adequada ao tecido.

▲ **Delicadeza.** Nas manchas, a pressão leve é mais indicada. Esfregar o tecido pode danificar as fibras ou desbotar o colorido. Passar o produto com um pano absorvente dá mais resultado.

Lavar a roupa da família, além de ser uma tarefa que não tem fim, é também uma das que mais consomem energia e recursos naturais na casa. Siga estas estratégias para que sua lavanderia seja ecologicamente correta.

Como usar a lavadora

No consumo de energia, a lavadora é uma das campeãs da casa. Controle o uso que ela faz de água e energia elétrica com estas dicas:

- **Aqueça menos.** Aquecer a água é caro. Por isso, convém baixar o termostato do aquecedor de água. Na maioria das casas uma temperatura de 49 °C é adequada – e água quente numa temperatura mais baixa diminui a probabilidade de alguém se queimar. Ao baixar o termostato, economiza-se energia para a água quente da lavadora.
- **Água fria.** Use água fria sempre que possível. As novas fórmulas de sabão em pó dissolvem bem e limpam as roupas em temperaturas mais baixas. Mesmo quando a sujeira é pesada ou o tipo de tecido exige lavagem em água quente ou morna, o enxágüe pode ser com água fria, economizando energia. E a água fria preserva a cor do tecido.
- **Máquina cheia.** Só ligue a máquina quando ela estiver cheia. Você usará proporcionalmente menos água e energia do que com menos carga.
- **Recicle os ciclos.** Economize energia com o uso adequado dos ciclos da lavadora. Os ciclos para roupas delicadas ou levemente sujas são mais curtos e centrifugam menos que os ciclos pesados. Use-os para roupas mais leves ou menos sujas.
- **Medidas certas.** Na lavanderia não se deve exagerar no sabão em pó ou nos aditivos que você usa. Por isso, meça com cuidado. Sabão em pó demais não irá limpar melhor a roupa e fica difícil de enxaguar. Alvejantes corroem as fibras se usados em excesso. Amaciante demais pode manchar as roupas, obrigando a uma nova lavagem (e mais gastos) para removê-lo.
- **Limpo e ecológico.** Uma dica ecológica: em vez dos amaciantes comerciais, use uma xícara (chá) de vinagre de vinho branco. Ele elimina resíduos de sabão, amacia a roupa e remove odores – e é bem mais barato do que os outros produtos.

Como secar roupas

Evite contas de luz altas com estas sugestões para um uso eficiente da secadora:

- **Secar ao sol.** A luz do sol e o ar fresco secam as roupas de graça – e o aroma cálido da roupa seca ao sol é uma vantagem a mais. Pendure as roupas para secar a céu aberto.
- **Espaço.** Não encha demais a secadora. Lotada de roupas, a secadora precisa trabalhar muito mais e amassa a roupa, que talvez precise do ferro de passar. Deixe as roupas girarem livres, para usar a secadora com o máximo de eficiência.
- **Não exagere.** Ao usar uma secadora, não seque em excesso as roupas. As configurações "automáticas" se valem do nível de umidade e temperatura dentro da secadora; use-as sempre que possível. Secar demais as roupas pode encolher e danificar os tecidos. Então proteja as roupas e o meio ambiente retirando as roupas secas imediatamente.
- **Filtro.** Limpe o filtro a cada secada. O acúmulo de fiapos impede a circulação de ar e força a secadora a funcionar por mais tempo e em temperatura mais alta. Lave o filtro todo mês e ficará surpresa com a quantidade de fiapos que irá remover.
- **Ventile.** Verifique as mangueiras e a saída de ar, desobstruindo-as. Se a tampa da saída não abrir direito, troque-a. Ventilação adequada é necessária para a secagem eficiente e poupa energia.

COMO REMOVER MANCHAS

Para esta mancha	use este produto	e este método
Bolor	Alvejante com ou sem cloro	Lave roupas emboloradas em água bem quente, usando o alvejante apropriado para esse tecido. Manchas de bolor talvez não saiam.
Café, chá e refrigerantes	Removedor para pré-lavagem ou detergente líquido; alvejante sem cloro	Use removedor para pré-lavagem ou sabão líquido; ou detergente líquido. Ponha de molho as roupas com manchas novas em água fria antes de lavar. Para manchas secas, aplique removedor para pré-lavagem ou detergente líquido; deixe repousar por 15 minutos antes de lavar na máquina. Lave com alvejante sem cloro, quando este for apropriado para o tipo de tecido.
Cera de vela, marcas de lápis de cera	Toalhas de papel e ferro; alvejante com ou sem cloro	Aplique gelo na mancha para endurecê-la; depois remova o máximo possível com uma faca cega. Coloque o tecido manchado entre duas folhas de papel-toalha e passe o ferro morno para remover a cera. Repita com papel limpo até remover a mancha. Lave na máquina usando alvejante com ou sem cloro, conforme o tecido.
Chocolate	Pré-lavagem com enzimas	Deixe de molho em pré-lavagem com enzimas antes de lavar normalmente.
Ferrugem ou manchas de ferro	Removedor de ferrugem comercial	Remova as manchas de ferrugem ou ferro com um removedor de ferrugem comercial seguindo as instruções da embalagem. Não use alvejante com cloro em manchas de ferrugem, pois as fixará permanentemente.
Fita adesiva, goma de mascar	Removedor de manchas para pré-lavagem	Passe gelo na área manchada para endurecer o resíduo; com delicadeza, remova o máximo possível com uma faca cega. Embeba a mancha com removedor de manchas para pré-lavagem. Enxágüe bem antes de pôr na máquina.
Frutas ou sucos de frutas	Removedor para pré-lavagem ou detergente líquido; alvejante com ou sem cloro	Ponha as manchas frescas de molho antes de lavar. Para manchas ressecadas, aplique um removedor para pré-lavagem ou detergente líquido na área manchada; deixe por 15 minutos antes de lavar. Use alvejante com ou sem cloro, o que for apropriado ao tecido.
Fumo de cigarro	Pré-lavagem com enzimas	Ponha de molho em pré-lavagem com enzimas antes de lavar como sempre.
Gordura ou óleo	Removedor para pré-lavagem ou detergente líquido	Aplique um removedor para pré-lavagem ou detergente líquido diretamente na área manchada. Deixe por 15 minutos. Lave em água quente.
Grama	Pré-lavagem com enzimas	Deixe de molho em pré-lavagem com enzimas de 30 minutos até várias horas. Lave normalmente.
Leite e laticínios	Pré-lavagem com enzimas	Deixe de molho em pré-lavagem com enzimas de 30 minutos até várias horas. Lave como sempre.
Leite em pó (para bebês)	Pré-lavagem com enzimas	Ponha de molho numa solução de pré-lavagem com enzimas e água de 30 minutos até várias horas.

Para esta mancha	use este produto	e este método
Molhos (de tomate, ketchup)	Removedor para pré-lavagem ou detergente líquido; alvejante com ou sem cloro.	Aplique um removedor para pré-lavagem ou detergente líquido diretamente na área manchada, deixe repousar por 15 minutos antes de lavar. Quando for adequado ao tipo de tecido, lave com alvejante com ou sem cloro.
Mostarda	Removedor para pré-lavagem	Trate as manchas de mostarda com um removedor para pré-lavagem. Depois lave como sempre.
Ovos	Pré-lavagem com enzimas	Ponha de molho em pré-lavagem com enzimas de 30 minutos até várias horas. Lave normalmente.
Perfume	Removedor para pré-lavagem ou detergente líquido	Aplique um removedor para pré-lavagem ou detergente líquido diretamente na área manchada. Deixe repousar por 15 minutos. Depois lave como sempre.
Sangue e fluidos corporais	Pré-lavagem com enzimas; alvejante com ou sem cloro ou à base de oxigênio; água oxigenada numa solução a 3%	Para as manchas que ainda não secaram, ponha de molho em água fria por 30 minutos ou até a mancha sair. Em manchas secas, ponha de molho numa solução de pré-lavagem com enzimas e depois lave na máquina. Se a mancha não sair, lave a roupa com alvejante adequado ao tipo de tecido, com ou sem cloro ou à base de oxigênio. Para manchas em tecidos que não desbotam, pingue gotas de água oxigenada na área, até a mancha sair, e lave. [A água oxigenada é alvejante, então veja se o tecido não desbota.]
Transferência de tintura	Produto para remover cor	Use produtos comerciais de lavanderia para remover cor conforme as instruções para remover manchas de cor em roupas claras e de tecidos sintéticos.

Para tirar manchas na correria

Num conto de fadas, as manchas só ocorreriam na lavanderia, onde os meios para tirá-las estariam à mão. Na vida real, as manchas surgem no corre-corre: numa viagem, comendo fora ou longe de casa. Teste estas idéias para tirar manchas na correria:

- **Evite-as.** É óbvio que evitar manchas acaba com a necessidade de removê-las. Sempre que possível, coma sentada, em vez de engolir hambúrgueres pingando ao volante (e ficando vestida de ketchup o resto do dia). Ponha guardanapo no decote das crianças para absorver os inevitáveis respingos que ocorrem em restaurantes.
- **Leve um kit de emergência para manchas.** Seja numa viagem de carro, seja no percurso diário para o trabalho, deixe um kit de emergência para manchas no carro. Ponha algumas toalhas de papel dobradas num saco plástico, que possibilitarão secar o que derramar e absorver as manchas depois de molhá-las com água fria. Uma embalagem de toalhinhas próprias para remoção de manchas também pode ser útil.
- **Prepare-se para acidentes.** Leve um frasco de detergente líquido nas viagens ou uma embalagem de toalhinhas próprias para remoção de manchas, cuidando da mancha na hora. Numa emergência, tente usar o talco numa mancha gordurosa. Cubra a mancha com uma camada de talco e deixe repousar por, pelo menos, meia hora para o talco absorver a gordura. Retire o talco com uma flanela limpa e seca. Se a mancha ainda estiver lá, repita o procedimento até que ela desapareça.

Dicas que facilitam **na hora de passar roupa**

Utensílios: ferro, tábua, borrifador e goma. Tarefa: remover amassados das roupas. Objetivo: terminar logo a tarefa. Problema: desânimo para enfrentar a tábua de passar. A tarefa de passar roupa é agilizada quando se sabe o que passar e como fazê-lo. Experimente estas dicas na hora de passar roupa.

1 **Ajustes ao corpo**
Uma postura ergonômica adequada acelera a tarefa e previne dores nas costas. Ajuste a tábua de passar na altura dos quadris; ao segurar o ferro, seu cotovelo deve ficar dobrado num ângulo de 90 graus e seu ombro tem de se mover livremente.

2 **Limpeza do ferro**
Antes de ligar o ferro, verifique se não há resíduos acumulados no suporte dele. Remova-os antes de usar o ferro; a sujeira no suporte pode aderir ao ferro e ser transferida para a roupa limpa.

3 **Composição das roupas**
Leia as etiquetas das roupas e acerte a temperatura do ferro para as fibras do tecido. No caso de dúvida quanto à composição do tecido, opte por temperaturas mais baixas.

4 **Só roupas limpas**
Nunca passe roupas sujas ou manchadas. O calor do ferro fixa as manchas e o suor e intensifica os odores no tecido. Calor mais sujeira dá um péssimo resultado. Mantenha as roupas em bom estado, lavando-as antes de passar.

◄ **Escolha do ferro.** Os mais modernos oferecem segurança e facilidade no uso. Veja se tem desligamento automático, ajuste de temperatura, reservatório espaçoso de água e borrifador embutido.

5 Borrifador

Tenha à mão um borrifador cheio de água. Um rápido borrifo facilita alisar os amassados e acelera a tarefa de passar. Para um toque cheiroso, encha o frasco com água misturada a uma infusão de fragrâncias que não mancham. Informe-se a respeito em lojas de roupa de cama, mesa e banho.

6 Acompanhe a trama do tecido

Do mesmo modo como se lixa madeira, passe o ferro no sentido da trama, e não contra. Passar a trama na diagonal estica e enruga o tecido.

7 Passar com pano

Em alguns casos, o pano ajuda muito. Use um retângulo de algodão, de trama fechada, sempre colocado entre a roupa e o ferro, para evitar o brilho que ele pode provocar quando se passa do lado direito de tecidos delicados ou de lã.

8 Movimentos suaves

Mantenha o ferro sempre em movimento e a pressão, suave. Pressionar demais pode achatar as fibras e marcar áreas como os bolsos, enquanto um ferro muito lento pode amarelar ou queimar o tecido.

9 Não deixe amassar

Ao terminar de passar, pendure a roupa imediatamente. Roupa que acabou de ser passada fica vulnerável a se amassar nas primeiras horas. Deixe a roupa esfriar e secar completamente antes de guardá-la no armário ou na gaveta.

Livre-se de **passar roupa**

Ninguém gosta daquela pilha enorme de roupa para passar. Por isso, poupe-se da tarefa de passar roupa com estas sugestões:

- **De olho nas compras.** Quando comprar roupas, procure etiquetas que digam que o tecido "não precisa ser passado"; esta é uma chance de se libertar do ferro de passar.
- **Ponha a lavadora para ajudá-la.** Os ciclos especiais da máquina de lavar para roupas que não precisam ser passadas usam temperaturas frias no enxágüe, para deixar as roupas lisas. Então, trate de usá-los!
- **Sacuda bem a roupa.** Sacuda cada roupa antes de colocá-la na lavadora (e quanto já estiver lavada). Desenrole pernas de calças, desfaça os nós e laços dos cintos de robes e estique as meias-calças.
- **Atenção.** Secar demais as roupas na secadora encolhe as costuras e fixa os amassados. Pare a secadora quando a roupa estiver quase seca mas ainda não ficou quente. Roupas meio úmidas vão desamassar se forem penduradas, evitando o uso do ferro.
- **Roupa seca.** Remova imediatamente as roupas da secadora e pendure-as em seguida. Ao tirá-las, alise golas, decotes e punhos e estique as costuras para manter a aparência lisa.

TEMPERATURA DO FERRO DE PASSAR

Tecido	Acetato	Acrílico	Algodão	Lã	Linho	Náilon	Poliéster	Raiom	Seda
Temperatura do ferro	Fria	Fria	De média a alta, com vapor	Média, com vapor	De média a alta, com vapor	Baixa	De baixa a média	De baixa a média (avesso)	Baixa (avesso)

Superfícies e sistemas

escolha, cuide, limpe

As casas atuais são um prazer para os sentidos. Tapetes de cores vivas se destacam nos pisos de madeira lustrosa. Torneiras cromadas refletem o brilho das pias de louça e da bancada de granito. Almofadas macias contrastam com o couro liso dos estofados, e móveis de madeira têm lindos veios da madeira.

Embutidos, os sistemas da casa são recursos poderosos que nos mantêm refrescados no verão, aquecidos no inverno e fornecem água e energia o ano todo.

Nesta seção cuidaremos dos sistemas da casa e das superfícies: paredes e janelas, pisos e tetos. Descobriremos maneiras fáceis de manter as superfícies limpas e bem cuidadas. Veremos estratégias para preservar móveis e acessórios e para controlar e cuidar dos sistemas da casa.

Por fim, a segurança, com listas simples que tornam a casa um lugar seguro para morar. Um plano de emergência fará com que toda a família esteja preparada e informada em caso de incêndio, inundação ou desastre.

Como limpar paredes e papéis de parede

Suaves quando pintadas ou brilhantes quando revestidas com papel, as paredes emolduram a vida da casa. No dia-a-dia, surgem manchas e marcas de dedos (principalmente quando há crianças pequenas na família), prejudicando o aspecto de paredes e móveis. Pintadas ou revestidas com papel, mantenha as paredes limpas com estas sugestões de limpeza e manutenção.

Como limpar paredes pintadas

Limpar paredes pintadas é uma tarefa e tanto, então se prepare. Empurre os móveis para o centro do cômodo e cubra-os com lençóis velhos para protegê-los dos respingos de água com sabão. Evite lonas plásticas, pois elas não absorvem a água e ficam escorregadias quando molhadas. Para proteger suas mãos e lembrar onde ficam os quadros, cubra os pregos onde estavam pendurados com um pedacinho de esponja.

Reúna seus utensílios para limpar parede: espanador de lã, panos de limpeza brancos, esponja incolor (evite as coloridas, pois podem depositar pigmentos nas paredes claras) e dois baldes: um cheio com solução de limpeza *(ver abaixo)* e outro com água limpa. Luvas de borracha protegem as mãos. Não se esqueça de dobrar o punho das luvas para conter a água que escorre. Uma escada de mão facilita a limpeza das partes mais altas; utensílios com cabos compridos oferecem segurança no momento de limpar as paredes.

Tudo pronto. Num dos baldes, misture uma solução de limpeza para paredes. Para níveis normais de sujeira, experimente uma solução detergente suave, composta de:

- 4 litros de água quente, a qual você adiciona
- uma boa esguichada de detergente

◄ **Vá com calma.** Suavidade é a melhor maneira de limpar paredes e rodapés. Produtos pesados ou abrasivos, ou esfregar muito, podem danificar superfícies pintadas ou revestidas de papel.

Para paredes mais sujas, você precisará de uma solução alcalina mais forte. Mas faça um teste com qualquer produto, para garantir que ele não irá remover nem desbotar a tinta. Misture no balde os seguintes ingredientes:

- 4 litros de água quente
- 250 ml de amoníaco
- 250 ml de vinagre de vinho branco
- 250 g de bicarbonato de sódio

O segundo balde contém água limpa, a ser usada para enxaguar. Troque a água se ela começar a ficar muito turva enquanto estiver limpando.

Tire o pó. Poeira é sempre mais fácil de remover do que lama. Por isso, remova toda a poeira antes de molhar as paredes. Percorra o cômodo com um espanador de lã, limpando paredes e esquadrias, de cima para baixo. Leve o espanador para fora e gire-o entre as duas mãos para retirar o pó.

Outra opção é usar o aspirador de pó com a extensão do cano e a cabeça com escova (usada para estofados) para remover a poeira e as teias de aranha de paredes e batentes.

De baixo para cima. Respingos são inevitáveis na limpeza de paredes. Se escorrerem em superfícies secas e sujas, irão secar, criando manchas longas e finas. Evite isso lavando as paredes de baixo para cima. Pode até haver respingos nas áreas já limpas, mas basta uma rápida passada de esponja, e pronto. Mergulhe a esponja incolor no balde com a solução de limpeza e esfregue suavemente a parede, para não remover a tinta. Limpe áreas pequenas. Depois use a esponja para enxaguar com água limpa. Por fim absorva o resíduo de umidade com os panos de limpeza brancos.

Vá até o fim. Ao lavar uma parede, limpe-a por inteiro, de baixo até em cima. Se precisar de uma pausa, faça-a entre paredes, não no meio de uma. Interromper o serviço antes de terminar a parede inteira pode produzir "marcas de lavagem": um efeito ondulado criado pela lavagem em partes. Evite isso lavando a parede inteira numa só sessão, usando o mesmo tipo e a mesma intensidade de solução de limpeza.

Dicas para **limpar papel de parede**

As cores brilhantes e as texturas variadas dos papéis de parede embelezam a casa. Mas essas mesmas cores e texturas podem causar problemas na hora de limpar. Teste estas técnicas para trabalhar sem problemas:

- **Veja as orientações do fabricante.** Como os papéis de parede são diferentes, siga as recomendações do fabricante quanto aos métodos de limpeza adequados.
- **Tire bem o pó.** Use espanador de lã ou amarre um pano seco numa vassoura e tire o pó das paredes antes de lavá-las.
- **Papel de parede sem camada protetora.** Use uma esponja especial para limpeza a seco feita de látex para remover a sujeira da superfície sem usar água. Esfregue essa esponja de leve na superfície, em passadas grandes, para remover a sujeira.
- **Papel de parede lavável.** Use uma esponja incolor levemente umedecida com uma solução de água morna com um pouco de detergente. Antes de limpar, teste a solução num canto escondido para ter certeza de que ela não removerá o papel ou a proteção. Não esfregue com força nem deixe o papel muito molhado, para evitar danos. Use panos para absorver a umidade após a limpeza.
- **Marcas de dedos ou manchas.** Esfregue-as de leve com massa de borracha macia. Não pressione muito, para não danificar a área. Limpadores comerciais também podem ser usados para áreas pequenas.
- **Produtos a evitar.** Nunca use produtos de limpeza abrasivos – como saponáceo – no papel de parede. As partículas abrasivas que contêm podem arranhar a camada protetora do papel.

Cuidados com superfícies especiais

Pisos de mármore, bancadas azulejadas, lareiras de tijolos ou superfícies de granito dão um toque exclusivo a qualquer casa, mas requerem cuidados e métodos de limpeza especiais. Experimente estas dicas de manutenção.

Mármore

É uma pedra maleável, porosa e relativamente frágil. O mármore arranha facilmente, absorve manchas e precisa ser tratado com cuidado. Para a limpeza de rotina, varra e lustre com um pano levemente umedecido, para restaurar o brilho.

Quando for preciso fazer uma limpeza mais pesada, despeje um pouco de amoníaco num pano de limpeza, passe na superfície de mármore e seque com outro pano. Em seguida, use um lustrador comercial de mármore e restaure o brilho.

Nunca use limpadores abrasivos em superfícies de mármore; para reparar arranhões mais profundos, recorra a um profissional. Evite soluções de limpeza ácidas, tais como produtos com vinagre; o ácido corroi ou deixa foscas as superfícies brilhantes. Seladores de mármore comerciais ajudam a proteger o mármore do gasto e da abrasão; verifique com o fabricante qual a fórmula recomendada.

Cerâmica

A cerâmica pode ser ou não vitrificada. A vitrificada é firme, mas quebradiça e fácil de arranhar; já a superfície da cerâmica não-vitrificada pode absorver os produtos de limpeza. Por fim, a argamassa usada para fixar a cerâmica é porosa e retém umidade e bolor.

Para a limpeza normal da cerâmica vitrificada – azulejos brilhantes comumente usados em banheiros e cozinhas –, use um limpador não-abrasivo. Os limpadores de vidro dão um bom acabamento, mas evite os sprays comerciais muito coloridos, pois podem afetar a argamassa porosa.

Azulejos com sujeira pesada pedem armas de calibre maior: um saponáceo líquido ou um creme. Para uma bancada de cozinha muito manchada ou paredes encardidas de boxe, aplique uma pasta fina de água e saponáceo com cloro. Deixe agir por 15 minutos ou várias horas antes de removê-la. Enxágüe bem a área e seque-a com um pano.

Limpe pisos de cerâmica não-vitrificada com uma esponja natural levemente embebida numa solução de água e detergente ou limpador comercial específico para cerâmica.

Evite usar produtos de limpeza ácidos, como vinagre, em áreas com cerâmica. O ácido ataca a argamassa e a desfaz. Também não use palha de aço, que arranha essa cerâmica.

Tijolo

Feito de barro, o tijolo é poroso. E seus poros retêm sujeira e poeira. Passe regularmente o aspirador de pó, usando a extensão da mangueira e o acessório com escova para estofados para remover a sujeira de tijolos aparentes.

Granito

É resistente e durável, mas requer cuidados especiais para manter suas características de acabamento brilhante.

A prevenção é o segredo para cuidar de bancadas de granito. Enxugue respingos imediatamente, para evitar que se entranhem na superfície. Use porta-copos, pois o ácido de refrigerantes e sucos de fruta pode marcar ou embaçar as superfícies de granito. Limpe-o com uma solução de água morna e algumas gotas de detergente líquido. Use um pano umedecido com a solução e depois passe outro pano limpo embebido em água. Para desinfetar as superfícies da cozinha, há produtos para granito. Evite aqueles ácidos, como vinagre de vinho branco, que marcam ou deixam a superfície fosca.

Como limpar janelas

Para limpar janelas, nada supera o utensílio preferido de profissionais: o rodo de mão. Você também precisará de uma capa de pano para o rodo (ou um pano de limpeza preso com elásticos) e panos secos. Num balde grande, ponha sua solução preferida para limpeza de vidros.

1 Cubra o rodo com a capa de pano e mergulhe-o no balde. Depois, espalhe a solução de limpeza em toda a superfície da janela. Não se preocupe com os respingos, pois trataremos deles mais adiante.

2 Retire a capa de pano do rodo. De cima para baixo, passe o rodo na janela, removendo a solução de limpeza e a sujeira do vidro. Arremate cada passada fazendo com o rodo uma curva de baixo para cima.

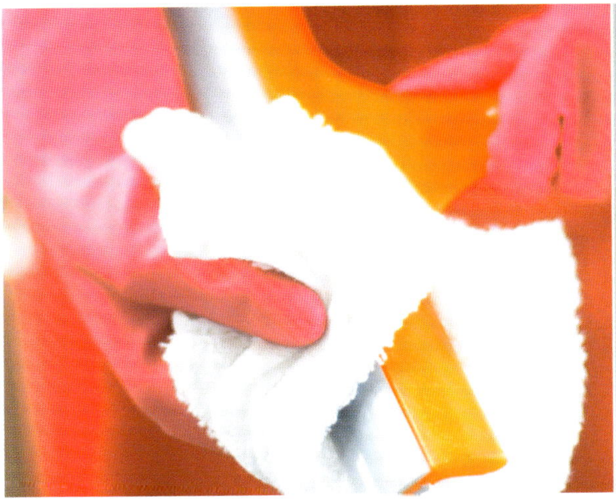

3 Enxugue o rodo após cada passada na janela com um pano de limpeza seco; não se esqueça de que você está indo de cima para baixo na janela. O rodo enxuto não produz respingos e evita que fiquem rastros de água.

4 Depois do rodo, use um pano no lado "molhado", a fim de enxugar a água acumulada. Passe para a esquadria e seque qualquer acúmulo de solução de limpeza. Termine passando um pano seco em toda a esquadria. Observe como ficou limpo.

Menos **trabalho**

O cuidado com o piso é como o capinar: um pouco de trabalho no momento certo evita que os problemas cresçam como um matagal. Uma rotina diária de limpeza remove o pó e a sujeira antes que grudem no piso. Mas deve-se diminuir o trabalho. Veja estas idéias para deixar o piso limpo, sem o trabalho de limpá-lo:

- **Capachos ajudam.** Colocados no lado de dentro e de fora das portas de entrada, os capachos retêm 80%-50% da sujeira vinda da rua. Prefira capachos com uma superfície áspera, que não ceda com facilidade, com base antiderrapante.
- **Sem sapato, mas de meia.** Vindos da rua, os sapatos trazem minúsculas partículas de pó e pedriscos que, presos à sola, raspam o piso a cada passo. Saltos altos deixam marcas em pisos de madeira e furam linóleo e a base do carpete. Pés descalços largam uma película de gordura da pele que atrai sujeira. Sugestão: use meias ou pantufas macias.

Solado macio: que cuida do piso

A sujeira no chão não apenas desagrada; é a principal causa do desgaste prematuro do piso. Poeira e pedriscos arranham o acabamento do piso, removem a cera e os revestimentos protetores, estragam as fibras e a base do carpete. Solução: rotinas diárias simples para mantê-lo limpo, o que evita trabalho pesado mais tarde.

Cuidados com o carpete

Quais são os três segredos para um carpete limpo e saudável? Passar sempre o aspirador, cuidar imediatamente de respingos e manchas e fazer uma limpeza anual profunda. Primeira regra da manutenção do carpete: aspirar com regularidade, mesmo que não pareça sujo. O aspirador age duplamente: combina a sucção, que aspira o pó solto, com a varredura, que abre as fibras e solta pó e resíduos. Nas áreas mais movimentadas da casa, uma passada de aspirador diária controla a sujeira; os cômodos menos usados, como quartos de hóspedes, requerem atenção semanal ou quinzenal. Veja como aspirar para obter o melhor resultado:

- **Inspecione a área a ser aspirada.** Remova todos os objetos pequenos que possam ser aspirados.
- **Verifique o aspirador.** Endireite a mangueira e esvazie o saco de pó, se necessário.
- **Ligue o aparelho.** Para proteger suas costas, dê passadas curtas com o aspirador, atravessando o cômodo. Sobreponha as passadas para cobrir o carpete de modo uniforme.
- **Alterne a direção.** Para uma limpeza melhor e para levantar as fibras do carpete, atravesse o cômodo em trajetos alternados. Após aspirar numa direção, vire 90 graus e passe o aspirador na perpendicular.
- **Termine nos rodapés e cantos de paredes.** Use uma extensão e uma ponta estreita para tirar o pó dessas áreas.

◄ **O carpete doméstico** tem uma bela aparência na superfície, mas ao longo da vida retém pó, sujeira, pele morta e pêlos de animais. Por isso, é essencial aspirá-lo com regularidade.

Respingos e manchas

Rapidez é essencial na remoção de respingos e manchas do carpete. Quanto mais tempo a mancha ficar, mais probabilidade ela terá de penetrar pela base do carpete e se acumular no forro.

Respingos e manchas de líquidos:

- **Absorva os respingos líquidos.** Use panos brancos secos ou toalhas de papel brancas para evitar a transferência de cores. Continue pressionando suavemente, até não ser mais possível absorver o líquido.
- **Não esfregue** nem escove a mancha.
- **Aplique um tira-manchas apropriado para carpete.** Faça um teste num local discreto antes de usar.

Para manchas sólidas ou semi-sólidas:

- **Use uma colher ou uma espátula** para remover o máximo do material que caiu. Não use facas, mesmo cegas, pois podem danificar as fibras do carpete.
- **Deixe a mancha secar** e escove-a suavemente para soltá-la das fibras. Use o aspirador para limpar o máximo que puder.
- **Se ainda restar alguma mancha,** use um tira-manchas apropriado.

Limpeza profunda. O carpete se mantém bonito por mais tempo se, anualmente, receber uma limpeza profunda. Mas esse é um serviço que compensa deixar para profissionais. Você até pode fazer a tarefa por conta própria, se souber como, mas é um trabalho pesado para o qual os métodos e as máquinas caseiras ainda não se equiparam ao poder de limpeza de que dispõem os profissionais. Contudo, se você tiver de fazer uma limpeza profunda, tome estas precauções:

- **Conheça seu carpete.** Tenha certeza de que domina o método de limpeza recomendado pelo fabricante.
- **Prefira vaporizadores.** Ao comprar ou alugar um limpador de carpete, opte por um vaporizador. Os aparelhos mais antigos aplicavam uma solução detergente por meio de mecanismos giratórios que às vezes encharcavam o carpete. A película de detergente resultante era difícil de remover.
- **Primeiro, o aspirador.** Pó mais água é igual a lama, que é praticamente impossível de remover. Antes de limpar o carpete, aspire para remover o máximo possível de pó.
- **Compre os produtos de limpeza certos.** Escolha um produto especificamente elaborado para a limpeza de carpetes domésticos. Siga as instruções da embalagem.
- **Pré-lavagem.** Use um produto de pré-remoção de sujeira pesada nas áreas mais movimentadas, antes de limpar.
- **Serviço seco.** Carpetes encharcados não ficam mais limpos, só mais molhados. Após a limpeza, dê uma segunda passada seca sobre o carpete para remover o máximo de umidade. Até estar totalmente seco, não permita que pisem no carpete limpo.

Pisos resistentes

Como no caso do carpete, a limpeza rotineira é a melhor maneira de manter a beleza dos pisos. Uma passada diária de vassoura, esfregão ou aspirador remove pó e pedriscos, abrasivos para o piso. Estabelecer a política de "sem sapatos" e usar capacho nas entradas são modos de evitar que a poeira da rua entre em sua casa e se espalhe no chão.

Quando é hora de limpar, faça-o sem exageros. Os pisos ficam mais bonitos quando bem limpos, mas o acúmulo de detergente pode acabar criando uma película que os deixa foscos, o que atrai e retém mais sujeira. Veja as sugestões a seguir para manter pisos limpos e bonitos.

Pisos de vinil e linóleo. Varra, passe o esfregão ou o aspirador diariamente nos pisos de linóleo para remover a sujeira da superfície. Use o esfregão molhado em água limpa para remover o pó e restaurar o brilho. Quando o piso estiver mais sujo, passe primeiro o aspirador e depois use o esfregão molhado com uma solução de 1-2 colheres (sopa) de detergente líquido em 4 litros de água morna. Enxágüe com água limpa. Em seguida, seque com panos brancos. Se houver depressões no piso, use uma esponja de limpeza para remover a sujeira dessas áreas; enxágüe com água.

Pisos de madeira. São suscetíveis à abrasão, ficam facilmente marcados e podem ser danificados por umidade ou métodos de limpeza incorretos. Remova o pó e a sujeira dos pisos de madeira diariamente, de preferência com um esfregão para pó de cabeça grande. Outra opção é passar o aspirador, mas tome cuidado para evitar arranhões. Quando necessário, use o esfregão levemente umedecido para remover a sujeira. Evite respingos ou poças d'água; o esfregão deve ser torcido até ficar quase seco antes de ser posto no piso. Uma solução de vinagre branco e água intensifica o poder de limpeza quando houver sujeira mais resistente.

Uma limpeza mais pesada vai exigir um produto de limpeza com fórmula apropriada ao acabamento do piso.

Pisos de cerâmica. Mantenha os pisos de cerâmica bem bonitos varrendo ou passando o aspirador de pó diariamente para remover a sujeira.

Uma vez por semana, passe o esfregão molhado com uma solução de 2 colheres (sopa) de detergente líquido em 4 litros de água morna. Use uma escova de dentes para esfregar manchas ou sujeira grudada. Enxágüe. Seque com pano limpo para remover toda a água. Nunca aplique cera em pisos de cerâmica; pode ser difícil de remover, facilita escorregões e interfere com a argamassa do rejunte.

Não use alvejante para limpar a argamassa manchada. Evite limpadores com tintura. Para recomendações sobre como limpar a argamassa manchada, veja as páginas 192-193.

▶ **Pisos cerâmicos são firmes,** mas quebradiços. Varra diariamente e passe esfregão/pano úmido uma vez por semana.

Como cuidar da mobília

Móveis de madeira de qualidade são objetos muito valorizados em qualquer casa. Se forem bem cuidados, podem durar por gerações. Os estofados nos oferecem conforto, cor e textura. Mantidos de forma adequada, têm longa durabilidade.

Cuidar de móveis de couro

Estofados de couro podem durar muitos anos se tratados adequadamente. Siga estas dicas para cuidar bem dos móveis de couro:

- **Mantenha-os longe do calor e da luz.** O móvel de couro é muito sensível a danos provocados pelo calor e pelo sol. Deixe-o longe de janelas e fontes de calor, como lareira, aquecedores ou ar-condicionado.
- **Couro cru.** Deve-se tirar o pó com freqüência de móveis feitos com couro cru. Uma massa macia de borracha remove algumas manchas e resíduos sem problemas, mas não use cremes, condicionadores nem sabão para sela em couro cru, pois tais produtos podem alterar sua cor e aparência.
- **Couro tratado.** Verifique os métodos de limpeza recomendados pelo fabricante. Passe o aspirador regularmente para remover a sujeira da superfície. Condicionadores ou cremes para couro em geral podem ser usados uma ou duas vezes por ano. Teste os limpadores num local discreto antes de usar.
- **Evite produtos impróprios.** Nunca use óleo, lustra-móveis ou tira-manchas comuns em móveis de couro.

Mobília de madeira de qualidade

Cuide de sua mobília com estas recomendações:

- **Evite calor e luz.** Em estado natural, a madeira contém uma surpreendente quantidade de umidade. Manter os níveis adequados de umidade é o segredo para preservar móveis. Por isso, deixe-os longe de janelas e fontes de calor, como lareiras, aquecedores ou ar-condicionado. Não guarde móveis de madeira em depósitos, onde a temperatura e o nível de umidade variam muito do verão ao inverno e do dia para a noite. Evite colocar esses móveis em áreas onde recebam luz direta do sol, que clareia a madeira; use cortinas ou persianas nas janelas para evitar a entrada do sol.
- **Proteja contra estragos.** O dia-a-dia maltrata a mobília de madeira. A umidade dos copos de bebida deixa anéis nos tampos, e o calor de um prato quente marca a madeira onde está apoiado. Coloque porta-copos com base de cortiça ou feltro ao usar copos ou canecas, e sempre use descansos sob travessas quentes. Jogos americanos, toalhas de mesa ou forros protegem a mesa de jantar de respingos e manchas.
- **Limpeza cuidadosa.** Tire sempre o pó *(ver pág. 171)*. Às vezes, os móveis de madeira pedem uma limpeza mais profunda. Tire as manchas de gordura ou a película que a fumaça de cigarros deixa com lustra-móveis, seguindo as instruções no frasco. Aplique um pouco do produto numa flanela limpa e passe suavemente no móvel, acompanhando o veio da madeira. Se o lustra-móveis deixar algum resíduo oleoso (como em móveis laqueados), retire-o com uma flanela limpa.

Nota: procure orientação profissional se a madeira estiver em mau estado ou o móvel for uma antiguidade.

Cera ou polidor? Tanto a cera como o polidor podem ser aplicados na mobília de madeira para proteger a superfície, mas você tem de escolher entre um e outro. Não tente misturá-los, pois o resultado é uma pasta viscosa. Escolha o produto mais adequado ao acabamento do móvel e siga as recomendações do fabricante.

Qual escolher? A cera é semi-sólida; aplicá-la dá trabalho, mas ela cria uma proteção muito durável. O polidor, mais fácil de aplicar, é à base de destilados de petróleo, que logo evaporam. Muita gente o usa em excesso para restaurar o brilho. Camadas de polidor se acumulam e, combinadas à sujeira e à gordura da pele, formam uma película fosca na superfície. Se optar pelo polidor, use-o com parcimônia.

O mesmo se aplica aos sprays para móveis. Eles contêm silicone, que é inerte e não evapora como o polidor. Use-os com parcimônia e passe um pano limpo na área borrifada. Lustre de novo com o pano para aumentar o brilho.

Aplique a cera ou o polidor a cada seis meses, mais ou menos; passe antes lustra-móveis, se necessário *(ver Limpeza cuidadosa, pág. ao lado)*. Siga as instruções da embalagem; tenha à mão muitos panos de limpeza.

Nota: procure orientação profissional se o móvel for uma antiguidade ou se a madeira estiver em mau estado.

▲ **A cera dá brilho** e fornece a melhor proteção contra arranhões e danos. Permanece no móvel por mais tempo que o polidor e requer manutenção com menos freqüência.

Móveis estofados

O pó e a sujeira são como uma lixa nos estofados; por isso, remova-os sempre. Passe o aspirador toda semana; levante as almofadas e use o acessório próprio para migalhas. Mantenha os estofados com aspecto de novos seguindo estas sugestões:

- **Altere a posição.** Os seres humanos "marcam território", e a maioria gravita em torno de seu lugar favorito. Mas, se é o mesmo local todo dia, essa preferência fica notável. Troque as almofadas de lugar, regularmente, fazendo um rodízio nos móveis que têm mais de uma. Mude a mobília de lugar, uma ou duas vezes por ano, para ter uso mais uniforme. Troque a posição de uma poltrona com a de um sofá ou mude a disposição das poltronas conforme a estação.
- **Capas para braços e encostos.** Os locais que têm contato direto com a pele ou os cabelos (braços e almofadas de sofás e poltronas, além de encostos) estão sujeitos a mais abrasão e sujeira. Proteja-os com capas de encaixar. Se forem feitas do mesmo tecido do estofado, ficam praticamente invisíveis e protegem o tecido do desgaste.
- **Capas de estofados.** Em áreas em que o verão é quente, utilize capas laváveis para os estofados. Instaladas nos móveis durante os períodos mais quentes, as capas protegem contra suor, protetor solar e outros riscos do verão.
- **Impermeabilizantes.** Protetores de tecido em spray revestem as fibras e protegem os estofados de respingos e manchas. Os protetores podem ser aplicados pelo fabricante do móvel, pelas lojas de móveis ou em casa, com produtos comerciais. Se você aplicar o protetor, leia as instruções do produto e siga cuidadosamente as orientações de segurança.

Poeira **nos móveis**

A poeira está por toda parte e não deve formar camadas sobre móveis de madeira. Mantenha-os brilhando com estas dicas:

- **Limpeza cuidadosa.** Tire o pó da mobília de madeira com um espanador de lã ou um pano de limpeza de algodão branco levemente úmido. Panos de microfibra são ótimos para remover as partículas menores de pó e sujeira. Evite os espanadores de penas, pois uma pena quebrada risca e danifica a superfície.
- **Pano úmido.** Tirar o pó com um pano seco pode arranhar a superfície; portanto, borrife levemente o pano com água, um limpador suave ou um lustra-móveis. Não borrife diretamente, pois o excesso de limpador pode deixar uma película difícil de remover. Siga os veios da madeira para não prejudicá-los.
- **Limpe sempre.** A limpeza freqüente remove a sujeira antes que ela possa fixar-se. A limpeza regular evita que uma película gordurosa de sujeira se acumule nos móveis.

Cuidados com camas e colchões

Uma boa noite de sono começa por uma boa cama. Qual é o estado da sua? Como passamos cerca de um terço da vida dormindo, a cama e o colchão merecem ser bem tratados. Seja repleta de almofadas ou austera, a cama e as roupas de cama ficarão em excelente estado com as sugestões a seguir.

A Princesa e a Ervilha e os colchões

O conto de fadas *A Princesa e a Ervilha* mostra a delicadeza de uma princesa de verdade quanto ao hábito de dormir. Mantenha as camas de seu castelo em excelente forma com estas sugestões para o cuidado com os colchões:

- **Encaixe-o direito.** Do mesmo modo que nosso corpo precisa do apoio de um bom colchão, este também precisa estar bem instalado. Compre colchão e cama juntos para garantir que as duas peças se harmonizem. Verifique o estrado; colchões grandes (queen ou king-size) requerem reforço no centro ou ripas que atravessem a largura de ponta a ponta.
- **Faça uma virada sazonal.** A menos que o fabricante não recomende, inverta a posição do colchão quando as estações mudam. Para fazer a virada, levante o colchão, gire o lado da cabeceira para o pé da cama e encaixe-o de novo. A mudança da posição ajuda a evitar a formação de afundamentos causados pelo peso do mesmo corpo, no mesmo lugar, todas as noites.
- **Vire de lado.** Alguns colchões também devem ser virados de lado quando as estações mudam. Embora colchões com lados próprios para as estações não devam ser virados, os outros se desgastam menos quando a superfície que ficou para baixo é posta para cima. Verifique quais são as recomendações específicas do fabricante para o seu modelo.
- **Proíba os pulos.** Crianças adoram ficar pulando em cima da cama, mas os colchões não resistem a esse hábito. Faça os ginastas infantis desistirem. Pular na cama pode danificar o colchão e a cama, quebrando o estrado.
- **Use proteção.** Sonhar com os anjos é a meta, mas acidentes acontecem. Proteja os colchões com um forro ou uma capa. Essa proteção absorve a umidade e outros fluidos, impedindo que atinjam o colchão.
- **Aspire.** Passar regularmente o aspirador de pó mantém o colchão limpo e arejado. Tire toda a roupa de cama e use o acessório para estofados para aspirar a superfície e as laterais do colchão. Passar o aspirador remove o pó, os resíduos de pele e os ácaros que se alimentam deles. Use o aspirador também dos dois lados quando fizer a mudança sazonal.
- **Limpe as manchas.** Se aparecer uma mancha, remova-a com detergente para estofados, seguindo as instruções. Outra opção, recomendada pelos fabricantes para uso em colchões, é a chamada "espuma seca". Para criá-la, ponha 125 ml de detergente líquido no liquidificador. Ligue-o e adicione algumas colheres (chá) de água, uma por vez. O copo do liquidificador logo se enche de espuma. Retire a camada superior de espuma, ponha numa tigela e leve-a até o colchão. Esfregue de leve a mancha com a espuma, usando uma esponja ou uma escova macia, com cuidado para não molhar o enchimento do colchão. Deixe-o exposto até secar completamente antes de recolocar a roupa de cama.

> "Mudar a posição dos colchões evita a formação de afundamentos."

Controle dos alérgenos no quarto

Dividimos o quarto com bem mais do que animais de estimação e ursinhos de pelúcia. Carpete, cortinas e colchão juntam pó e resíduos da pele, o que oferece excelente hábitat para ácaros. Presentes em qualquer lugar onde há seres humanos, umidade e temperaturas aprazíveis, os ácaros constituem a principal causa de alergias numa casa. E são as fezes deles e seus corpos mortos que causam essas reações. Os ácaros se alimentam dos resíduos de epiderme morta, o que torna a roupa de cama e os colchões um paraíso para eles.

Com o passar dos anos, eles se multiplicam no interior dos colchões, a ponto de se estimar que 50% do peso de um colchão de dez anos é composto de ácaros e seus resíduos. Se membros da família acordam com olhos inchados e nariz escorrendo, está na hora de controlar os alérgenos no dormitório. Defenda-se dos ácaros, da poeira e do pólen com estas sugestões:

- **Cubra os colchões.** Use capas projetadas para formar uma barreira entre os ácaros e o colchão.
- **Substitua acessórios.** Travesseiros, edredons e outros itens devem ser feitos de fibras sintéticas. Enfie os travesseiros em capas para maior proteção.
- **Limpe bem e com freqüência.** A limpeza regular é a melhor defesa contra alérgenos e ácaros.
- **Isole o cachorro do quarto.** Ponha animais domésticos para dormir longe dos quartos se houver alérgicos em casa. Bichos de estimação costumam ser fontes de alérgenos, e as células mortas que se soltam do pêlo e da pele deles também aumentam a população de ácaros. Isole o cachorro do quarto à noite, o que ajuda a evitar problemas.
- **Baixe o nível de umidade.** Os ácaros morrem quando há umidade insuficiente no ar. Em climas úmidos, use desumidificadores na casa toda, a fim de conseguir que a umidade fique entre 30% e 50%.
- **Mantenha o frio.** Ácaros gostam de ambientes quentes; mantenha a temperatura mais baixa nos quartos.

▶ **Limpo e ventilado.** Uma enorme quantidade de partículas de pó e sujeira atravessa lençóis e forros. Aspire o colchão com regularidade para reduzir os alérgenos e garantir um sono tranqüilo.

- **Faça uma limpeza sazonal.** Como os ácaros proliferam mais no clima quente e úmido, aproveite o tempo seco para limpar a casa. Passar o aspirador e tirar o pó remove os ácaros, impedindo que se reproduzam quando chover.
- **Dê adeus ao ursinho de pelúcia.** Bichos de pelúcia são reconfortantes para crianças de todas as idades, mas abrigam ácaros do mesmo modo que os colchões. Substitua-os por modelos de plástico para um sono mais saudável.
- **Lave roupas de cama com freqüência** em água quente. É preciso uma temperatura de 130 °C para matar os ácaros, que sobrevivem à lavagem em água fria. Lave lençóis e fronhas semanalmente e ponha na lavadora travesseiros, edredons e cobertores todo mês ou a cada seis semanas.
- **Livre-se das plantas.** Embora sejam lindas, as plantas trazem pólen, insetos, pó e micróbios para o quarto. A fim de repousar melhor, restrinja-as a outros cômodos.

Ar quente ou frio: **sistemas de ar-condicionado**

Os sistemas de aquecimento e resfriamento são importantes para quem mora em regiões sujeitas a temperaturas extremas, como o norte ou o sul do país. Cuide bem deles para que continuem a produzir ar quente ou ar frio. Sua conta de luz e o conforto da família dependem desse cuidado e da manutenção adequada.

Segurança **para lareiras**

O uso inadequado da lareira pode formar creosoto – película altamente combustível que se deposita na chaminé durante o uso. O acúmulo de creosoto cria um risco de incêndio na chaminé. Use estas dicas para ter uma lareira segura e para reduzir os riscos:

- **Queime apenas madeira seca.** Madeira "verde" contém umidade, que facilita a criação do creosoto. Deixe a madeira secar por pelo menos seis meses antes de pô-la no fogo.
- **Evite queimar lixo.** Não coloque jornais, papel de presente, caixas de papelão, árvores de Natal ou qualquer outro lixo para queimar na lareira.
- **Faça fogos concentrados.** Queimam por inteiro, diferentemente dos fogos espalhados, nos quais a temperatura mais baixa retarda a liberação da fumaça e forma mais creosoto.
- **Garanta boa circulação de ar no fogo.** Fechar demais as portas do fogão ou da lareira retarda a liberação da fumaça e torna mais provável a formação de creosoto.
- **Inspecione e limpe.** Sempre chame profissionais para inspecionar e limpar a chaminé – pelo menos uma vez por ano.

Adote estas rotinas de manutenção ao cotidiano da casa para manter os sistemas de ar-condicionado funcionando direito:

- **Segurança, confiabilidade e eficiência.** Se você tem aquecimento central a gás, saiba com certeza como fechar o gás no medidor. Se sentir cheiro de gás ou suspeitar que há vazamento, abra portas e janelas, feche o gás no medidor e chame o serviço de emergência da companhia de gás. Não acione interruptores de luz nem qualquer outro item elétrico, incluindo campainhas. Não fume nem acenda fósforos.
- **Troque os filtros.** Se tiver um sistema de ar-condicionado, verifique sempre se os filtros não estão entupidos. Se estiverem, haverá redução do fluxo de ar, fazendo o aparelho funcionar mais e por mais tempo, o que consome mais energia e causa desgaste prematuro. Consulte o manual do aparelho e troque os filtros de ar descartáveis. Trocados mensalmente, eles limpam o ar, retêm pó, esporos de mofo e pólen, impedindo que se depositem.
- **Mantenha os compressores desobstruídos.** Os sistemas de ar-condicionado central dependem de compressores instalados do lado de fora para trocar o ar quente pelo frio. Para fazer o serviço, essas unidades precisam estar com a área em volta deles desobstruída. A cada primavera e outono, verifique a área em volta dos compressores. Corte ou pode os arbustos e plantas em volta deles. Remova folhas e outros resíduos da base da unidade.
- **Agende assistência técnica.** Os sistemas de aquecimento e ar-condicionado requerem manutenção profissional regular. Não espere a primeira noite fria ou o primeiro dia quente. Agende vistorias antes que o tempo mude. Você terá toda a

atenção do técnico, se ele não estiver correndo para atender chamadas de emergência após a primeira onda de calor. Aquecedores a gás ou a óleo devem ter uma visita anual de manutenção de um engenheiro qualificado, que revisará o sistema e aconselhará sobre o uso eficiente. Aparelhos a gás podem até matar. Por isso, convém instalar detectores de monóxido de carbono nos cômodos em que há aparelhos a gás e checá-los regularmente. Com a manutenção em dia, tudo funciona bem.

■ **Peça conselhos.** Quando o profissional estiver na sua casa, aproveite para pedir conselhos sobre os sistemas de aquecimento e condicionamento de ar. A maioria dos técnicos terá prazer de dar sugestões sobre o funcionamento eficiente.

■ **Sintonize o termostato.** Se sua casa tiver um termostato programável, faça a temperatura ficar mais baixa de madrugada e durante o dia, quando a família está fora. Mantenha a temperatura constante para mais conforto e economia de energia.

Calor do fogo

Quem resiste ao encanto de uma lareira crepitante? Saiba como usá-la com segurança seguindo estas dicas:

■ **Fogões a lenha.** Há fogões a lenha que podem ser instalados isoladamente e há os projetados para ser instalados em lareiras já existentes. Eles aumentam a eficiência energética quando se queima lenha como fonte de calor. Faça com que o fogão a lenha seja instalado corretamente, e use-o de acordo com as instruções. Você precisará saber como alimentá-lo com lenha da maneira certa, como remover as cinzas e como limpá-lo. O manual, o fabricante ou o instalador deve fornecer instruções para o uso eficiente e seguro.

■ **Descarte as cinzas.** As cinzas produzidas em fogões e lareiras podem dar a impressão de estar apagadas. Porém, muitos incêndios domésticos começam porque as cinzas foram jogadas fora sem cuidado. As cinzas mantêm por muitos dias a capacidade de entrar de novo em combustão. Então, muito cuidado ao jogá-las fora. Ao limpar a lareira, ponha as cinzas num recipiente de metal com tampa, umedeça-as e tampe. Nunca ponha as cinzas da lareira em sacos de papel. Use vassoura e pá para remover as cinzas da lareira – jamais use o aspirador de pó. Mantenha as cinzas recolhidas no recipiente de metal, bem tampado, por no mínimo quatro dias.

“Mantenha a temperatura constante para mais conforto e economia de energia.”

Ao procurar um lugar para jogar as cinzas, evite áreas com árvores. Se for despejá-las no jardim ou num canteiro, não deixe de remover todas as folhas e galhos secos da área, e escolha um local bem longe de cercas ou móveis de madeira. Misturar as cinzas com a camada de terra dos canteiros diminui o perigo e beneficia as plantas.

◄ **Conheça seus sistemas.** Uma pane não é o momento adequado para conhecer o sistema de aquecimento ou de condicionamento de ar. Saiba como funciona antes de ter problemas.

Dicas de manutenção do encanamento

Canos existem desde o tempo dos romanos, mas as casas atuais podem ter suprimento de água quente e fria à vontade, graças aos modernos sistemas de encanamento. Os princípios são simples: pressão e registros. Se eles falharem, a casa pode ficar um caos. Por isso, aja com presteza para evitar problemas maiores.

Chefes de família inteligentes sabem localizar e resolver pequenos problemas de encanamento antes que aumentem. Ajude seu encanamento seguindo estas sugestões:

- **Atenção para os problemas.** Pequenos vazamentos podem se tornar grandes problemas. Fique alerta para os sinais de defeitos no encanamento: torneiras pingando, paredes e/ou armários úmidos, descargas soltas ou geladeira com água vazando são sinais de problemas que exigem ação imediata.

"Pequenos vazamentos podem se tornar grandes problemas."

- **Resolva logo os problemas.** Uma torneira que pinga não é só um aborrecimento; a umidade que acarreta pode danificar a pia e alimentar o bolor. Resolva logo os problemas para manter a casa seca e limpa.
- **Saiba aonde ir quando o problema ocorre.** Se acontecer um defeito no encanamento, você sabe o que fazer para impedir que a casa se inunde? Onde está localizado o registro geral?. Se estiver instalado dentro de casa, pode estar embaixo da pia da cozinha, mas, se ficar num lugar escuro, escondido ou difícil de alcançar, mantenha sempre uma lanterna por perto. Outra localização possível do registro é a externa, sob uma cobertura no jardim ou na entrada principal de água.
- **Como fechar registros individuais.** Saiba como fechar a água que vai para pias, privadas, lavadora e outros aparelhos que utilizam água, como o *dispenser* de água na porta da geladeira. Se derem problema, será de grande ajuda saber qual é o registro certo a ser fechado.
- **Aprenda a resolver pequenos problemas.** Com poucas ferramentas e algum conhecimento, somos capazes de lidar com pequenas emergências hidráulicas. Se sua caixa de ferramentas tiver um desentupidor e uma chave inglesa, você poderá resolver probleminhas, como ralos ou privadas entupidas, registros emperrados e torneiras pingando. Lojas e livros de faça-você-mesmo, que dão noções sobre o assunto, compensam a despesa na hora de chamar o encanador.

Encanamento nos locais de clima frio

Onde o inverno é muito frio o congelamento dos canos cria emergências. A água congelada se expande e racha os canos; ao descongelar, a água vaza pelas rachaduras. Para este e outros tipos de emergência, veja estas dicas:

- **Previna o congelamento antes que aconteça.** O melhor é fazer isolamento. Isole os canos aparentes no forro ou na garagem com espuma própria, fácil de usar. Antes que o inverno chegue, recolha mangueiras e feche torneiras externas.
- **Quando a temperatura cair muito, entre em ação.** Abra o armário embaixo da pia; o ar mais quente da casa ajudará a evitar que os canos dentro dele congelem. Deixar as torneiras pingando dá continuidade ao fluxo de água e evita que os canos entupam por congelamento.

■ **Se os canos congelarem, não entre em pânico.** Primeiro, feche o registro geral da casa. Depois, abra uma torneira perto da área bloqueada para liberar a pressão da água congelada. Se você suspeita que os canos de água quente congelaram, desligue o aquecedor para evitar uma explosão. Use bolsas de água quente ou o secador de cabelos para aquecer o cano congelado (nunca use uma chama para descongelar um cano), começando pelo lado do cano mais próximo à torneira. Você saberá que o cano começou a descongelar quando a água passar a pingar da torneira aberta. Quando o fluxo estiver normal, verifique cuidadosamente se há rachaduras e vazamentos. Chame o encanador se não resolver o problema.

■ **Se um cano estourar, não entre em pânico.** Feche todos os registros da casa e, se isso não controlar imediatamente o fluxo de água, abra todas as torneiras de água fria para esvaziar mais rápido todo o encanamento. Não abra as torneiras de água quente. Todos os sistemas de aquecimento devem ser desligados. Chame o encanador o mais depressa possível.

> "Com poucas ferramentas e algum conhecimento, somos capazes de lidar com pequenas emergências hidráulicas."

Reuso da água

É possível ter um sistema de reaproveitamento ou reuso da água doméstica com um projeto simples. Isso é bom para o meio ambiente e ajuda a economizar na conta de água. Mas só serve para quem mora em casa. Talvez daqui a algum tempo os prédios de apartamento passem a ter um sistema semelhante, o que, além de ser ecologicamente correto, deixaria o condomínio mais barato.

As chamadas "águas servidas limpas", isto é, as das pias (cozinha e banheiros), do tanque, da máquina de lavar roupa e do chuveiro são conduzidas para uma caixa separada da caixa de água tratada. Ali ela é distribuída pelos encanamentos que levam às descargas de privadas e para regar o solo de cultivo de plantas decorativas – para a horta não serve. O desperdício de água é maior no banheiro, onde só a descarga de uma privada chega a gastar até 30 litros de cada vez.

Já existe um tipo de torneira de pia de banheiro cujo fluxo de água dura apenas 30 segundos. Nada de ficar escovando os dentes com a torneira aberta, por exemplo. E 30 segundos são mais que suficientes para ensaboar e enxaguar as mãos. E, se não forem, basta acionar a torneira uma segunda vez para o enxágüe perfeito.

▲ **Limpo e corrente.** Os sistemas hidráulicos são relativamente simples. Assim, não se intimide com pequenos consertos. Manutenções de rotina e consertos fáceis mantêm o fluxo de água.

Energia dentro de casa: **eletricidade com segurança**

A energia elétrica que há na casa toda é um verdadeiro milagre. A fiação de sua casa mantém as luzes acesas e tudo funcionando. No entanto, a luz tem seu preço. Encare a eletricidade com respeito. Conheça estas rotinas simples de segurança e faça regularmente a manutenção do sistema elétrico.

Siga estas orientações para manter em ordem o sistema elétrico de sua casa, com as luzes acesas e a energia fluindo:

- **Fique alerta para problemas.** Fique de olho nos indícios de perigos elétricos. Uma lâmpada piscando ou um cabo de extensão dobrado podem causar curto-circuito ou, pior ainda, incêndio. Esteja atenta para fios desencapados, tomadas ou soquetes quentes ou choques ao tocar num aparelho elétrico.
- **Conserte logo.** Se um eletrodoméstico parece estar com problemas, retire-o de uso até ser consertado. Não transfira o perigo para os outros doando ou vendendo o aparelho. Conserte-o, se for possível; se não, jogue-o fora ou doe-o como material reciclável, para que todos fiquem em segurança.
- **Conheça a caixa de luz.** A maioria das casas tem uma caixa de luz, que controla a distribuição de energia para todas as áreas da casa. Na caixa de luz, você pode cortar a energia de cada área ou de todas.
- **Familiarize-se com a caixa de luz.** Se usar fusíveis, mantenha-os em estoque para substituições, em caso de emergência. Trabalhe em equipe com outro membro da família para etiquetar cada circuito; as etiquetas facilitarão o corte de energia no lugar certo se ocorrer uma emergência.
- **Teste os disjuntores mensalmente.** Os disjuntores são dispositivos instalados na caixa de luz que detectam flutuações na corrente elétrica quando há sobrecarga. Eles se desligam automaticamente para evitar curto-circuito. Os disjuntores dispõem de botões que permitem religar o circuito desligado. O botão T, de "teste", permite testá-los. Faça um teste uma vez por mês – e depois de qualquer tempestade – para ter certeza de que a proteção que oferecem está funcionando. Substitua-os caso não funcionem.

Use a eletricidade com segurança

Previna-se contra choques e problemas no sistema elétrico observando estas regras de segurança:

- **Água e eletricidade.** Não use secadores de cabelos nem qualquer outro equipamento elétrico no banheiro; mantenha todos os eletrodomésticos longe da água.
- **Tome precauções.** Tire da tomada aparelhos elétricos antes de limpá-los e nunca carregue um aparelho pequeno pelo fio.
- **Evite sobrecargas.** Não sobrecarregue as tomadas com vários plugues. Evite o uso de benjamins, e, se um plugue ou um fio estiver quente, desligue-o imediatamente. Uma extensão com várias tomadas é melhor que um benjamim direto na tomada. Não ligue extensões umas nas outras.
- **Evite riscos para as extensões.** Não passe extensões sob tapetes ou carpetes, ou atravessando a soleira da porta. Fica fácil tropeçar nelas e pode-se estragá-las.
- **Examine cobertores elétricos.** Eles são uma causa comum de incêndios. Faça uma revisão a cada três anos.
- **Crianças em segurança.** Em casas com crianças pequenas, instale plugues protetores nas tomadas.
- **Verifique as lâmpadas.** Só use lâmpadas com a potência de watts recomendada para a luminária. Se você usar uma mais forte, haverá superaquecimento e risco de incêndio. Rosqueie bem as lâmpadas, já que, soltas, também podem causar superaquecimento.

Lista de manutenção dos sistemas da casa

Os sistemas da casa trabalham para nos manter seguros e confortáveis. Mantenha-os funcionando bem com esta lista de manutenção *(ver também págs. 174-175).*

A cada mês:

- Verifique se há vazamentos ou infiltrações de água em banheiros, cozinha e área de serviço. Se a geladeira tiver um *dispenser* de água, verifique-o também.
- Se você tem um sistema de ar-condicionado, troque os filtros. Limpe as áreas de filtragem segundo as recomendações do fabricante.
- Teste os detectores de fumaça.
- Teste os sistemas de alarme seguindo as instruções do serviço de monitoramento.

A cada 3 meses:

- Faça um inventário dos suprimentos de primeiros socorros. Reponha o que estiver faltando. *(Veja a pág. 181 e imprima a lista de primeiros socorros de OrganizedHome.com.)*
- Faça um treinamento com a família para o caso de incêndio e repasse com todos o plano familiar para desastres.
- Remova e substitua ou limpe os filtros do exaustor da cozinha. A maioria deles pode ser lavada na lava-louças para remover o acúmulo de gordura (verifique o que diz o manual de instruções). Outra opção é borrifar os filtros laváveis com desengordurante e enxaguá-los. Seque-os antes de recolocar.

A cada 6 meses:

- Troque as baterias dos detectores de fumaça e de monóxido de carbono.
- Verifique se os extintores de incêndio estão carregados e prontos para uso.
- Limpe as cinzas da lareira ou do fogão e esvazie o recipiente de cinzas (se necessário, esvazie com mais freqüência).
- Verifique as mangueiras das máquinas de lavar (louça e roupa) e troque-as se estiverem gastas ou a cada dois anos.
- Aspire a serpentina da geladeira para tirar o pó.
- Verifique a vedação da geladeira com o teste do "papel-moeda": insira uma nota entre a porta e a geladeira. Se for fácil puxá-la para fora, está na hora de trocar a vedação.

Lista para **sair de férias**

Nada estraga mais depressa umas boas férias do que descobrir que ocorreu um problema na casa enquanto você viajava. Antes de sair de viagem, passe em revista esta lista de coisas a fazer:

- **Desligue o aquecedor de água quente.** Como é um grande tanque de água quente, o aquecedor representa um perigo real se não for desligado antes da viagem. Pergunte a seu encanador como desligá-lo apropriadamente e fechar o suprimento de água. As instruções serão diferentes para aquecedores a gás.
- **Feche todas os equipamentos hidráulicos opcionais.** Para evitar vazamentos, desligue a água do *dispenser* da geladeira, de umidificadores ou aquecedores de água sob as pias antes de partir.
- **Retire da tomada telefones e aparelhos elétricos.** Tempestades de verão ou sobrecargas na rede elétrica podem danificar televisores, computadores, equipamentos de som, mesmo aqueles com estabilizadores ativados. Antes de partir, tire da tomada todos os aparelhos eletrônicos. Como as sobrecargas de voltagem podem ser conduzidas por conexões telefônicas, desligue todos os aparelhos, menos o da secretária eletrônica.
- **Ponha os termostatos na posição de manutenção.** Se possível, desligue o aquecimento ou o ar-condicionado. Mas, se sua viagem for no auge do verão ou do inverno, a casa precisará de proteção contra os extremos de temperatura. Ponha os termostatos numa temperatura de manutenção, para maior segurança: 13 °C no inverno, 30 °C no verão, para proteger a casa e o que há nela.

Previna-se com um **plano familiar para desastres**

Incêndios, inundações e catástrofes naturais ocorrem. Sua família sabe o que fazer em caso de desastre? Do mesmo modo que as escolas fazem treinamentos de incêndio, os membros da família precisam estar preparados para o inesperado. Um plano familiar para desastres ensina a todos o que fazer e aonde ir em emergências.

Faça um plano familiar para desastres

Sua família sabe o que fazer em caso de incêndio, enchente ou extremos do clima? Um plano familiar simples ajudará todos os membros da família a lidar com desastres naturais dentro de casa. Se você vive numa área de alto risco de catástrofes naturais – tais como incêndios florestais ou inundações –, a defesa civil poderá orientá-la quanto ao que você precisa pôr num kit de emergência e que procedimentos adotar nessa emergência.

Para criar o plano familiar para desastres, siga as orientações da Cruz Vermelha Britânica (em outros países, contate a Cruz Vermelha local):

Recomendações práticas para emergências

As seguintes orientações práticas indicam como se preparar para emergências e lidar com elas.

Como se preparar para emergências:

- Tenha consigo os números de telefone da família, dos amigos e do trabalho. Escolha uma pessoa que não more perto para ser seu contato. Se alguma coisa ocorrer, entre em contato com ela.
- Prepare uma sacola de emergência e mantenha-a à mão:
  - Garrafas de água
  - Alimentos energéticos
  - Rádio de pilha com pilhas sobressalentes
  - Lanterna com pilhas sobressalentes
  - Medicamentos básicos
  - Kit de primeiros socorros
- Verifique se os disjuntores de energia elétrica estão devidamente identificados e se consegue abrir e fechar o registro geral de água e o de gás.
- Faça um curso de primeiros socorros.
- Se você não puder fazer o curso, procure se informar de outra maneira.

Se ocorrer uma emergência:

- Ouça a rádio local. Siga as recomendações dos serviços de emergência.
- Verifique se há indícios de riscos imediatos, como fumaça, vazamentos, abalos na edificação.
- Dê assistência às pessoas mais vulneráveis perto de você.
- Faça os primeiros socorros e procure ajuda.
- Prepare-se para evacuar sua família, vizinhos vulneráveis, animais domésticos e você.
- Se tiver tempo e for seguro, leve consigo a sacola de emergência.
- Siga o seu plano pessoal de contatos.

Lista de segurança

Além das orientações acima, siga o que há nesta lista:

- Coloque os números de emergência junto aos telefones: bombeiros, polícia, ambulância.
- Ensine às crianças como e quando ligar para os serviços de emergência para pedir socorro.
- Procure ter uma cobertura de seguro adequada.
- Instale detectores de fumaça em cada andar da casa, principalmente perto dos quartos.

- Faça uma vistoria na casa procurando riscos possíveis.
- Verifique as melhores saídas de emergência da casa. Descubra duas saídas para cada cômodo.
- Descubra na casa os lugares seguros para cada desastre.

Treine e faça a manutenção do plano:

- Repasse-o com seus filhos a cada seis meses.
- Treine evacuações em caso de emergência ou incêndio.
- Substitua água e alimentos estocados a cada seis meses *(ver "Como montar uma despensa", págs. 120-121).*
- Teste e recarregue o(s) extintor(es) de incêndio conforme as instruções do fabricante.
- Teste os detectores de fumaça uma vez por mês e troque as baterias pelo menos uma vez por ano.
- Verifique e atualize os números de emergência nas agendas telefônicas e nos celulares.

O kit de primeiros socorros

A lista abaixo abrange o conteúdo do kit básico de primeiros socorros. Talvez você queira incluir um manual de primeiros socorros e uma lanterna com pilhas extras para emergências. Mantenha o kit fora do alcance de crianças.

- Algodão
- Pinça
- Pomada anti-séptica
- Solução anti-séptica
- Curativos variados
- Gaze estéril
- Esparadrapo
- Ataduras
- Tesoura afiada
- Alfinetes de segurança
- Luvas de plástico
- Analgésicos/antitérmicos
- Medicação contra diarréia
- Repelente de insetos
- Termômetro
- Bolsas de gelo instantâneo

Em caso **de desastre**

Incêndios, catástrofes meteorológicas ou enchentes podem acontecer a qualquer momento. Por isso, tenha em mente os seguintes tópicos para estar segura:

- Mantenha a calma e a paciência. Ponha seu plano em ação.
- Veja se há feridos.
- Faça os primeiros socorros e procure ajuda para as pessoas gravemente feridas.
- Ouça seu rádio de pilha para notícias e instruções.

Verifique os danos na casa

- Use lanternas. Não acenda fósforos nem interruptores se suspeitar de danos.
- Sinta se há cheiro de gás no ar, começando pelo aquecedor de água. Se suspeitar que há vazamento, desligue o gás no medidor, abra as janelas e tire todos da casa.
- Desative todos os outros sistemas afetados. (Você precisará de um profissional para religar o gás.)
- Limpe imediatamente remédios, limpadores, gasolina e outros produtos inflamáveis derramados.

Lembre-se de...

- Prender ou isolar os animais domésticos.
- Ligar para seu contato familiar – não use o telefone de novo, a não ser em caso de vida ou morte.
- Verificar a situação dos vizinhos, em especial os mais velhos ou com deficiências.
- Verificar se tem um suprimento suficiente de água, caso o serviço tenha sido cortado.
- Ficar longe de fios de energia elétrica que caíram.

Espaço para viver

arrume, organize, limpe, cuide

Cômodo por cômodo na casa toda, a bagunça trava uma batalha aparentemente sem fim por lugar e espaço. Embora os princípios para se livrar da bagunça e restabelecer a paz sejam os mesmos, são necessárias táticas específicas para os desafios que a bagunça assume nos diferentes cômodos.

Áreas privativas, como quartos e banheiros, podem estar com sobrecarga de funções, com serviços demais para ser feitos no mesmo espaço. Áreas comuns podem ter problemas de "caciques demais"; nesses espaços compartilhados, combater o caos é um esforço de equipe e requer a cooperação e a coordenação de todos os membros da família.

Nesta seção iremos percorrer cada área da casa para acabar com a bagunça, organizar e limpar a casa. Aplicaremos o método ACABE com a bagunça para combater a desordem, do quarto do casal às áreas de brincar dos filhos, do hall de entrada à sala de televisão. Arrumaremos livros e revistas, áreas de entretenimento e criaremos ordem em meio ao material artístico e para artesanato.

O fim da bagunça depende **de onde ela vem**

Cômodo por cômodo, a bagunça e o caos tomam conta da casa, complicando até as ações mais simples do dia-a-dia. Mas nem toda bagunça é igual. De onde ela vem? O acúmulo de "coisas" dá pistas valiosas sobre onde as coisas não estão funcionando. Deixe a bagunça orientá-la e resolva primeiro os piores problemas.

Observe as pistas oferecidas pela bagunça. A mesa da sala de jantar coberta por uma pilha de correspondência e montes de papéis indica a necessidade de um centro de gerenciamento da papelada da casa *(págs. 226-227)*. Mochilas, sapatos, trabalhos escolares e casacos perto da porta da rua mostram uma tentativa informal (e bagunçada) de criar uma "Plataforma de Lançamento" da família *(págs. 186-187)*. Bancada de banheiro cheia de produtos de beleza diz que esse espaço precisa de uma organização melhor.

Locais que atraem bagunça. Em toda casa há alguns "ímãs de bagunça", que atraem desordem com uma rapidez incrível. Uma bancada útil ou uma mesa perto da porta da frente são incapazes de acabar com o constante influxo de correspondência, jornais, chaves de carro, brinquedos largados e moedas. E, já que a bagunça prolifera mais depressa do que os coelhos, identifique esses ímãs e reserve tempo na rotina diária para arrumá-los, evitando que, ali, a bagunça se acumule enquanto você não está de olho.

▲ **Limpe.** Na casa toda, cada área apresenta diferentes desafios. Cozinha e banheiros pedem limpeza mais profunda.

▲ **Arrume.** Áreas comuns tendem a abrigar a bagunça de todos os membros da família. Arrumá-las deve ser um trabalho de equipe.

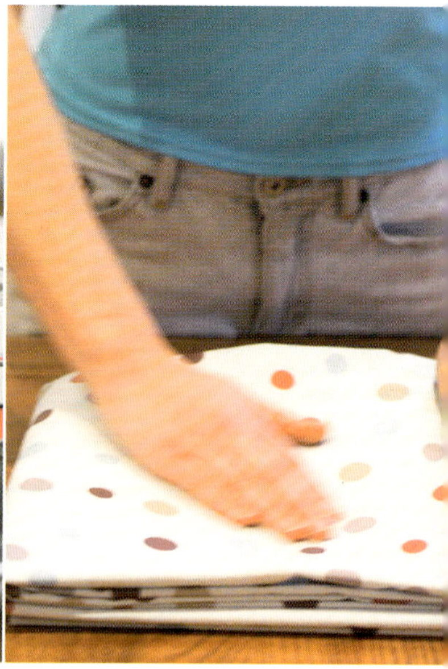

▲ **Organize.** Áreas como armários ou prateleiras de roupa de cama e mesa precisam ter espaço bem aproveitado.

Teste da bagunça

Um nível de bagunça que dê uma sensação confortável para uma pessoa pode parecer pouco criativo para alguém com mais tolerância. Faça este teste e descubra seu nível de tolerância. Escolha as soluções mais adequadas a você.

1 Há contas a serem pagas mensalmente. Como você lida com essa tarefa?

A Empurro a xícara e o pratinho do café-da-manhã, separo as contas e faço os cheques (e não me importo se eles ganharem alguns respingos).

B Ligo a TV, pego uma prancheta e abro os envelopes durante os comerciais. É um bom exercício levantar para procurar as contas.

C Reúno as contas de forma organizada na escrivaninha, pego a calculadora e arrumo as canetas no porta-lápis antes de começar.

2 Hora de dormir. Qual é sua rotina?

A Tiro o gato do travesseiro, empurro para baixo da cama alguns lenços de papel amassados e me deito no meio das revistas – foi um dia cansativo.

B Sacudo os lençóis (foi uma manhã atarefada), ajeito o travesseiro e afasto algumas coisas para achar lugar para o copo d'água no criado-mudo.

C Tiro a colcha e me aborreço um pouco com o amassado que apareceu na fronha durante o dia. Arrumo organizadamente no criado-mudo meu copo d'água, um livro, óculos de leitura e lanterna para emergências.

3 Vá até a porta da rua. Com base no que vê – decorações, sapatos e roupas –, em que época do ano você está?

A Natal. Na realidade, no Natal de dois anos atrás, se quer saber. Acho que seria maravilhoso se todo dia fosse Natal. Também vejo uns enfeites de Carnaval ali no canto, ao lado dos pés-de-pato da viagem ao litoral que fizemos no fim de semana passado.

B Puxa vida, eu estava mesmo para tirar o cartaz da festa de aniversário da Estela, que foi no mês passado. Acho que vou fazer isso agora mesmo. Obrigada por ter me lembrado.

C A não ser nas festas de fim de ano, não vejo sentido em enfeitar a porta da rua. E, mesmo assim, acho que uma grinalda de sempre-vivas já é mais que suficiente, não é?

4 A primeira coisa que você gosta de fazer toda manhã é ler o jornal. E como fica a mesa do café depois?

A Mesa? Que mesa? Eu leio os jornais quando acho hora... Imagino que o suplemento ainda está no banheiro. E, da última vez que vi, as crianças tinham deixado os quadrinhos na sala da televisão.

B Reconheço que largo o jornal numa pilha na mesa e fico esperando que as fadinhas venham catá-lo para pôr no lixo reciclável.

C Leio os jornais do começo ao fim. Quando termino, dobro-o de novo na ordem para o próximo leitor. Não é o que todo mundo faz?

Se você respondeu mais A, parabéns! Você tem uma alta tolerância para a bagunça do dia-a-dia. Consegue fazer tudo o que é preciso, mesmo nos ambientes mais desorganizados. E até admite que a vida melhoraria se não perdesse tanto tempo procurando coisas perdidas.

Se você respondeu mais B, está no meio-termo. Tolera um pouco de bagunça em sua vida, mas toma providências efetivas para manter baixo o nível de desordem. Já que se sente estressada quando a vida fica meio caótica, concentre-se nas rotinas diárias que ponham a vida nos trilhos.

Se você respondeu mais C, por que está lendo este livro? Você tem um nível de tolerância baixíssimo para a bagunça visível. Sabe que a vida flui com mais tranqüilidade – e você fica mais satisfeita – quando mantém as coisas sob controle e a desordem a distância.

Como arrumar **a entrada da casa**

Este é o portal de passagem entre o lar e o mundo exterior: a entrada da casa. Para a família, é o lugar por onde se passa para a rua, mergulhando em cada novo dia. Para quem vem de fora, é o local onde se tem a primeira impressão da casa ou do apartamento por trás daquela porta de entrada.

A entrada organizada e livre de bagunça torna a vida mais fácil em todos os aspectos. Experimente estas sugestões para organizar as áreas da porta e do hall (se houver um):

- **Olhe para o chão.** Na entrada, o exterior se encontra com o interior e traz para dentro lama e água. Ponha capachos dos dois lados da porta para segurar poeira e água da chuva, que vêm de contrabando, antes que cheguem à casa limpa.
- **Sempre arrume a bagunça.** As idas e vindas da família criam, junto à porta, um depósito de cartas, papelada, jornais, revistas, coisas quebradas e roupas largadas. Agende sessões regulares de ACABE com a bagunça para a entrada da casa.
- **Use as paredes.** Aproveite ao máximo o espaço das paredes para guardar coisas. Pendure um chaveiro perto da porta e cabideiros para capas, guarda-chuvas, casacos e chapéus.
- **Use a porta.** Pendure na porta uma sapateira com bolsos, nos quais podem ser colocados luvas, cachecóis, óculos de sol, bronzeadores, guias de cachorros e material de jardinagem. Tudo fica acessível, organizado, mas fora do caminho.
- **Ordene tudo.** Crie espaços abertos e fechados para guardar coisas na entrada: prateleiras para cestos ou caixas de plástico usados como "Plataformas de Lançamento" da família *(ver à direita)*. Ponha um banco-baú baixo onde se sentar para trocar de sapatos ou calçar botas. Coloque etiquetas nos recipientes para ajudar os membros da família a usá-los.

◄ **Zona de transição.** A entrada traz o mundo de fora para dentro, junto com botas, guarda-chuvas e agasalhos. Planeje onde guardar os acessórios de chuva perto da porta de entrada da casa.

Plataformas de Lançamento da família

Se uma nave tem uma estrutura para decolagem, os membros da família precisam de uma "Plataforma de Lançamento" que lhes dê segurança quando se lançam porta afora. A "Plataforma" pode ser uma prateleira ou estante, com todos os itens essenciais de cada pessoa que sai para o "mundo exterior".

> "A família precisa de uma 'Plataforma de Lançamento' que dê segurança a quem se lança porta afora."

- **Princípio nº 1: cada coisa em seu lugar.** Você esvaziou uma prateleira na estante? Arranje para cada membro da família uma caixa plástica de cor diferente para ser sua "Plataforma de Lançamento"; e a autorização para uma excursão escolar nunca mais sumirá nem irá para a escola com o filho errado.
- **Princípio nº 2: facilite a arrumação.** O filho chega da escola, enfia lições feitas e o programa de excursões em sua caixa. O pai chega do trabalho e joga chaves, carteira, notas fiscais e troco na dele. Ali as coisas ficam seguras e separadas até serem necessárias de novo na manhã seguinte.
- **Princípio nº 3: use a criatividade.** A "Plataforma de Lançamento" de cada filho pode ser uma mochila sempre pendurada na cadeira dele, na mesa da copa. Lanches, papéis e uniformes de educação física vão direto para a mochila.

Fim da bagunça **no banheiro**

O cenário: o banheiro principal. É o lugar dos rituais de beleza e o domínio de todo tipo de excentricidades e manias. Aqui arrumar a bagunça pode ser uma empreitada que nunca tem fim.

O banheiro serve para as pessoas se arrumarem e cuidarem da higiene, mas também tem uma função não admitida: ser o depositário de esperanças, sonhos e inseguranças secretas. Siga estas dicas para dar um fim na bagunça do seu banheiro.

- **Se você não usa, jogue fora.** Em qualquer armário de banheiro você encontra produtos que simplesmente não funcionam. O "alisador giratório de cabelos" feito a partir de uma chave de fenda elétrica, que quase arrancou seus cabelos. O tratamento que garantia unhas compridas e fortes em apenas sete dias, mas descascou como queimadura de sol. Produtos milagrosos são vendidos com base na esperança; se não há esperança para os do seu armário, devem ir para o lixo.
- **Se não jogar fora, então use.** Salões de beleza caros sabem quando estamos prontas para comprar; fascinadas pela esperança de melhorar o que vemos no espelho, compramos cosméticos caros feito bobas. Em casa esses produtos migram para o fundo do armário, e a lembrança do preço impede que os joguemos fora. Você até pode ficar com o gel de luxo para banho, mas com uma condição: tem de usá-lo.
- **Reduza a quantidade.** Todo mundo que se demora no banheiro tem uma obsessão secreta por determinado produto de beleza; e compra grande quantidade desse fetiche. Ao encontrar mais de três de qualquer coisa em seu banheiro, invoque a "Lei dos Números": fique com dois, doe o resto.
- **Jogar fora.** As bactérias que surgem em cosméticos guardados há tempos são um risco à saúde. O que tiver prazo de validade vencido vai para o lixo *(ver também pág. 190)*.

antes de arrumar ▲

ACABE com a bagunça no banheiro

Num banheiro típico, serão necessárias duas ou três sessões do ACABE com a bagunça. Comece pela área da pia e prossiga nos armários e gavetas. Termine na área do chuveiro e/ou banheira. Reúna as ferramentas: cronômetro, caixas "Pôr no Lugar", "Guardar" e "Vender/Dar" e saco de lixo. Marque 15 minutos.

1 Separe

Comece pela pia. Separe pilhas de itens similares que são dali. Coloque os que são de outros lugares na caixa "Pôr no Lugar" e os que são para guardar na caixa respectiva. Itens a mais, que ainda podem ser usados, vão para a caixa "Vender/Dar".

2 Jogue fora

Itens quebrados ou inúteis vão direto para o lixo. É provável que você encontre pedaços ressecados de fio dental, lenços de papel amassados, aplicadores de maquiagem imundos, sabonetes ressecados. Deixe a poeira ser sua guia: qualquer frasco que tiver juntado pó merece ir para o lixo. O mesmo se aplica a itens quebrados: pentes sem dentes, escovas de dentes gastas, aplicador de perfume em que falta a bombinha. Lixo para eles.

3 Organize

Quando retirar tudo da pia, organize os itens sobreviventes no espaço vazio. Cestos rasos, caixas ou bandejas para organizar dão outro aspecto à bancada. Passe, então, ao resto do banheiro.

4 Ponha no lugar

Quando o cronômetro tocar, pare a sessão e ponha no lugar os itens da caixa "Pôr no Lugar". Guarde o cronômetro e as caixas para outra sessão do ACABE com a bagunça. Jogue fora o saco de lixo.

depois de arrumar ▲

Regras para guardar **as coisas no banheiro**

Espartanos ou luxuosos, todos os banheiros têm uma coisa em comum: nunca há espaço suficiente para guardar as coisas. Acessórios hidráulicos ocupam o centro do palco e deixam pouquíssimo espaço em volta para loções e poções. Acrescente a isso a questão da briga pelo espelho e terá um sério problema de organização.

Advertências para a saúde **das que guardam tudo**

O banheiro dela é onde se acumulam frasquinhos de fragrâncias, sachês de brinde e amostras grátis de cosméticos. O tesouro daquela que guarda cresce a cada passada pelos balcões de cosméticos ou pelo salão de beleza. Nenhum brinde ou amostra grátis de lojas de departamento escapa da coleção. Perfumes, cosméticos e cremes estragam do mesmo modo que os alimentos guardados. E usar cosméticos vencidos pode prejudicar a saúde. Para acabar com os guardados, leve a sério estas advertências – e livre-se da tralha:

- **Os perfumes** perdem a potência após três anos.
- **Bactérias** podem proliferar em loções. De seis a 12 meses é o tempo de uso de produtos líquidos ou cremes; depois desse prazo, jogue-os fora.
- **Usar maquiagem** vencida para os olhos pode causar infecções oftalmológicas graves. Depois de aberto, use rímel pelo prazo de até três meses. Delineadores duram cerca de seis meses. Em geral, sombras em pó podem ser usadas até 14 meses ou dois anos.
- **Produtos oleosos,** como batom e protetor de lábios, ressecam e ficam quebradiços se guardados por muito tempo. Jogue-os fora após um ano.

O banheiro, a exemplo de outros cômodos de intensa atividade, como a cozinha, precisa de um plano refinado e sistemático para guardar coisas. Não basta enfiar tudo de qualquer jeito. Organize os itens segundo as regras para guardar as coisas no banheiro, a fim de fazer o melhor uso possível desse espaço.

1 "A" é para uso contínuo

Ativo, acessível e de uso diário – é o que define as áreas "A" de guardar coisas. No banheiro, as áreas "A" ficam com a escova de dentes, o fio dental, o frasco de xampu e o aparelho de barba.

Nas áreas "A" o usuário é a prioridade. Devem permitir que a mão que tateia não corra nenhum risco, antes mesmo que a distraída pessoa que acabou de sair do banho coloque as lentes de contato ou ache os óculos. A bancada da pia, a gaveta de cima, o organizador cromado preso à parede do boxe: essas são as áreas "A".

2 "B" é para de vez em quando

Itens que são usados uma vez por semana ou por mês serão armazenados nas áreas "B". A caixa de compressas para abrir os poros, o secador e utensílios para os cabelos, os acessórios de manicure e o aparelho de pilha para aparar barba vão todos para as áreas "B".

As áreas "B" não são tão fáceis de alcançar. Você vai se curvar ou se esticar para acessar a gaveta do meio, embaixo da pia e os armários altos. Itens das áreas "B" também podem ficar em caixas devidamente etiquetadas embaixo ou atrás de seus companheiros "A", mais requisitados.

3 **"C" é para raramente**

As áreas de guardar designadas como "C" são aquelas que exigem que você se curve, se estique ou fique na ponta dos pés – e são o destino daqueles itens raramente usados. Ali você guarda a maquiagem com brilhos dourados para noites de gala, o massageador de pés e o creme de depilação para o buço. Se você usa o item menos de uma vez por mês e mais de duas por ano, ele pertence à categoria "C". Coloque-o onde não bate sol.

Centros de cuidados pessoais

Uma boa solução para o uso do banheiro é criar "centros" de cuidados pessoais que facilitarão o problema de guardar coisas. Cada membro da família deve ter um cesto ou organizador de plástico de cor diferente para cosméticos ou artigos de higiene. O "centro" de cada pessoa abrigará tudo: escova e pasta de dentes, xampu e condicionador, gel ou sabonete de banho e outros produtos essenciais e usados com freqüência – e ficarem no quarto da pessoa quando não estiverem em uso.

Instale espelhos de maquiagem com luz nos quartos das adolescentes. Providenciar para cada filha seu próprio centro de maquiagem reduz as disputas de manhã e libera espaço no banheiro. Os cosméticos também se beneficiam, pois duram mais quando ficam longe do calor e do vapor.

Com esse mesmo propósito, instale um centro de saúde e de primeiros socorros numa área fora do banheiro. Guardar remédios e vitaminas em outro lugar também os protege do calor e da umidade do banheiro. Talvez a melhor solução seja transferir as bolsas de água quente e de gelo, produtos de higiene feminina e o kit de primeiros socorros para um local fresco e seco, que nada tenha a ver com o banheiro.

A roupa suja pode ser coletada no centro de atividade da lavanderia *(págs. 142-143)* ou em cestos individuais nos quartos de dormir.

▼ **Kit de banho.** O uso do banheiro fica mais fácil se cada pessoa tiver um cesto de plástico com alça para colocar seus próprios artigos de higiene e beleza.

Desafios de limpeza **no banheiro**

Se considerarmos tudo o que têm de enfrentar a cada dia, pias, chuveiros, banheiras e privadas merecem atenção especial na limpeza. Felizmente a hidráulica moderna é projetada para tornar o serviço de limpeza do banheiro o mais fácil possível. Mantenha seu banheiro brilhando com estas dicas.

Pia

De pingos de pasta de dentes a resíduos de spray de cabelos, a pia suporta um fogo cerrado de sujeira todos os dias. Faça-a brilhar de novo com uma faxina regular.

"Se adiar a faxina, os depósitos ressecam e entranham, e o bolor se instala nos cantos."

- **O certo para a tarefa.** Um limpador multiuso de banheiro remove a sujeira e a película mais leves. Para resíduos mais resistentes deve ser usado um saponáceo em pó ou líquido; são fáceis de enxaguar na superfície de louça da pia. Limpadores com cloro na fórmula removem respingos de pasta de dentes e também desinfetam as bancadas. Mas não use o limpador além da borda da pia ou nas torneiras; as partículas abrasivas são difíceis de remover e arranham o metal.
- **Na borda.** Limpe a borda da pia e as torneiras com um limpador multiuso desinfetante para banheiros. Lustre as torneiras com uma flanela seca.

Boxe e banheira

Resíduos de sabonete, produtos para cabelos e gordura corporal combinam suas forças para tomar de assalto as superfícies brilhantes das paredes do boxe e da banheira, enquanto a borda da pia e os metais abrigam umidade e mofo. Se adiar a faxina, os depósitos ressecam e entranham, e o bolor se instala nos cantos. Utilize bem o tempo e o poder de limpeza para que a limpeza do boxe e da banheira seja um trabalho rápido.

- **Borrife e deixe agir.** Antes de limpar o resto do banheiro, borrife a área de banho com uma camada generosa de limpador multiuso para banheiros. Deixe agir enquanto você limpa outros lugares. O tempo de ação ajuda o limpador a dissolver gorduras e resíduos de sabonete, o que facilita ainda mais sua remoção.
- **Esfregue.** Utilize uma esponja de limpeza para remover nódoas na banheira ou depósitos no chão do boxe. Com uma escova, esfregue os azulejos de forma a limpar o rejunte e alcançar cantos e reentrâncias (o cabo protege a mão contra contatos acidentais com a sujeira). Uma escova de dentes facilita a remoção de depósitos acumulados nas torneiras.
- **Enxágüe bem.** O chuveirinho permite que você enxágüe de forma rápida e limpa. Se a sua banheira não tem, adquira um chuveirinho de plástico removível que possa ser encaixado nas torneiras da banheira. Usado geralmente para lavar os cabelos e animais domésticos, é barato e simplifica o enxágüe da banheira e das paredes do boxe.

Boxe de vidro temperado

Essa é uma superfície que requer tratamento especial. Limpe-a com um produto de limpeza não-abrasivo, como um limpador multiuso para banheiros ou bicarbonato de sódio. Evite esponjas ou produtos abrasivos porque podem arranhar ou manchar a porta, deixando o vidro fosco. Portas de vidro temperado que ficaram encardidas podem ser limpas com vinagre não diluído.

Vaso sanitário

Limpar a privada não é exatamente algo que alguém adore fazer, mas o que seria de nós sem ela? Estaríamos de volta à "casinha". Experimente estas sugestões para mantê-la limpa e... convidativa:

- **Vá com calma.** Com a escova própria, espalhe no interior da peça o limpador líquido em pó. Deixe-o agir. Um tempo de descanso é necessário para dissolver os depósitos e matar os germes, portanto não se precipite.
- **Escove.** Uma boa escova para privadas é imprescindível. Se a sua estiver gasta, troque-a por uma nova; é preciso que tenha cerdas firmes para fazer um bom serviço. Escovas curvas são boas para limpar os depósitos sob a borda do vaso.
- **Esfregue.** Se tiver aparecido no vaso um anel encardido, de que a limpeza normal não dá conta, use pedra-pomes. Essa pedra natural é porosa e se esfarela. Com luvas, esfregue-a diretamente no anel, para remover o depósito.
- **Desinfete.** Use um desinfetante ou um limpador multiuso com desinfetante na bordas, no interior e no exterior da privada, no assento e na tampa. Leia no frasco qual o tempo necessário de ação. Os produtos de limpeza bactericidas precisam de um tempo determinado de aplicação para matar os germes. Limpe e enxugue com panos secos.
- **Pingos e respingos.** São um risco inevitável quando há meninos (de qualquer idade) na casa e podem causar problemas de odor e danos no piso se essa urina não for devidamente limpa. Use limpador desinfetante e uma escova de limpeza para remover os respingos – ou dê essa tarefa aos rapazes com má pontaria.

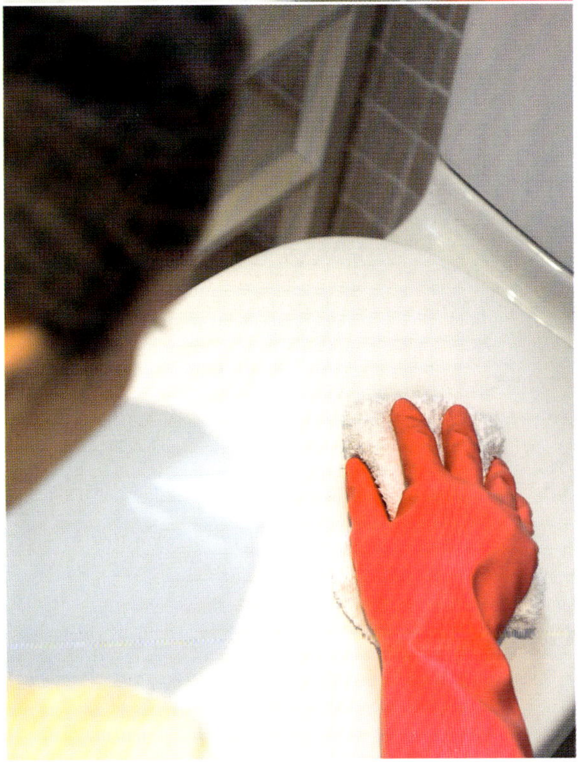

▶ **Dando duro.** Os produtos de limpeza de banheiro precisam de tempo para amolecer a sujeira ressecada *(em cima)*. Deixe-os agir por alguns minutos antes de começar a esfregar.

▶ **Tempo de ação.** A maioria dos limpadores em spray precisa de tempo para agir para matar as bactérias *(embaixo)*. Siga as orientações do fabricante e depois limpe com um pano seco.

Ordem na **roupa branca**

Qual é o estado do armário de roupa de cama, mesa e banho? Está bem arrumado, com lençóis e toalhas dobrados e empilhados? A tentação é usá-lo como depósito de tudo o que não se sabe onde pôr.

Jogar aparelhos quebrados, decoração de festas ou a bagunça diária no meio de lençóis e toalhas do armário da chamada "roupa branca" leva sujeira, insetos e odores indesejáveis para toalhas e lençóis. Um armário de roupa branca organizado aumenta a durabilidade desses produtos caros. Dobradas e guardadas adequamente, essas roupas ficam protegidas e prontas para uso. E é menos provável que sejam empregadas para usos indevidos, como lavar carro ou secar o cachorro enlameado. Organizado, um armário de roupa de cama, mesa e banho é um deleite para a visão e para o olfato.

Cuidado com a "bagunça do pânico"

Armários de roupa branca bagunçados são encontrados em muitas casas. Por quê? São ideais para guardar a "bagunça do pânico", aquela que ocorre quando a campainha toca inesperadamente. Pensando em visitas, alguém junta tudo o que está fora do lugar e procura uma porta para trancar aquilo. É aí que entra o armário de roupa branca, o espaço de armazenamento mais acessível para esconder a "bagunça do pânico".

Resultado: as sessões do ACABE com a bagunça nesse armário precisarão do dobro do tempo na etapa "pôr no lugar". Ali estão muito mais itens que precisam ser postos no lugar certo. Esses itens perdidos acabam encontrando esconderijos confortáveis em meio a toalhas em desordem.

Poupe suas costas montando uma mesa portátil quando for arrumar as roupas de cama, mesa e banho. Haverá muito o que dobrar de novo. Portanto, torne o processo mais confortável para suas costas com uma boa área de trabalho.

antes de arrumar ▲

Sem bagunça nas roupas brancas

Escolha um dia fresco para a sessão do ACABE com a bagunça no armário de roupa de cama, mesa e banho. É mais agradável mexer com esse tipo de roupa se estiver mais frio.

1 **Separe**
Ponha o cronômetro para 20 minutos, pegue as caixas para separar e concentre-se numa única prateleira, área ou gaveta. Tire tudo dali – lençóis, toalhas de banho e mesa, brinquedos perdidos – e separe em pilhas de itens afins. As roupas que irão voltar para o armário podem ser postas na mesa portátil para ser dobradas de novo; os itens "intrusos" vão para as caixas "Pôr no Lugar", "Guardar" e "Vender/Dar".

2 **Jogue fora**
Examine sua roupa de cama, mesa e banho quando estiver jogando coisas no lixo. Lençóis rasgados, toalhas esfarrapadas e toalhas de mesa manchadas merecem aposentadoria honrosa em outra função. Presas a um cabide, fronhas gastas podem proteger roupas guardadas contra o pó; e lençóis rasgados dão excelentes panos de limpeza.

3 **Organize**
Use um limpador multiuso para remover a sujeira do espaço esvaziado. Passe para os lençóis e toalhas empilhados na mesa. Dobre-os direito *(para dicas de como dobrar, ver págs. 197, 198-199).*

4 **Ponha no lugar**
Quando a prateleira estiver pronta ou o cronômetro tocar, pegue a caixa "Pôr no Lugar" e percorra a casa, guardando os itens achados. Guarde as caixas "Guardar" e "Vender/Dar", e jogue o lixo fora.

depois de arrumar ▲

Dicas para o armário de roupa branca

Lençóis limpinhos, toalhas de banho fofinhas e toalhas de mesa com as cores vivas significam uma vida agradável e uma casa feliz. E essas peças merecem ser bem guardadas, já que são tão caras. Não importa onde essa roupa esteja guardada, pois em qualquer lugar estas dicas farão os tecidos ter uma ótima aparência.

▲ **Faça sua cama trabalhar.** Ajeite um conjunto extra de fronhas e lençóis entre o colchão e o estrado, em todas as camas. O peso do colchão manterá a roupa lisa e à mão na hora da troca.

1 **Guarde as roupas limpa e secas**
Organize o armário de roupa branca guardando apenas lençóis e toalhas limpos e secos. Mesmo se uma toalha de mesa parecer limpa, terá manchas ocultas que irão endurecer se não for lavada. Os odores do corpo em cobertores podem causar um cheiro rançoso e a umidade vai produzir mofo.

2 **Armário ventilado, escuro e seco**
O segredo para conservar lençóis e toalhas é mantê-los em local ventilado, escuro e seco. Em regiões úmidas, desumidificadores em frascos ajudarão a manter o armário sem umidade nem mofo.

3 **Faça rodízios**
Para que dure mais, faça rodízio de sua roupa de cama, mesa e banho. Coloque as toalhas recém-lavadas na parte de baixo da pilha, ou pegue os lençóis que estão em cima para usar todos em rodízio.

4 **Dobre de novo**
Se os lençóis e as toalhas não estiverem sendo usados, dobre-os de novo uma ou duas vezes por ano. Isso evitará que as dobras fiquem marcadas e que as fibras ao longo delas sejam danificadas.

5 **Evite caixas de papelão**
Pode parecer uma opção prática para guardar roupa de cama, mesa e banho, mas não use

caixas de papelão. Os ácidos do papelão passam para os tecidos, causando amarelamento e danos. A cola usada entre as camadas atrai insetos. Quando eles terminarem de comer o papelão, atacarão os tecidos.

6 Tudo fresco e perfumado

Ponha sachês perfumados no armário de roupa de cama, mesa e banho. Assim, lençóis e toalhas sairão dele frescos e perfumados.

7 Faça pacotes de roupa de cama

Se você usa conjuntos de lençóis, guarde-os em "pacotes de roupa de cama". Dobre os dois lençóis e as fronhas, menos uma. Enfie os lençóis dobrados na fronha que sobrou e dobre-a em volta deles, num pacote bem-feito.

8 Use o sistema de prateleiras

Achar o que se quer entre lençóis de diferentes tamanhos pode ser irritante. Pergunte a qualquer mãe que já teve de trocar os lençóis de um filho no meio da noite. Se o espaço permitir, coloque os lençóis em prateleiras diferentes ou ponha etiquetas, com o tamanho dos lençóis, nas prateleiras.

9 Adote um sistema de cores para a família

Facilite achar o lençol certo atribuindo uma cor, padrão ou estilo de lençol a cada tamanho de cama: lençóis brancos para o berço do bebê; lençóis estampados para as camas das crianças; e de uma cor lisa para a cama do casal. Dessa maneira você saberá num relance qual lençol irá para qual cama.

10 Faça conjuntos de banho

Para facilitar o armazenamento e o acesso instantâneo, organize conjuntos de roupa de banho, com uma toalha de banho e uma de rosto (e um piso, opcional). Ponha a toalha de rosto dobrada no centro da toalha de banho, também dobrada. Enrole-as pelo lado mais estreito. Na hora de guardar, empilhe os rolos na prateleira.

Dicas para dobrar **roupa branca**

A palavra "baderna" poderia ter sido inventada para descrever as prateleiras de lençóis e toalhas depois que alguém procurou um cobertor no meio da madrugada. Lençóis e toalhas dobrados sem cuidados ameaçam despencar: desmoronam só de encostar. Use técnicas próprias para dobrar lençóis e toalhas, o que facilita guardar e encontrar. É melhor dobrar direito uma só vez do que dobrar de novo de qualquer jeito a cada vez que alguém pega uma toalha limpa.

- **Lençóis.** Dobre no meio no sentido do comprimento, depois em quatro e, de novo, no meio. Dependendo do tamanho do lençol, dobre esse retângulo no meio ou em três, para fazer um pacote bem arrumado.
- **Fronhas.** Ficam mais bonitas (e melhores para dormir) quando se evita criar vincos centrais. Para dobrá-las, pegue pelas duas pontas de cima e sacuda-as para alisar. Dobre no meio no sentido do comprimento e, de novo, no meio. Você fará da fronha uma tira comprida; dobre-a suavemente na metade mais duas vezes para guardá-la.
- **Toalhas de rosto e de mão.** Dobrar em quatro faz sentido para as toalhas de mão, pois são usadas com mais freqüência – e mais rapidamente – durante o dia. Para dobrar, segure com as duas mãos as duas pontas de cima do lado mais curto. Junte as mãos, de forma que o lado direito fique para fora ao dobrar. Prenda a dobra sob o queixo e pegue a toalha no meio. Deixe cair a parte de cima sobre a de baixo. Pendure-a no toalheiro de mão ou de rosto ou guarde-a no armário de roupa de cama, mesa e banho.

Como dobrar lençol com elástico

Pouquíssimas pessoas conseguem arrumar a cama esticadinha usando apenas lençóis comuns. As demais criaturas, porém, agradecem a invenção dos lençóis de baixo com elástico.

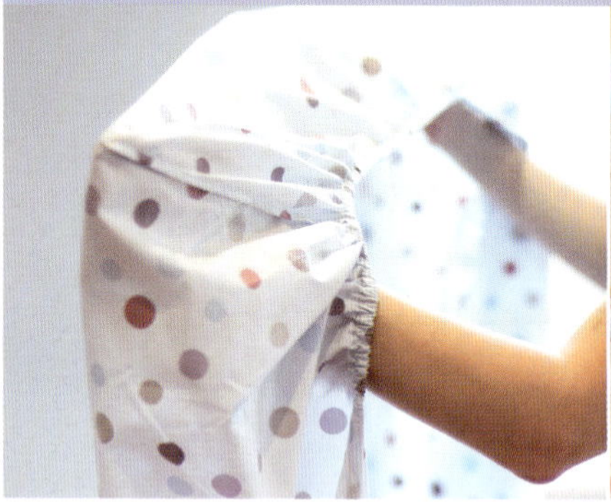

1 Lençóis com elásticos são ótimos para a cama, mas podem dar trabalho na hora de dobrar. Eis como se faz: levante o lençol, do avesso, e ponha suas mãos sob as duas pontas de cima. O avesso deve estar à vista e o direito deve estar sobre suas mãos.

2 Coloque cuidadosamente o lençol numa grande superfície plana (uma mesa ou uma cama) para estendê-lo por inteiro. Dobre do lado direito, enfiando as duas pontas de cima dentro das duas pontas de baixo. Encaixe bem as pontas umas sob as outras.

3 Dobre as bordas do lençol para dentro. As abas de tecido que envolvem os lados do colchão devem ser dobradas alinhadas às pontas, fazendo um grande retângulo com todas as bordas enfiadas sem amassar.

Como dobrar toalha de banho

Toalhas grandes devem ser dobradas em três, no sentido do comprimento, e penduradas sobre um toalheiro pelo meio. Assim, secarão mais rápido após o uso.

1 Para dobrar uma toalha de banho grande, pegue-a com o lado direito virado para você. Segurando-a nas duas pontas de cima na altura dos ombros, estique os lados para que fique lisa.

2 Traga uma ponta na direção da outra até mais ou menos dois terços da largura da toalha. Segure-a desse modo enquanto você dobra a outra parte sobre ela, fazendo três camadas.

3 Pegue firme nas dobras e sacuda de leve a toalha para que as dobras acompanhem todo o comprimento. Prenda, então, a toalha sob o queixo.

"Se lençóis e toalhas têm pouco uso, dobre-os de novo uma ou duas vezes por ano para evitar danos nas dobras."

4 Dobre o lençol no meio, juntando todas as quatro pontas e encaixando os lados dobrados. As bordas curvas são ajustadas de modo a formar um retângulo mais ou menos regular.

5 Dobre o lençol de novo no meio, criando uma faixa comprida e estreita. Quanto mais esticadas e alisadas estiverem as dobras, menos ele ficará enrugado – ou formará um enorme pacote inchado dentro do armário.

6 Dobre a faixa no meio e, depois (dependendo do tamanho do lençol), de novo, no meio ou em três, para fazer um retângulo compacto e sem rugas. Junte o lençol com elástico com o de cima (e com as fronhas) e guarde no armário de roupa de cama.

"Para maior durabilidade, faça rodízio de roupas brancas. Coloque as peças recém-lavadas embaixo da pilha."

4 Pegue a toalha no meio do comprimento e solte-a do queixo para que a parte de cima dela caia diretamente sobre a metade de baixo.

5 Se a toalha for usada em seguida, não é preciso dobrar mais; pendure-a no toalheiro. Se for para o armário, ponha-a numa superfície plana, dobre-a de novo no meio e, depois, guarde-a.

6 Ter toalhas de cores diferentes para cada membro da família torna fácil cada um achar a toalha limpa certa quando precisar. Deixe as crianças escolherem sua cor de toalha e elas cooperarão alegremente.

Sonhe com os anjos **no quarto organizado**

Terapeutas de casal e médicos que tratam de distúrbios do sono afirmam que os resultados de quartos limpos e sem bagunça são casas felizes e boas noites de sono – mas você nem tem noção disso, a julgar pela bagunça do quarto do casal. Para muitas famílias, ele se transforma numa área onde se guarda de tudo.

A teoria parece ser a de que, como os olhos se fecham ao dormir, a mente não notará a desordem. Roupas se espalham sobre equipamentos de ginástica; livros e projetos de artesanato competem pelo espaço do chão; a gangue da louça suja envia hordas de copos d'água para fundarem novas colônias debaixo da cama ou sobre a cômoda; e sobre a televisão do quarto há uma pilha de correspondência e contas.

Um quarto de dormir caótico deixa você nervosa e cansada. Se quer sonhar com os anjos (da organização), está na hora de se organizar. E prepare-se para enfrentar muitas sessões de arrumação até se livrar do caos em seu quarto.

Deixe-o em ordem

Reúna as ferramentas – cronômetro, caixas, saco de lixo – para uma sessão do ACABE com a bagunça no quarto. Como muitos itens "intrusos" vão parar no quarto (ou são mandados para lá, contra a vontade, quando a campainha toca), a caixa "Pôr no Lugar" terá serviço extra nesta arrumação.

■ **Separe.** Acerte o cronômetro para 20 minutos. Comece pela área da cama. Tire tudo o que estiver embaixo dela, e dentro e atrás do criado-mudo. Separe os itens nas caixas: "Pôr no Lugar", para os itens que são de outros cômodos; "Vender/Dar" para itens supérfluos, que estão em bom estado; "Guardar" para os itens que vão para armazenamento. Use a mesma

◄ **Oásis.** O quarto é o espaço mais pessoal da casa. O tempo que se passa nele é para descansar e restaurar forças. Limpo e arrumado, o quarto pode ser um oásis de tranqüilidade e ordem.

estratégia para a cômoda e a penteadeira, se houver uma, cuidando de qualquer bagunça que haja no chão. Trabalhe metodicamente em todo o espaço e, aos poucos, irá reconquistar o quarto de dormir como o santuário que deveria ser.

- **Jogue fora.** Enquanto separar, jogue direto no saco de lixo todos os itens cujo destino só pode ser esse.
- **Organize.** Quem sabe arrumar presta atenção na origem da bagunça; depois descobre meios de evitar que volte a ocorrer. Ao arrumar, descubra as causas do problema. Pilhas de roupa suja indicam a necessidade de um cesto de roupa em local próximo. Montes de moedas, bilhetes de metrô e tíquetes podem "morar" numa vasilha bonita ou caixa de madeira, cuja função será receber o que é esvaziado dos bolsos no fim do dia. Pilhas de caixas de papelão da mudança, encostadas na parede desde a mudança, mostram que a casa precisa de um plano de armazenamento.
- **Ponha no lugar.** Quando o cronômetro tocar, pare a sessão. Percorra a casa com a caixa "Pôr no Lugar" e ponha os itens "Vender/Dar" no porta-malas do carro para doá-los a uma instituição de caridade. Ponha os itens "Guardar" na garagem.

Mantenha limpo

Se o quarto de dormir é para ser um refúgio calmo e tranqüilo, não basta estar arrumado – precisa estar limpo, também. Para conseguir isso, inclua-o na rotina de faxina da casa. O objetivo principal é remover pó, sujeira e outros alérgenos.

É imprescindível tirar o pó e passar o aspirador no quarto uma vez por semana. Dê atenção especial às janelas: passar o aspirador nas cortinas e tirar o pó das luminárias mantém a boa qualidade do ar. Os rodapés também não podem ser esquecidos, pois juntam pó. Se o quarto tem TV, computador ou centro de entretenimento, use um pano eletrostático seco para limpar toda semana, pois aparelhos eletrônicos atraem pó.

Lave as janelas sazonalmente e limpe as esquadrias para remover pó e sujeira. Um espanador de lã se encarrega dos resíduos de pó nas paredes e das teias de aranha no teto e nos cantos; se necessário, lave as paredes para remover manchas e nódoas. A limpeza sazonal deve incluir também as luminárias e os vidros delas: tudo ficará mais claro após você ter removido a sujeira. Os que têm alergia podem querer colocar um filtro de ar portátil para melhorar a qualidade do ar.

Dicas conforme **as personalidades**

Nossos quartos de dormir revelam mais sobre nós do que apenas o tipo de lençol preferido; oferecem provas irrefutáveis de nossa personalidade bagunceira. Externar o gosto pessoal no quarto é ótimo, mas tente controlar os excessos com estas sugestões:

- **A sentimental.** Visitar o quarto da sentimental é como uma viagem na máquina do tempo. Ele costuma ter tantos símbolos amados do passado que é quase impossível andar por ele. Ursinhos de pelúcia da infância se juntam a equipamentos esportivos. As paredes estão cobertas de pôsteres e retratos de antigos ídolos. E, do alto da cômoda, brota uma floresta de troféus atléticos.

Se você é uma sentimental no quarto, aprenda a viver o "aqui e agora". Corte os laços com a bagunça sentimental guardando apenas um símbolo e se livrando do resto. Desmate a floresta sobre a cômoda e deixe só o troféu mais memorável. Fotografe o resto da coleção e escreva uma breve descrição das lembranças que cada um evoca. Ponha a foto e o texto num álbum de recorte, e doe a coleção de troféus para ser reciclada por uma organização juvenil.

- **A rebelde.** O quarto pode ser o último reduto da personalidade bagunceira rebelde. Embora ela ou ele possa demonstrar autocontrole no resto da casa, a bagunça ainda reina no quarto, com montes de roupas amassadas e sanduíches pela metade.

Se você é uma rebelde, lembre-se de que já está crescidinha. E que tem coisa melhor a fazer no quarto do que ficar reencenando disputas de poder infantis. Permita-se desenvolver seu lado adulto e crie no mais íntimo dos cômodos da casa uma atmosfera para relaxar, e não para se rebelar.

Como organizar **o quarto**

Vencida a bagunça, chegou a hora de manter a organização no quarto e evitar que a bagunça volte. O quarto é nosso santuário mais exclusivo e pessoal na casa. Harmonize as funções de um quarto – descanso, relaxamento, restauração das forças – com estas sugestões para arrumar e organizar o seu.

1 Iluminação adequada

Já que o quarto deve servir para descansar e relaxar, não têm cabimento luzes fortes no teto. Lâmpadas de leitura e iluminação indireta aumentarão o conforto e criarão uma sensação de calma.

2 Ocupação correta

Disponha os móveis de acordo com a utilidade. Adicione uma fileira de ganchos junto à esteira para roupas de ginástica, monitor de pulso e toalha. Instale um local de leitura relaxante ao lado da cama do rato de biblioteca, com boa lâmpada de leitura, travesseiros extras, uma cesta para livros e revistas; no criado-mudo, um porta-copos para sua caneca. Use ganchos e organizadores para criar um centro de cosméticos em cima da cômoda; pendure jóias, echarpes e acessórios para cabelos, dando um toque especial.

3 Acabe com a "síndrome do jogo"

A mobília do quarto costuma ser comprada num jogo de várias peças – e você vai perceber que elas atravancam o quarto, não importa se haja ou não espaço. Reduza os móveis do quarto e libere espaço, desapegando-se da idéia de que um jogo de mobília não pode ser desmembrado. A cômoda que está sobrando pode ser muito útil no hall de entrada, onde não irá atrapalhar seu estilo – ou sua noite de sono. "Misture e combine" funciona tão bem para o quarto de dormir quanto para o guarda-roupa.

4 Aproveite a área embaixo da cama

Existem organizadores comerciais, caixas de plástico com tampa, feitos especialmente para ser encaixados sob a cama. Use-os para guardar bolsas, roupas sazonais, mantas ou papel de embrulho.

5 A segurança é importante

Todo quarto precisa de equipamentos básicos de segurança: detector de fumaça, lanterna, pilhas e, para quartos no andar de cima, uma escada de emergência. Coloque-os sob a cama para evitar tropeços na escuridão quando houver corte de energia elétrica. Dica para áreas sujeitas a terremoto: nunca se deite sem deixar por perto um robe e chinelos.

6 Prefira a dupla função

Ao escolher a mobília do quarto de dormir, procure soluções com dupla função que irão aumentar o espaço de guardar coisas em seu quarto. Uma cabeceira de cama que é também uma estante mantém os livros para ler na cama bem à mão. Ponha uma almofada comprida sobre um baú de madeira e terá um lugar para sentar e guardar coisas. Acrescente uma cobertura de pano ao lado da penteadeira para esconder um pequeno gaveteiro com rodinhas.

▶ **Armazenamento oculto.** Coloque organizadores embaixo da cama, das poltronas estofadas e dos criados-mudos e aumente as opções de espaço para guardar coisas no quarto.

Lençol dobrado em 45 graus

Siga o exemplo dos carpinteiros, que unem peças de madeira em ângulo de 45 graus. Dobre o lençol nos cantos em 45 graus e ele ficará encaixado e esticado sem maçarocas.

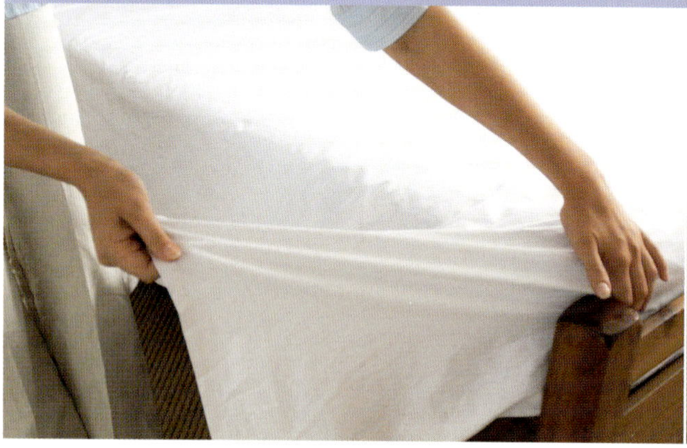

1 Centralize o lençol de cima e enfie a parte do pé da cama sob o colchão. Pegue a parte do lençol que sobrou para fora, cerca de 60 cm da ponta, para fazer um ângulo de 45 graus em relação ao canto do colchão. Puxe o tecido na sua direção.

2 Ainda segurando o lençol, levante-o na vertical de modo que forme um triângulo que, na dobra, faz um ângulo de 45 graus em relação à superfície do colchão.

Capa de edredom

Este método de colocar uma capa no edredom mantém a coberta livre de poeira e sujeiras. E você pode ter várias capas que combinem com seus jogos de cama preferidos.

1 Teste este método de pôr capa num edredom que aprendi com a arrumadeira de um hotel suíço. Pegue as duas pontas de cima da capa, com o lado direito para fora, uma ponta em cada mão.

2 Segurando firme nas pontas, jogue a capa para cima e para dentro, fazendo com que caia em seus braços. As pontas de cima da capa (com suas mãos dentro dela) deverão ficar visíveis.

3 Com as mãos segurando as pontas da capa, pegue as pontas correspondentes do edredom. Veja se ele está alinhado, com correspondência entre os lados maior e menor.

"Atribua uma cor, padrão ou estilo de lençol a cada cama e saberá qual lençol é de qual cama."

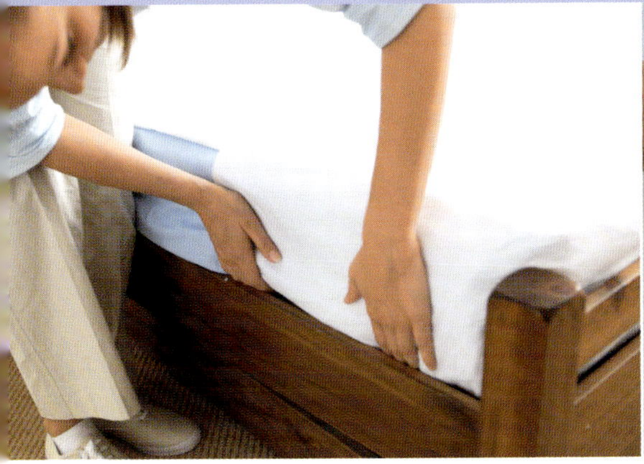

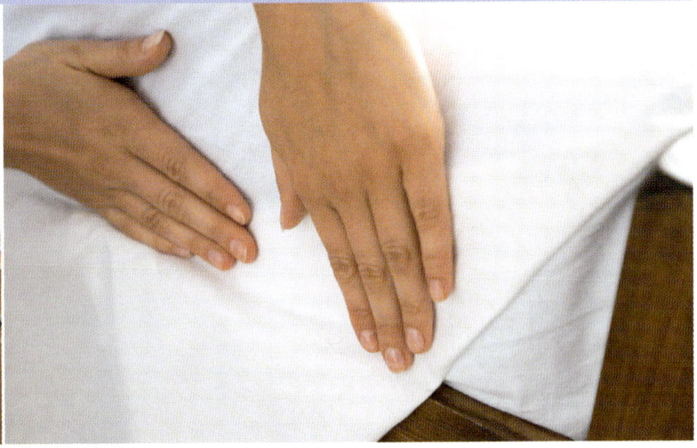

3 Apóie na cama o triângulo de lençol e, então, enfie a parte de baixo sob o colchão. Embutir esta parte do tecido é o segredo para ter um lençol em 45 graus, bem encaixado.

4 Dobre o triângulo de lençol na direção do chão e então enfie-o sob o colchão para fazer o canto chanfrado. Alise toda a parte de lençol sob o colchão. Repita a operação do outro lado da cama.

"Ponha sachês aromatizados no armário de roupa branca e terá lençóis frescos e perfumados."

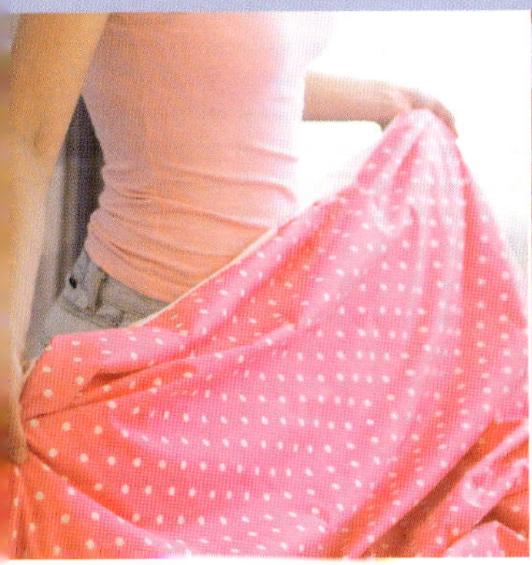

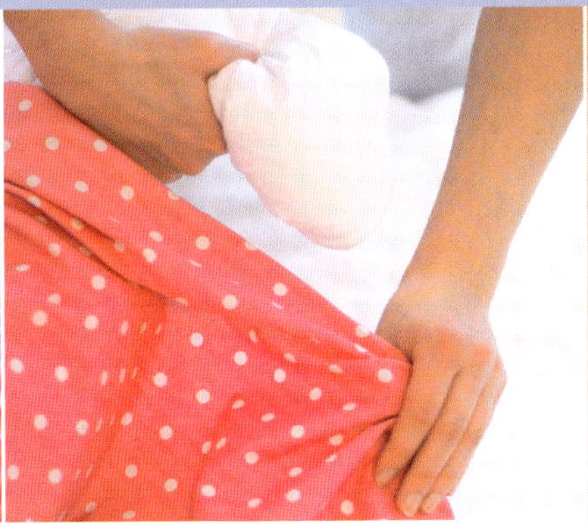

4 Segure firme a capa e sacuda-a. Conforme você sacode, a cobertura irá caindo do lado direito sobre o edredom.

5 Coloque o edredom recém-coberto sobre a cama e dirija sua atenção para a parte de baixo da capa. Algumas capas têm bolsos embutidos; se for o caso, enfie as pontas remanescentes do edredom neles.

6 Feche a parte de baixo da capa; algumas vêm com fechos de pressão, outras com botões ou laços. Quando terminar de fechar, dê uma última sacudida no conjunto, para distribuir bem o enchimento.

Arrumar **ou não?**

As batalhas para arrumar a cama. Antes reservadas a pais e filhos, agora esta discussão é geral: arrumar ou não a cama todo dia? Criações de decoradores, com camas elegantemente desarrumadas, incentivam os partidários do "para que se dar ao trabalho?". Não há lei (além da materna) que obrigue a arrumar a cama todo dia. Contudo, uma cama arrumada protege os lençóis do pó e dá ao quarto uma aparência de limpeza e ordem. E não há nada mais delicioso do que enfiar os pés numa cama esticadinha no fim de um longo dia.

Quem ainda tem um viés rebelde na questão da arrumação da cama pode superar o problema procurando opções mais fáceis para a cama. Uma cama "arrumada" é mais fácil de se obter com um simples edredom: de manhã, basta sacudi-lo e cobrir toda a cama, e pronto. Uma regrinha simples: se você leva mais de dois minutos arrumando a cama, há coisas demais nela. Tire um pouco dos babados para obter um visual arrumado com menos esforço.

Ordem em quarto **de criança**

"Arrume o quarto!" É o grito de guerra de milhões de pais. Experimente estas estratégias para amainar a bagunça e pôr ordem em quartos de criança.

Desafio especial

Em geral, quartos de criança são pequenos, muitas vezes divididos e talvez não tenham espaço suficiente para guardar coisas. Mas ali estão roupas que ficaram pequenas, brinquedos supérfluos e até coisas que sobraram de outros cômodos. As crianças não conseguem manter a ordem se os armários estão abarrotados, as gavetas atulhadas e há brinquedos espalhados pelo carpete.

Solução: use o método ACABE com a bagunça para simplificar a vida das crianças. Longas sessões de "arrume o quarto" são um tormento para todos os envolvidos, mas, fazendo a tarefa em períodos limitados e com um método bem definido, filhos e pais dão conta da bagunça.

Uma aptidão para a vida toda

A não ser para crianças muito pequenas, não enfrente a bagunça sozinha. Considere o processo de arrumação como uma atividade de aprendizado e concentre-se na criança. Em seu papel de consultora de organização, analise o que está funcionando, o que não está, o que é importante para a criança, o que causa problemas e por que a criança vai querer se organizar. Se forem motivadas, as crianças terão mais condições de entender a lógica da organização e de manter o quarto em ordem.

Serão necessárias muitas sessões do ACABE com a bagunça para arrumar um quarto de criança. Tenha a paciência necessária para o processo, lembrando-se de que você não está apenas pondo ordem, está desenvolvendo aptidões na criança que durarão a vida toda.

Brincar de ACABE com a bagunça

Além dos utensílios comuns do ACABE com a bagunça – cronômetro, caixas e saco de lixo –, você precisará de caixas plásticas com tampa, outros recipientes empilháveis e alguns abertos. Ponha o cronômetro para funcionar e mostre à criança como participar da brincadeira.

1 **Separe**
Comece numa área pequena dos domínios do(a) pequeno(a): uma prateleira, uma parte pequena do chão ou uma gaveta. Pegue cada objeto e faça a pergunta: isso é algo que queremos manter, pôr no lugar, dar ou jogar fora? Não, não podemos deixar isso aí! Teremos de nos separar de algumas coisas, para que seu quarto fique uma delícia. Vamos decidir.

2 **Organize**
Faça uma sessão de 15 minutos e separe o que será mantido. Aqui entram os recipientes com tampa. Junte itens pequenos, como peças de jogos de construção numa caixa, roupas de bonecas em outra, carrinhos em mais uma. Brincar de "junte os brinquedos parecidos" é um bom jogo de identificação para crianças pequenas e ensina a elas como se organizar.

Advertência de uma mãe escolada: haverá muita resistência para as caixas "Dar" e "Jogar fora". Tente táticas como "Escolha três" para vencer a barreira: "Você pode ficar com os bichinhos macios – mas só três. De quais você gosta mais?".

3 **Jogue fora e ponha no lugar**
Ao som do cronômetro, jogue fora o lixo e devolva aos outros cômodos os itens "Pôr no Lugar". Leve os itens "Guardar" e "Vender/Dar" para o local correto. E guarde os que a criança escolheu.

antes de arrumar ▲

depois de arrumar ▲

Dicas para organizar **quarto de criança**

Sem bagunça, é hora de pôr ordem no quarto e áreas de brincar. O truque é adotar o ponto de vista da criança. Observe o espaço, locais de guardar, mobília e objetos como se fosse ela, e adapte as estratégias de organização de acordo com isso.

1 **Use o ponto de vista da criança.** Para organizar um quarto de criança, as soluções devem se adequar a ela. Móveis e sistemas de organização de adultos não se adaptam às necessidades infantis. Mãos pequenas não conseguem abrir gavetas emperradas. Portas dobráveis no armário prendem os dedinhos e saem do trilho se puxadas por baixo. O cabideiro fica fora de alcance, e as caixas de brinquedos tradicionais contêm muitas peças quebradas. Para as crianças menores, remova as portas do armário. Abaixe o cabideiro e adquira cabides infantis – as roupas das crianças não se adaptam aos de adultos. Use recipientes abertos no chão para guardar brinquedos e cestos de plástico abertos para meias e roupa de baixo.

▼ **Quanto menor a criança,** tudo deve ser menor. Organize o quarto de acordo com o campo de visão dela. Cestos abertos facilitam o "pôr no lugar" para as crianças pequenas.

2 Difícil de tirar do lugar e fácil de pôr

Qual a primeira regra para guardar as coisas das crianças? Faça com que seja mais fácil pôr no lugar do que tirar. Por exemplo, guarde os livros numa caixa de plástico rasa, na vertical. A criança irá virando os livros até achar aquele que quer, e o colocará de volta na caixa, na frente dos outros. É muito melhor que usar uma estante tradicional, onde é muito mais fácil as mãozinhas derrubarem o conteúdo de toda uma prateleira do que recolocarem um só livro.

3 Organize de baixo para cima

Comece o processo de organização da parte mais baixa do quarto e vá subindo, adequando-se à baixa estatura da criança. Os pertences e brinquedos mais usados devem ficar nas estantes mais baixas, nas gavetas inferiores ou no chão. Os níveis mais altos ficam para itens menos usados.

4 Tudo com etiqueta

Imprima etiquetas simples, com imagens de meias, camisetas, bonecas ou blocos de construção. Isso ajuda a criança a lembrar o lugar desses itens. Estimule a leitura das mais velhas usando etiquetas com letras grandes. Ponha etiquetas em tudo: em gavetas, bordas de prateleiras, caixas, estantes. Brincar de "siga as etiquetas" pode ser divertido e transforma a hora de guardar os brinquedos num jogo.

5 Estabeleça uma rotina de manutenção

A abordagem costumeira de picos e vales para manter a ordem de um cômodo pode humilhar e frustrar as crianças. O quarto delas está limpo e arrumado, elas brincam, e subitamente o quarto voltou à bagunça habitual. Ajude as crianças a deter o ciclo estabelecendo rotinas de manutenção. A "Arrumação da manhã" estica a colcha, devolve o travesseiro à cama e põe as roupas usadas no cesto de roupa suja. Antes de se vestir para ir para a cama, a "Arrumação da noite" trata de guardar os brinquedos usados no dia.

Para guardar trabalhos escolares e de arte

A papelada começa na pré-escola e segue os pequenos ao longo dos anos. Não deixe que ela soterre a sua casa. Experimente estas sugestões para expor, arrumar e guardar os trabalhos escolares e de arte de seus filhos:

- **Ímãs** são a solução fácil para expor uma redação que ganhou elogios ou um desenho colorido naquela tradicional galeria de arte infantil: a porta da geladeira.
- **Alguns trabalhos de arte** mostram talento bem acima das realizações de todos os dias. Kits para emoldurar são baratos e dão aos melhores trabalhos da criança uma apresentação profissional.
- **Uma pasta sanfonada** grande é ótimo lugar para guardar trabalhos de arte que se acumulam no ano letivo. Use uma divisória para cada mês. Depois que a obra teve seu período de exposição, guarde-a ali. No fim do ano, selecione o melhor trabalho de cada mês para guardá-los permanentemente. Use pastas suspensas para arquivar as 12 obras-primas de maior destaque.
- **Os trabalhos de arte excedentes** podem ter outros usos. Escreva um bilhete para a vovó no verso de um desenho colorido. Reúna 12 pinturas num calendário para dar como presente de Natal. Embrulhe presentes de aniversário em trabalhos como forma de valorizá-los.
- **Uma legenda a lápis** no verso dos trabalhos das crianças que foram guardados é algo que você vai adorar ter feito, depois de alguns anos. Coloque ali o nome da criança, o ano, a série na escola, o nome da professora e algum outro dado interessante, para refrescar a memória, depois que os filhos saírem de casa.

Expor trabalhos

A maré de papel começa com os primeiros rabiscos de lápis de cera dos pequenos, e fica muito alta durante o ensino fundamental: são os trabalhos de arte. Expor as criações estimula os esforços criativos da criança.

Seja criativa também para expor e guardar os trabalhos de arte. Cordas para varal baratas e leves – como as do tipo feito para levar em viagens – oferecem um ótimo meio de expor os triunfos artísticos da semana. Estenda essas cordas curtas numa parede e use pregadores para pendurar pinturas, desenhos e textos. Outra opção é usar molduras de acrílico para expor os trabalhos de arte – é fácil trocar as obras continuamente.

Divida essa riqueza com outras pessoas da vida de seu filho. Sempre mande para a vovó, pelo correio, trabalhos de arte. Isso fortalece os laços familiares e oferece à vovó a chance de se gabar no bingo ou na ginástica. E mais: compartilhar assim os trabalhos de arte das crianças reforça uma boa auto-imagem.

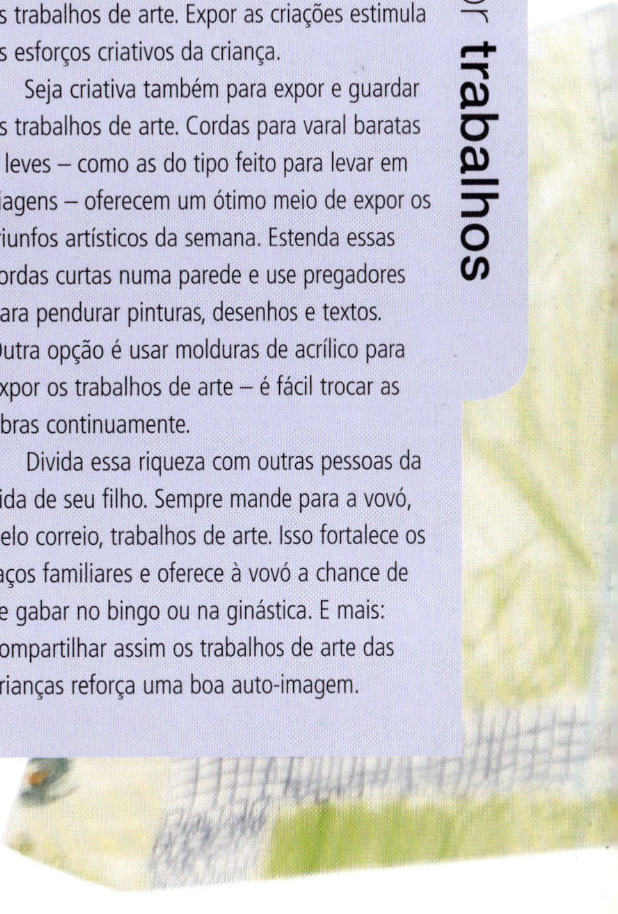

Como arrumar **a sala**

A sala é o centro da vida familiar. Em quase todas as casas, a sobreposição de atividades nesse espaço (sala de estar e jantar) produz muita bagunça.

Vá por partes

A bagunça é feito catapora: contamina por contato. O artesanato em andamento de uma pessoa vira desculpa para outra espalhar as coisas dela, e assim por diante. Como controlar a bagunça na sala? Com uma sessão de ACABE com a bagunça com toda a família. A natureza comunitária da sala pressupõe que qualquer solução exige a cooperação de todos. Por partes, uma sessão de ACABE pode atacar áreas problemáticas simultaneamente.

Dicas para organizar a sala

Experimente estas dicas para aproveitar ao máximo os locais para guardar coisas em espaços comuns e na sala:

- **Restrinja a bagunça.** Use políticas de restrição para manter a bagunça sob controle. Junte os jornais da semana num revisteiro; o trabalho de tricô num cesto de vime.
- **Pratique o "traga e leve".** Estabeleça a seguinte política: todos os membros da família são bem-vindos para fazer lição de casa, trabalhos de artesanato ou brincar na sala, mas o que trouxerem para usar precisa vir num recipiente e ser levado de volta. Cestos de roupa de plástico, sacolas de compras, caixas de plástico podem ser usados para trazer as coisas e levá-las de volta.
- **Arrume sempre.** Reserve momentos do dia para uma "arrumada". No intervalo comercial de um programa de TV, anuncie que é hora de arrumar e peça a todos os membros da família para catar e guardar itens fora do lugar. E depressa, pois o programa já vai continuar.

ACABE com a bagunça na sala

Reúna suas ferramentas: cronômetro, caixas do ACABE com a bagunça ("Pôr no Lugar", "Guardar" e "Vender/Dar") e sacos de lixo. Acerte o cronômetro para 20 minutos. Para facilitar a arrumação em equipe, dobre ou triplique o número de caixas "Pôr no Lugar". Limite a sessão a 20 minutos para evitar possíveis brigas.

1 Separe

Designe a cada membro da família uma área pequena – prateleira, mesa ou canto –, com instruções explícitas para que a tarefa seja rápida. Alvos principais: prateleira entulhada de vídeos, pilhas de revistas velhas, brinquedos espalhados pelo carpete. Dê às crianças uma caixa "Pôr no Lugar" para os brinquedos; para o artesão da família, outra caixa para recolher suas tintas e devolvê-las à área de artesanato.

2 Jogue fora

A discórdia é um risco numa sessão de ACABE com a bagunça em grupo. A mãe pode ficar bem contente de mandar para reciclagem uma pilha de revistas velhas de moto, mas o filho adolescente discorda. Limite as possíveis discussões deixando que a parte interessada – o próprio entusiasta de moto – selecione e decida. Uma segunda tática (radical): sacos de lixo pretos. Se os bagunceiros do outro lado da sala não conseguirem ver o que contêm, é menos provável que façam um escândalo quanto ao que vai para o lixo.

3 Organize e ponha no lugar

Quando o cronômetro tocar, jogue fora o lixo e devolva os itens "Pôr no Lugar" para onde eles vieram. Organize o restante que ficar na sala – DVDs, vídeos e jogos – em recipientes abertos, para que as pessoas tenham fácil acesso.

antes de arrumar ▲

depois de arrumar ▲

Para organizar **livros e revistas**

Toda casa é mais rica se houver um lugar para livros, mas, para algumas pessoas, a casa pode ficar "rica demais". Quando o material de leitura da casa se expandiu muito além do que possa ser chamado de biblioteca, está na hora de reduzir o acervo literário com uma sessão de ACABE com a bagunça.

ACABE com a bagunça na biblioteca

Dependendo do número de livros que você possui, talvez seja necessário dedicar duas ou três sessões para a tarefa. Reúna o cronômetro e uma caixa do ACABE com a bagunça "Vender/Dar" (talvez você precise de mais de uma). Acerte o cronômetro para 20 minutos. Para tomar as melhores decisões em relação à bagunça em sua biblioteca, pergunte-se:

- Quando foi a última vez que li este livro?
- Vou relê-lo?
- Se é um livro de referência, está atualizado? Em caso afirmativo, consultei-o durante este ano?
- Se é um livro de culinária, eu o uso? Dica: a presença de manchas de comida indica um que deve ficar.
- É um livro escolar que eu usei?
- É um clássico?
- Tem valor intrínseco – é autografado, é uma primeira edição ou é uma peça de colecionador?
- O livro não é mais editado e fica difícil de substituir?
- É um livro que emprestei e preciso devolver?

As respostas para essas perguntas lhe indicarão uma decisão. Livros que nunca foram lidos não têm lugar numa biblioteca ativa; libere os livros virgens para que outro leitor possa admirá-los. Você também deve passar adiante os livros de uma só leitura; não há nada mais aborrecido do que reler um livro de mistério se você já sabe como acaba.

Livros de culinária e de referência são muito comuns em bibliotecas domésticas; só devem ser mantidos se forem manuseados sempre. Igualmente, velhos livros escolares são um peso morto nas prateleiras da casa; ache uma lembrança melhor dos dias de faculdade e libere as prateleiras para títulos que não tragam à mente a agonia do cálculo.

"Livros de culinária e de referência são comuns em bibliotecas domésticas; só devem ser mantidos se forem manuseados sempre."

Cuidado ao lidar com obras clássicas; muitas famílias passam, literalmente, gerações tirando o pó de coleções de "grandes livros" pelo valor que imaginam que eles têm. Se você lê os clássicos por prazer, mantenha-os. Mas papel morto nada faz para promover o conhecimento e a cultura se fica ali, inerte, como símbolo de status. Doe os clássicos não desejados a uma biblioteca ou escola, onde os grandes autores poderão estimular uma nova geração.

Por fim, não se prenda ao valor para decidir se mantém ou não um livro. O exemplar autografado do livro de receitas de uma amiga fica, mas a "primeira edição", com alta tiragem, de um romance popular com cenas tórridas tem pouquíssimo valor. Sites de leilão on-line são uma ótima maneira de obter uma avaliação rápida da maioria dos livros e podem ajudá-la a decidir se é o caso de manter títulos considerados "valiosos".

Como organizar uma biblioteca em casa

Mesmo reduzida, a biblioteca doméstica precisa ser organizada para que se encontre um livro quando necessário. Como numa biblioteca, separe os livros por diferentes assuntos.

Os livros infantis ficam no quarto das crianças ou numa prateleira baixa na sala, onde são mais acessíveis aos pequenos *(ver também pág. 211)*. Usuários de computador ou profissionais que trabalham em casa precisam de obras de referência à mão. Não faça o maníaco por computador da sua casa se afastar muito do teclado para achar o manual do sistema operacional Linux, e mantenha os livros relacionados ao trabalho na área de escritório da casa. Coloque os livros de receita numa prateleira da cozinha, fáceis de encontrar.

Do mesmo modo que uma biblioteca tem uma seção de referência, é melhor colocar junto dicionários, enciclopédias e demais obras de consulta. Se você os deixar numa estante da sala, será fácil consultá-los quando se faz lição de casa ou para resolver discussões no jogo de palavras cruzadas.

Separe os romances dos títulos de não-ficção para ser mais fácil achar uma boa leitura para uma noite de chuva. As bibliotecas organizam os romances em ordem alfabética por autor e, embora isso possa apavorar quem prioriza a decoração, os literatos agradecerão se você adotar esse sistema.

Os títulos de não-ficção funcionam melhor se agrupados por assunto. Separar os livros em seções de história, política, biografias, viagens e línguas estrangeiras facilita preparar uma viagem ou verificar a ortografia de uma palavra em francês.

> "Para encontrar um livro quando necessário, faça como uma biblioteca, e separe-os por assunto."

Se você arrumar os livros por cor ou tamanho, estará mostrando que os comprou apenas como peças de decoração. As limitações das estantes podem tornar necessária uma seção separada para os livros grandes. Empilhe-os deitados para que caibam com mais facilidade nas prateleiras.

Para arrumar o **material de leitura**

Reduza a biblioteca de sua casa com estas sugestões para a arrumação do material de leitura:

- **Reavalie as assinaturas de revistas.** Aquelas revistas que são devoradas um dia depois que chegam talvez sejam as melhores para a sua casa, mas cancele as que, de fato, ninguém lê.
- **Estabeleça limites.** Quando chegar a nova lista telefônica, desfaça-se da antiga. Guarde as revistas num revisteiro. Quando ficar cheio, descarte os números mais velhos para dar espaço aos mais novos. Uma cesta espaçosa (mas sem exageros) oferece um excelente recipiente para armazenar as revistas atuais. Coloque os números ainda não lidos na cesta; e quando ela estiver cheia, recicle as edições mais velhas.
- **Guarde onde são úteis.** Revistas de costura são mais úteis se guardadas na área de costura, enquanto as publicações sobre mecânica de carro podem ir para a garagem.
- **Empreste, em vez de comprar.** Reduza a bagunça dos livros à moda antiga: empreste material de leitura da biblioteca circulante de seu bairro e/ou da biblioteca central de sua cidade.
- **Faça vendas on-line.** Use sites da internet dedicados à venda on-line para recuperar seu investimento em livros que estão fazendo sucesso e você já leu. Sempre haverá alguém disposto a pagar um preço razoável para ler determinado bestseller. Por isso, venda-o depois de ter lido.

Fim da bagunça nos **sistemas de entretenimento**

Nas décadas recentes houve uma explosão de opções de entretenimento em casa, com a correspondente explosão da bagunça do entretenimento. Onde antes havia apenas um solitário televisor agora há equipamento de som, áudio, videocassete e DVD empilhados, sem falar nas precárias pilhas de DVDs e vídeos empoeirados.

A bagunça do entretenimento é bem diferente da bagunça mais comum, como pilhas de jornal ou de enlatados na despensa. Primeiro, é móvel: videocassetes, CDs e DVDs costumam passear pela casa – e não raro pelo carro também.

Segundo, tende a crescer. Quando a família compra um aparelho de DVD, não descarta o antigo VCR, apenas empilha o novo sistema – e a camada de bagunça – sobre o anterior.

Por fim, a bagunça do entretenimento se instala com facilidade. Os DVDs saem das caixas, controles remotos desaparecem entre as almofadas do sofá ou se escondem sob o divã.

ACABE com a bagunça eletrônica

Para contra-atacar essas tendências, faça uma sessão de ACABE com a bagunça como uma caça ao tesouro. Dê aos membros da família cestos leves e envie-os para esquadrinhar a casa atrás de CDs, DVDs, vídeos, videogames e todo tipo de caixa, estojo e acessório relacionados a eles.

Junte tudo e brinque de separar e fazer o par. Devolva os DVDs e fitas a suas embalagens originais, quando possível, e separe DVDs, vídeos, softwares e CDs. Depois faça sessões de 20 minutos para examinar novas pilhas. Para decidir se deve descartar, pôr no lugar ou guardar, faça estas perguntas:

- Quando vimos, ouvimos ou jogamos este item?
- Vamos querer ver/ouvir/jogar de novo?

◄ **Proteja a mídia digital.** Pequenos e finos, CDs e DVDs são fáceis de usar – e perder. Proteja e organize a mídia digital para preservar seu investimento.

- Temos o mesmo filme ou música em outro formato?
- Este título ficou muito infantil para os membros da família?
- O item está em bom estado?

Vídeos muito usados, títulos infantis demais para seus filhos, duplicatas e filmes, músicas ou jogos de computador que provavelmente não serão usados devem se dados/vendidos.

Mantenha a organização

Agora teste estas sugestões para organizar os itens que sobraram, para maior eficiência no entretenimento da família:

- **Proteja.** A mídia digital é frágil e fácil de estragar. Guarde os videocassetes nas embalagens originais ou em caixas que as substituam. CDs e DVDs devem ser guardados nas embalagens originais ou inseridos nas divisórias de organizadores.

  Dica para famílias com crianças pequenas: proteja a coleção de DVDs da família com um trocador de discos. Armazenam os DVDs e permitem que sejam vistos com o toque de um dedo, mas sem manuseio direto.
- **Arrume.** Organizadores comerciais e estantes próprias estimulam uma arrumação eficiente, abrigando de modo correto todo o material de áudio e vídeo.
- **Categorize.** Como no caso dos livros, separar a mídia por assunto facilita encontrar o que se está procurando.
- **Centralize.** Para armazenamento mais eficiente, mantenha quaisquer softwares de computador num só lugar.
- **Liste.** Atualize os itens existentes com um inventário simples. Saber quais minisséries de TV já estão na estante evita que você as compre em duplicata.

Para organizar artesanato e hobbies

Poucos objetos têm um potencial de bagunça tão grande quanto o material para artesanato e hobbies. Os tecidos da costureira vão se avolumando até que armários e recipientes transbordam. Para quem pinta, é fã de trenzinhos elétricos ou faz álbuns de recorte, os suprimentos se multiplicam como coelhos. Some a isso as ferramentas dessas atividades e mesmo a casa mais organizada acabará soterrada.

Soluções de armazenamento

Como enfrentar as exigências de espaço de todos os materiais e suprimentos, ferramentas e engenhocas das atividades de artesanato e hobbies da família? Resposta: ser criativa. Teste estas idéias para controlar o que, de fato, é preciso e maximizar o armazenamento em sua área de artesanato.

Uso da parede. Observe as paredes dessa área e descubra locais para guardar coisas. Os espaços sobre e sob as superfícies de trabalho podem servir para guardar ferramentas e equipamentos muito usados. Organizadores de parede deixam ferramentas e equipamentos à mão. Sob a mesa é possível instalar bandejas, prateleiras e outros organizadores para itens pequenos, manuais e livros de referência.

Transparência. Recipientes transparentes são os melhores amigos do artesão. A visibilidade deles permite que se localizem os itens necessários sem ter de abrir a tampa. Use gaveteiros de tamanho médio com gavetas transparentes para separar e guardar carimbos, ornamentos, tintas e colas. Como eles podem ser guardados sob a mesa ou a escrivaninha, oferecem uma vantagem extra: acesso fácil às ferramentas mais usadas enquanto se está trabalhando, permitindo guardar logo os suprimentos quando se termina de usá-los.

◄ **Recicle suprimentos.** Para organizar áreas de artesanato, recicle sobras para outros fins, em vez de guardá-las. Retalhos de tecido podem se transformar em bolsas ou sacos para presentes.

Unidades de armazenamento transparentes menores podem ser usadas para ilhoses, tachas, lantejoulas e contas. Com seu conteúdo visível, é fácil para o artesão ocupado achar o enfeite, fecho ou ferramenta adequados.

No gancho. Placas de madeira com pinos ou ganchos são sempre úteis. As lojas de tecido e artesanato as usam para expor e organizar os materiais. E você pode fazer o mesmo. Utilize compensado de 2,5 cm, e dê um ar bem-acabado com um friso em volta. Procure em loja de ferragens ganchos especiais para acrescentar às opções tradicionais de ganchos pequenos, retos e curvos.

Use as placas de ganchos para tesoura, ferramentas, para pendurar rolos de fio ou manter retalhos à vista. Coloque as folhas de instruções numa prancheta pendurada num gancho para mantê-las à vista, mas sem atrapalhar.

Cestos e recipientes. Cestos de plástico de fundo chato têm muita serventia na área de artesanato. Use-os para armazenar itens planos na vertical, o que facilita manuseá-los para procurar o que se quer. Se forem organizados por categoria, você encontrará um molde desejado num instante.

Caixas de plástico com tampa encaixam-se bem sob a mesa ou a escrivaninha. Ponha nelas os trabalhos em andamento. Empilhe-as em cantos pouco usados ou no chão do armário. São práticas, leves e é fácil achar lugar para elas.

Use os armários. Aproveite ao máximo os armários para guardar os materiais de artesanato. Use organizadores e instale prateleiras para maximizar o espaço onde pendurava roupas.

Curtos ou longos, cortes de tecido podem ser pendurados em cabides no armário. E também os moldes de costura, se você os colocar nos prendedores dos cabides para saias ou calças.

Ainda sobrou espaço no cabideiro? Pegue algumas sacolas de compras de plástico e amarre as alças nele. Os sacos de plástico servirão para guardar itens leves e volumosos como novelos, fitas e enchimento para almofadas.

Encaixe gaveteiros nos armários para usar todo o espaço. Gavetas transparentes organizam ferramentas e materiais. Unidades empilháveis permitirão que se aproveite todo o espaço disponível para organizar os suprimentos de artesanato.

Como **organizar?**

Para muitos, o amor pela arte se transforma numa tendência obsessiva de colecionar os materiais que ela usa. Porém, depois de algum tempo a bagunça começa a interferir na capacidade de se dedicarem ao hobby. Reflita sobre estas perguntas para decidir o que fazer com o suprimento de artesanato:

- **O item é de boa qualidade?** O tecido é de fibra natural e pura ou uma mistura com fibras sintéticas de baixa qualidade? A linha arrebenta quando é repuxada? O tempo para artesanato é muito precioso para ser desperdiçado com material de baixa qualidade.
- **O item está fora de moda?** Projetos de artesanato também entram e saem de moda. Num ano, é o bordado; no seguinte, são peças de tricô. Dê o material que saiu de moda a alguém mais chegado ao estilo retrô.
- **Você tem a aptidão necessária?** Você é uma iniciante no ponto de cruz? Por mais lindo que seja, arranje um destino melhor para o kit com a marca "só para bordadoras experientes". Tentar uma tarefa além da sua capacidade pode ser o fim prematuro de um hobby. Doe-o para a vizinha especialista em ponto de cruz e encontre uma atividade mais simples.
- **Eu gosto deste item?** O melhor teste para os suprimentos de artesanato é o caso de amor. Quando você o comprou, cada item que está na área de artesanato tocou seu coração. Mas essa magia ainda está lá? Recicle tudo o que não faz seu coração bater mais forte nem sentir uma grande vontade de trabalhar imediatamente. Por que gastar tempo e energia preciosos trabalhando com alguma coisa que você não ama de paixão?

Regras para o armazenamento doméstico

Na maioria das casas, armazenar e depois achar os itens guardados é terrível. De um lado temos os membros da família que só querem achar enfeites de Natal ou roupas de inverno quando precisam. De outro estão armários abarrotados, quartinhos atravancados e inacessíveis, entupidos de sacos e caixas sem identificação.

Em geral, um sistema de armazenamento doméstico eficiente parece um sonho impossível. Solução: um plano. Siga este plano para acabar com a bagunça nos guardados:

- **Avalie**
- **Encaixote e descarte**
- **Ordene e controle**

Com um plano de armazenamento, você conseguirá encontrar as roupas de verão enquanto ainda é verão. Economizará com o uso dos guardados (porque vai achar aquela caixa de peças sobressalentes para o aspirador compradas no ano passado). Você saberá o que possui, onde está e como achar.

1 Avalie

Pegue caderno e caneta e comece com a Lista nº 1: Onde armazenar. Percorra a casa e enumere todas as áreas potenciais para armazenamento. As prateleiras do alto, difíceis de alcançar, no quarto das crianças; o espaço exíguo atrás da cama do casal; a casinha de ferramentas no quintal.

Em seguida, a segunda parte da sua avaliação: Coisas. Faça uma lista rápida dos itens que você precisa guardar. Isso inclui: roupas de outras estações; decorações de festas; documentos pessoais; recordações; ferramentas e ferragens; embalagens originais de aparelhos ainda na garantia.

A outra metade de sua lista de "coisas" é a bagunça acumulada, que precisa ser jogada fora. Bons candidatos ao lixo são bugigangas, aparelhos pequenos nunca usados e sobras de construção e decoração. Examine sua lista e faça um círculo vermelho em volta dos itens a serem descartados.

Dentro da lista de coisas há outra categoria: o grupo "vamos negociar". São itens que, aparentemente, merecem ir para o lixo, mas pertencem a outros membros da família. Essa categoria complicada inclui: coleções de LPs e de pertences de crianças que cresceram; objetos de valor sentimental, tais como todos os trabalhos de escola trazidos para casa pelos filhos; e delírios dos viciados em ferramentas, totalmente inúteis, e suprimentos para trabalhos artesanais.

Para os itens "vamos negociar", é imprescindível uma discussão com a parte interessada. Objetivo: eliminar, reduzir ou aceitar a necessidade de guardar cada categoria de objetos.

2 Encaixote e descarte

Esta é a fase em que se cria um armazenamento doméstico eficiente. Prateleira por prateleira, cômodo por cômodo, esquadrinhe as áreas de armazenamento. Pegue cada coisa guardada e faça uma triagem, descartando o que é rejeitado. Encaixote tudo que é de outros lugares. Depois guarde os itens que você já destinou a cada espaço. Itens rejeitados serão doados, vendidos ou postos no lixo.

3 Ordene e controle

Agora que o plano de armazenamento já está sendo posto em prática, adquira ou monte os recipientes de armazenamento necessários para guardar o que sobrou. Por último, faça um inventário das novas áreas de armazenamento ordenadas. Como as listas de avaliação, você faz o inventário percorrendo a casa toda. Com esse exercício você se sentirá bem e fornecerá à família um mapa dos itens guardados.

Armazenamento **fácil**

Um plano de armazenamento é só o começo; pô-lo em prática pode parecer desanimador. Enfrente o processo passo a passo e use estas dicas para facilitar a mudança:

- **Mantenha à vista sua lista de avaliação.** Saiba exatamente quais itens foram destinados à prateleira mais alta do armário de sua filha: caixas contendo roupas de outra estação. Com seu plano em mente, você não se sentirá tentada a guardar naquele espaço brinquedos que estão sobrando ou lençóis supérfluos.
- **Faça uma prateleira por vez.** Nunca esvazie mais espaço do que possa ser arrumado em apenas uma sessão. Mantenha o esforço modesto e constante e você vencerá a batalha do armazenamento. Se gastar energia demais, você vai apenas confundir o campo de batalha.
- **Caixa para tudo,** a menos que você jogue fora. Você está fazendo a triagem da parte de cima do armário na lavanderia. Decidiu que ali será o lugar dos enfeites de festa. Mas, agora, o espaço é uma mistura de vasos velhos, quinquilharias, duplicata de produtos de limpeza e jogos de tabuleiro. Traga a lixeira, uma caixa "Vender/Dar" e duas ou três caixas extras. Pegue cada item e coloque-o numa caixa (ou jogue fora). Produtos de limpeza vão para uma caixa destinada à cozinha. Os vasos, na caixa "Vender/Dar". Seu marido faz questão de guardar o bibelô de porcelana dado pela mãe dele, então embrulhe-o e coloque-o numa caixa com etiqueta "H", de horroroso. Jogos de tabuleiro vão em outra caixa. Continue até esvaziar o espaço.
- **Leve as caixas para o novo lugar.** Depois de ter esvaziado e limpado o espaço, disponha o conteúdo de cada caixa em seu novo lugar, segundo sua lista de avaliação. Jogos de tabuleiro vão para as estantes da sala. Ponha a caixa "H" no forro, para enchê-la a cada novo espaço que esvaziar. As caixas "Vender/Dar" ficam empilhadas junto a uma parede da garagem para ser encaminhadas.
- **Planeje a etapa de "pôr no lugar".** Como as sessões de ACABE com a bagunça, as de lidar com as coisas armazenadas funcionam melhor em períodos de 20 minutos. Vá colocando as coisas nas caixas até o cronômetro tocar. Depois leve os itens encaixotados para seus lugares. Com isso sua casa se livra do caos e tudo fica no lugar.
- **Dividir ou reinar?** Só você pode saber se será melhor delegar e envolver a família quando colocar em prática o plano de armazenamento. Seu marido é bagunceiro? Talvez seja melhor trabalhar sozinha e poupá-lo do trauma de encaixotar seus tesouros. Não; seu marido é organizado. Então aproveite essa energia para uma faxina conjunta na garagem. Veja se vale mais a pena a família participar ou se isso pode provocar estresse ou dispersão.
- **Devagar e sempre.** Não desista! Quando a motivação diminuir, volte aos espaços que você já arrumou. Admire-os. Parabenize-se. Tire o resto do dia de folga, mas volte àquele armário no dia seguinte. Lembre-se: sua casa não ficou nesse estado de um dia para outro. Portanto, não pense que poderá organizá-la de um dia para outro.
- **Armazenar fora de casa?** Nossa vida muda e costuma trazer problemas de armazenamento. Depois que os filhos saem de casa, nem sempre carregam consigo as lembranças da infância. Quando problemas súbitos de armazenamento ocorrem, pense na opção de usar um espaço fora de casa. Pequenas unidades de armazenamento podem ser alugadas para dar conta de guardados excessivos, até fazer a triagem de tudo. Para resolver o assunto, avise os filhos adultos que as coisas deles precisam ser retiradas antes que o aluguel da unidade de armazenamento vença.

Papelada

separe, organize, deixe acessível

Onde estão suas declarações de imposto de renda? Provavelmente misturadas a uma pilha qualquer de papéis... em algum lugar.

Montanhas de papel inundam sua casa todo dia. O correio traz cartas, contas, extratos de bancos. As pastas explodem com periódicos profissionais, recibos, calendários. Mochilas escolares descarregam trabalhos de arte, circulares de reuniões, horários de esportes.

A bagunça da papelada custa dinheiro e tempo, e estressa. Uma autorização perdida retém a família inteira na hora de sair. Contas que brincam de esconder ganham multas por atraso. Perca a lista dos integrantes do futebol e terá de recorrer à lista telefônica cada vez que for contatar a carona para o treino.

Sem um plano para o gerenciamento de papéis, a casa pode naufragar nessa maré sempre alta de papéis. Nesta seção iremos estabelecer um centro para lidar com os papéis da casa, eliminar a bagunça da papelada, aprender o básico dos arquivos domésticos e criar um inventário doméstico.

Central de informações: **um centro para os papéis**

Uma empresa não pediria à secretária ou ao contador que mantivesse a papelada em ordem sem oferecer espaço de trabalho adequado. Como um escritório, toda casa precisa de um centro para gerenciar papéis: a Central de Informações, para lidar com contas, formulários e manter em dia a correspondência profissional e social.

O foco da Central de Informações é tudo o que se relaciona aos papéis da casa: de contas a orçamentos, de listas de compras ao imposto de renda. A localização específica da Central de Informações varia segundo as necessidades da família, mas precisa dispor de:

- Telefone
- Agenda da Casa *(págs. 84-87)*
- Agenda de endereços
- Calendário
- Calculadora
- Arquivo fixo ou móvel
- Arquivo ativo ou bandejas de entrada e saída

O ideal seria uma escrivaninha só para isso, com espaço de trabalho e armazenamento apropriados para as tarefas realizadas na Central de Informações. Se a família tem um computador, acrescente-o ao centro ou instale-o por perto. Uma picotadora de papéis é uma boa idéia para destruir correspondência inútil e formulários, para se proteger contra golpes.

Se há pouco espaço, um lado da mesa da cozinha pode servir como Central de Informações, com material e papéis guardados num arquivo móvel embaixo da mesa.

"Como um escritório, toda casa precisa de um centro para gerenciar papéis."

E a Central de Informações precisa destes utensílios e materiais para lidar com a papelada de maneira rápida e fácil:

- Suprimento de pastas de arquivo adicionais
- Pastas suspensas adicionais
- Grampeador
- Fita adesiva
- Clipes para papel
- Post-it
- Canetas
- Marcadores
- Papéis de carta
- Cartões
- Selos
- Envelopes
- Tesoura

Use a Central para conferir talão de cheques, pagar as contas, arquivar documentos para o imposto de renda e os formulários de seguro. Responda à correspondência e mande cartões de felicitações. Sele as cartas. A Central de Informações é o local com tudo o que é necessário para lidar com papéis, tarefas financeiras e arquivamento.

Uma poltrona confortável e boa iluminação tornam a Central de Informações um lugar agradável para trabalhar.

▶ **Cores vivas.** Quem disse que material de escritório precisa ser cinza ou preto? Use cor e estilo no espaço destinado à Central de Informações e terá uma área muito mais atraente.

Dicas para agilizar a papelada em casa

Pagar contas, fazer declaração de imposto de renda, procurar recibos e cuidar da correspondência são coisas demoradas. Mas achar um documento em meio a muitas pilhas ou em sacolas cheias de papéis enfiadas no fundo do armário pode levar mais tempo. Teste estas dicas para agilizar e organizar a papelada de casa.

1 Faça na hora

Durante o dia todo surgem tarefas ligadas à papelada. Se elas podem ser feitas em dois minutos ou menos, faça-as na hora em que surgem. Recorte as ofertas do jornal de domingo, escreva um agradecimento a um amigo ou arquive um recibo para o imposto de renda no momento em que o jornal, as flores ou o recibo chegam. Como são necessários pelo menos dois minutos para retomar itens adiados, resolver tarefas rápidas ao longo do dia poupa seu tempo.

2 Ponha a papelada no devido lugar

Se a Central de Informações tiver um arquivo ativo ou uma bandeja de entrada e saída, é para usar. Sempre que um papel chegar à sua mão – seja ao trazê-lo da rua, seja pelo correio –, guarde-o no devido lugar. Assim você saberá exatamente onde encontrar as contas na data de vencimento.

3 Jogue o lixo fora

Jogue fora os papéis inúteis imediatamente. Livre-se da mala direta que não lhe interessa quando estiver olhando a correspondência. Jogue folhetos e tíquetes desnecessários do supermercado assim que os tirar da bolsa. Livre-se dos memorandos inúteis ao esvaziar a pasta. Quanto mais cedo o papel inútil for para o lixo, melhor. Lembre-se de picotar correspondência com informações sigilosas, como formulários de cartão de crédito com dados impressos.

4 Faça lembretes

Notas em post-it indicam o que fazer se a questão não puder ser logo resolvida. Se uma empresa de vendas por catálogo mandar um item quebrado, use um post-it para ir anotando as ligações feitas a ela e outras medidas tomadas para resolver o caso. O post-it diz em que pé está a situação naquele exato momento.

5 Arquive rápida e corretamente

Uma pasta "Arquivar" é um convite ao caos. O tempo passa e o conteúdo da pasta vai crescendo sem o menor controle. Resultado: uma longa e maçante sessão de arquivamento atrasado. Mantenha em dia esse serviço arquivando notas fiscais, recibos, documentos de seguro e informações para o imposto de renda assim que os tiver em mão. Desse modo evitará o acúmulo de documentos para arquivar.

6 Mantenha um estoque de papelaria e de material para correio

Nunca deixe de ter um estoque de papelaria e suprimentos postais, pois nada é mais frustrante do que ter de terminar uma sessão de pagamento de contas com uma visita não planejada à agência do correio. Compre cartelas de selos e, se você tiver espaço para guardar, um bom estoque de papelaria. Mantenha uma lista dos materiais que você usa regularmente, na mesma linha da lista de compras *(pág. 94)* e dê uma verificada antes de ir à papelaria.

7 Agende quando mexer com papéis

Agende as tarefas de banco, pagamento de contas e impostos para evitar o pagamento de multas por atraso. Marque um dia da semana, logo no começo do ano, para reunir as informações e deixar tudo pronto para a declaração de imposto de renda. Esperar até a última hora é muito estressante.

8 Crie uma "caixinha de despedida"

Uma maneira rápida e astuta de lidar com o arquivamento de papéis é criar uma "caixinha de despedida". Reserve uma caixa de papelão para a papelada que deve ir para o lixo mas que a deixa nervosa, pois, no fundo, você é daquelas que junta tudo. Ao arquivar papéis realmente importantes, ponha os outros nessa caixa. Após seis semanas, jogue fora o conteúdo da caixa – sem olhar, separar nem espiar. Se você não precisou daquele material em mais de um mês, nunca mais vai precisar dele...

9 Compre um etiquetador eletrônico

Para um meio rápido de etiquetar arquivos, invista num etiquetador eletrônico. Essas maquininhas com teclado imprimem etiquetas perfeitas uma por vez, e são uma dádiva para quem quer ter arquivos fáceis de achar. Errou numa etiqueta? É fácil: imprima uma nova. Precisa trocar a etiqueta de um arquivo? Basta digitar, imprimir e colar.

10 Não tenha medo dos arquivos

Arquivar é uma tarefa "enjeitada" na administração doméstica. No entanto, um bom arquivamento compensa na hora em que tiver de achar o histórico do veterinário sobre o cachorro ou a nota para trocar um presente. Pastas "Arquivar" inchadas são o terror de um escritório doméstico organizado. Por isso, termine cada sessão de tarefas burocráticas com uma breve sessão de arquivamento. Ponha notas, recibos, contas e extratos de cartões de crédito nas respectivas pastas. Os papéis com data mais recente ficam por cima, a fim de facilitar a consulta.

Dicas conforme **as personalidades**

Tempo e dinheiro! Questões que nos tocam muito e podem expor a bagunceira dentro de você. Teste estas dicas para acabar com o caos na escrivaninha:

■ **A que junta.** Se você é daquelas que guarda tudo, nada produz mais ansiedade do que arrumar papéis e arquivos. E se você precisar daquele catálogo, carta, tíquete ou circular algum dia?

O mais provável é que você jamais precise dele, e é aqui que entra a "caixinha de despedida" *(ver dica 8)*, que cria uma uma espécie de "limbo" para os papéis inúteis. Só de pensar em jogá-los fora dá calafrios na pessoa que guarda tudo. Saber que esses papéis terão um lar provisório (caso precise deles) controla os temores dela. Se de fato precisar deles, estarão lá, mas com essa estadia na "caixinha de despedida" fica mais fácil se separar deles após o tempo ter passado e a ligação com eles desaparecer.

■ **A perfeccionista.** A pessoa razoável fica contente por ter arquivado todos os papéis, mas a perfeccionista quer sempre mais. Ele ou ela precisa ter o arquivo perfeito, etiquetado e arrumado de modo impecável.

Perfeccionistas costumam se preocupar com coisas como: as pastas devem ser todas da mesma cor ou uma pasta nova pode tirar do alinhamento o esquema anterior. Cada espiada no local de arquivamento irá irritar os perfeccionistas se as pastas não estiverem à altura de seus padrões inatingíveis.

Por mais estranho que essas coisas pareçam para os outros, os perfeccionistas sofrem por causa delas. Você pode aliviar o problema comprando um aparelho para criar etiquetas uniformes e de excelente aparência: um etiquetador eletrônico *(ver dica 9)*.

Entre **em ação**

Um Arquivo Ativo agiliza a gestão diária da papelada. Na hora de lidar com o serviço de administração da semana, você encontrará tudo o que precisa no Arquivo Ativo.

- **Use um arquivo de mesa pequeno** para pastas suspensas, com etiquetas do tipo: "Pagar", "Fazer", "Arquivar".
- **Faça pastas separadas** para cada membro da família e para projetos, esportes ou atividades escolares e artesanais.
- **Separe e arquive** nas pastas apropriadas a papelada que chega a cada dia.
- **As contas vão para** a pasta "Pagar", enquanto os papéis do plano de saúde e outros documentos importantes vão para a pasta "Arquivar" ou para pastas próprias.
- **Arquive coisas** que têm de ser feitas – como autorizações que precisam de assinatura, correspondência que requer resposta e lembretes para marcar consulta no dentista das crianças – na pasta "Fazer".

Livre-se da bagunça dos papéis

Apesar de todos os esforços, pilhas de contas procriam nos cantos, enquanto a correspondência da semana se espalha na mesa da cozinha. Se isso continuar, cada sessão para pagar contas levará o dobro do tempo. Guarde os papéis nos devidos lugares! Experimente estas dicas para se livrar da bagunça da papelada.

Decida-se

As pilhas de papéis têm vida própria? Como em todos os problemas de bagunça, o culpado é o adiamento das decisões. É divertido olhar a correspondência do dia na mesa da cozinha, mas se ficar largada ali a triagem terá de ser feita de novo mais tarde. E é bem provável que algumas se percam.

Decida o que fazer com cada papel no momento em que o tiver nas mãos. Pergunte-se: "Isto precisa ser pago, respondido ou arquivado?". Depois coloque o papel na pasta apropriada de seu Arquivo Ativo. A triagem e o arquivamento imediatos cortam a bagunça da papelada pela raiz.

Manter ou jogar fora?

Especialistas em eficiência afirmam que a regra 20-80 continua funcionando, e que funciona muito bem em relação aos arquivos. Ou seja, precisaremos apenas de 20% dos papéis que são destinados a qualquer sistema de arquivamento; os demais 80% nunca mais serão vistos, consultados ou manuseados.

Ao arquivar os papéis da casa, tenha sempre em mente a regra 20-80 para diminuir a bagunça no arquivo. Resolva limitar o conteúdo de seu arquivo aos 20% que realmente interessam; descarte qualquer item desnecessário.

▲ **Diariamente.** Escolha um lugar para o papel que entra e use-o diariamente para conter a maré alta. Você sempre saberá onde achar as contas, cartas e circulares da semana.

▲ **Arquive logo.** Não deixe a papelada já classificada na pilha "para arquivar". Arquivar logo os papéis significa que você sempre encontrará a informação de que precisa com rapidez.

Livre mais espaço com estas dicas para desativar os mecanismos da bagunça da papelada:

- **Trabalhos de arte das crianças.** Quando não se consegue mais ver a geladeira, está na hora de reduzir o fluxo das artes das crianças. Todo dia separe-as numa pasta "trabalhos de arte" em seu Arquivo Ativo *(ver pág. 231)*. A cada semana selecione o melhor trabalho para ser exposto como a "Arte da Semana na Geladeira" e ponha os demais no Arquivo Atual da criança. No fim do ano coloque a coleção dos melhores trabalhos do ano num envelope grande, marque o ano e guarde-o no Arquivo Morto da casa. Mande para avós e tios os trabalhos que sobram, com mensagens escritas no verso.
- **Calendários, cardápios, listas de telefones.** Economize tempo ao telefone pondo os calendários, horários, cardápios de entrega em domicílio e listas de telefones em protetores transparentes na Agenda da Casa *(ver págs. 84-87)*. Folheie a Agenda para confirmar datas de reuniões ou achar telefones.
- **Cartões e correspondência.** Aniversários, comemorações e outros eventos fazem parte da vida. Então, por que correr até a loja de cartões a cada ocasião? Uma vez por ano, compre um sortimento de cartões para todas as ocasiões e materiais de papelaria. Guardados com selos e canetas, darão conta da correspondência social sem estresse.
- **Correio diário.** Faça uma triagem do que recebe pelo correio e ponha no lixo reciclável catálogos sem interesse, folhetos ou ofertas. Por segurança, picote ou destrua formulários de cartão de crédito e solicitações financeiras antes de reciclá-los.
- **Mala direta.** O destino da mala direta deveria ser a lixeira. Quando não puder ser evitada, como em material anexado ao envelope das contas, devolva o problema ao remetente: remova qualquer identificação no formulário e ponha no correio para a empresa inconveniente no envelope pré-pago, com uma nota breve dizendo "não, obrigada". Você vai remunerar o correio e desencorajará o uso da mala direta.
- **Manuais e garantias.** Fichários e um suprimento de protetores transparentes de página facilitam arquivar e achar manuais de instruções de produtos e garantias de aparelhos. Uma vez por ano, folheie o fichário e remova qualquer papel referente a itens que você não mais possui.
- **Jornais e revistas.** Esqueça a idéia de colocar as revistas em leque ou os jornais em pilhas arrumadas sobre as mesinhas. Cestas baixas ou bandejas usam o princípio da "bagunça organizada" para expor o material de leitura sem permitir que eles tomem conta da sala.
- **Notas fiscais/recibos.** Quando despesas de trabalho ou questões de imposto exigem que você os guarde, coloque uma pasta suspensa no Arquivo Ativo *(ver pág. 231)* para recebê-las. Jogue fora outras notas ou tíquetes desnecessários, para não se perder naquela papelada inútil.

trabalhos de arte das crianças ▲ *(págs. 210-211, 212-213)*

Elabore seu sistema **de arquivamento doméstico**

Criar um sistema de arquivamento doméstico é muito fácil. Para que ele serve? Trata-se do lugar onde se guardam papéis para quando precisarmos deles de novo. Organizado de forma adequada, esse sistema preserva documentos importantes e permite que sejam encontrados com facilidade.

A administração eficiente da papelada pode ser muito simples. Basta adotar estes três elementos-chave em seu sistema de arquivamento doméstico:

1 **Arquivo Ativo**
Arquivo de mesa com pastas suspensas, para tarefas diárias e de curto prazo. Use-o para contas a pagar, correspondências e outros papéis que exijam resposta e para outras informações e papéis que precisam ser arquivados por um prazo curto *(ver também págs. 231 e 232-233)*.

2 **Arquivo Atual**
É o sistema de arquivos em andamento. Instalado num gaveteiro para pastas suspensas, o Arquivo Atual guarda papéis do plano de saúde, faturas de cartão de crédito, recibos de aluguel e extratos bancários. Use-o para guardar contas pagas, arquivar recibos para o imposto de renda, informações médicas e dados sobre a manutenção da casa.

3 **Arquivo Morto**
Arquivo usado para os papéis que têm de ser guardados por longo período. O que fica no Arquivo Morto? Cópias de declarações de imposto de renda, cheques cancelados, documentos e recibos de imóveis, apólices de seguro, documentos e garantia de carros e extratos de cartão de crédito. Use arquivos de aço ou caixas de arquivo para proteger esses papéis. Nota: documentos originais, como apólices de seguro e documentos legais, devem ser guardados em lugar seguro, como um cofre de casa ou de banco.

"A administração eficiente da papelada pode ser muito simples."

Arquive com seu próprio sistema

Para estabelecer o sistema de arquivamento de sua casa de acordo com o plano 1, 2, 3, siga estes três passos:

Passo nº 1. Junte toda a papelada. Para criar seu sistema de arquivamento, esquadrinhe a casa e colete a papelada da família. Reúna estes tipos de documentos:

- **Carro:** documento, apólice de seguro, registro de consertos, garantias, manual do proprietário e documentos de aluguel.
- **Banco:** extratos bancários, cheques cancelados, talões de cheque, número e chave do cofre no banco, extratos de investimentos e certificados de depósito.
- **Contas e empréstimos:** faturas de cartão de crédito, contas de luz, água, TV a cabo, telefone, documentos de empréstimos e carnês de compras.
- **Saúde:** históricos médicos, informações sobre médicos e dentistas, receitas, recibos médicos, documentos do plano de saúde e manual do plano.

▶ **Arquivo elegante.** Fora com a monotonia do bege e preto. Arquivos e caixas para papéis podem ser tão decorativos quanto organizados. Procure cores e opções inovadoras.

PRAZOS PARA GUARDAR DOCUMENTOS

Documento	Por quanto tempo mantê-lo
■ Aluguel	5 anos
■ Certidões de nascimento	Para sempre
■ Certificado de reservista	Para sempre
■ Certificados, títulos e ações	Até serem trocados por dinheiro ou vendidos
■ Cheques cancelados	5 anos
■ Contrato de compra da casa e anotações sobre reformas	Enquanto a propriedade for sua ou ainda estiver auferindo lucros dela
■ Contratos	Até serem renovados
■ Contratos de assistência técnica ou garantias	Até o item ser vendido/doado ou jogado fora
■ Contratos de empréstimos	Até serem renovados
■ Declarações de imposto de renda	5 anos
■ Documento do carro	Até ser vendido
■ Escritura de imóveis	Enquanto a propriedade for sua
■ Extratos bancários	5 anos
■ Inventário da casa	Até ser renovado
■ Notas fiscais de compras de valor alto	Até o objeto ser vendido/doado
■ Números da conta dos cartões de crédito	Até serem renovados
■ Papéis do divórcio	Para sempre
■ Registros de investimentos	5 anos após o imposto do ano da venda
■ Seguro de vida	Até ser renovado
■ Seguros do carro ou da casa	Até serem renovados
■ Testamento	Até ser atualizado

■ **Imóvel:** extratos da hipoteca ou recibos de aluguel, escritura da casa, Habite-se, plantas, apólices de seguro, imposto predial e avaliações.

■ **Seguro:** apólices de seguro, emendas às apólices e formulários impressos.

■ **Documentos:** certidões de casamento e de nascimento, papéis de adoção, espólios e testamentos, procurações, certificado de reservista, título de eleitor e passaporte.

■ **Aposentadoria:** documentos relativos a pensões e aposentadorias.

■ **Objetos de valor:** avaliações, inventários e fotografias de objetos de arte, antiguidades, jóias, livros raros, prataria, porcelanas ou cristais. Mantenha-os num lugar seguro.

Passo nº 2. Escolha o lugar de cada papel. O bom sistema de arquivamento é como impressão digital: único para cada família. Embora esquemas prontos (que em geral requerem que se arquivem os documentos de acordo com números ou códigos alfanuméricos) possam parecer simples de usar, eles só irão funcionar para sua família se ela entender o que eles propõem e onde é o lugar de cada documento. Adote um sistema de arquivamento que faça sentido... para você. Etiquete as pastas na linguagem de todo dia, usando termos que ajudem a lembrar o que há dentro de cada pasta. Se mais de um membro da família lida com a papelada, chegue a um consenso quanto às etiquetas. Em geral, as opções mais utilizadas para as etiquetas são:

- **Carro:** etiquete descritivamente, a exemplo de Carro ou pelo modelo.
- **Banco:** use nomes como Banco, Poupança ou o nome do banco.
- **Contas e empréstimos:** arquive pelo nome de quem recebe ou tipo da conta (água, luz).
- **Saúde:** reúna arquivos para recibos médicos, plano de saúde, receitas e para cada nome dos membros da família (Miguel – histórico médico).
- **Imóvel:** as etiquetas podem ser Casa, Hipoteca, Consertos ou o endereço (Praça da Matriz, 311).
- **Seguro:** faça os arquivos pela companhia ou pelo tipo: Casa, Vida, Carro.
- **Documentos:** ponha os documentos dos membros da família em pastas separadas (João, Alice) e abra pastas para itens específicos (Bens da vovó, Acidente de carro em 2004).
- **Aposentadoria:** etiquete descritivamente, como Benefícios, Pensão.
- **Objetos de valor:** escolha etiquetas que facilitem localizar a informação: Arte, Livros, Jóias, Antiguidades.

Ao abrir pastas e distribuir os papéis nelas, separe documentos que precisam ser guardados em segurança. Documentos legais, certidões de nascimento e casamento, certidão de propriedade de carro, escritura de imóvel e ações devem ser todos guardados num lugar seguro, como um cofre em casa ou então no cofre do seu banco.

Não se esqueça de acrescentar negativos fotográficos – ou cópias de arquivos de fotos digitais – à pasta de documentos originais. As lembranças também são valiosas!

"O bom sistema de arquivamento é como impressão digital: único."

▶ **Arquivo ágil.** Vertical é melhor que horizontal: nada mais verdadeiro quando se trata de lidar com a papelada. Pastas suspensas permitem localizar um papel só de olhar.

Passo nº 3. Estabeleça os prazos de arquivamento. Todo mundo tem algum amigo ou parente que nunca se desfaz da papelada. Com o passar dos anos, os arquivos da casa deles ficam tão volumosos que é impossível achar qualquer coisa.

Saber o que guardar, e por quanto tempo, é o segredo de um sistema eficiente. Arquivistas profissionais chamam isso de "período de retenção". Estabeleça os de sua casa, para poder manter seu sistema de arquivamento enxuto. Você precisará consultar advogados e contadores para recomendações mais específicas, mas use a lista da página 236 como um guia geral dos prazos para manter sua papelada. Uma lista simples – imposto de renda (mantenha por cinco anos); faturas pagas de cartão de crédito (cinco anos); documentos da casa (para sempre) – facilita podar o crescimento do Arquivo Morto.

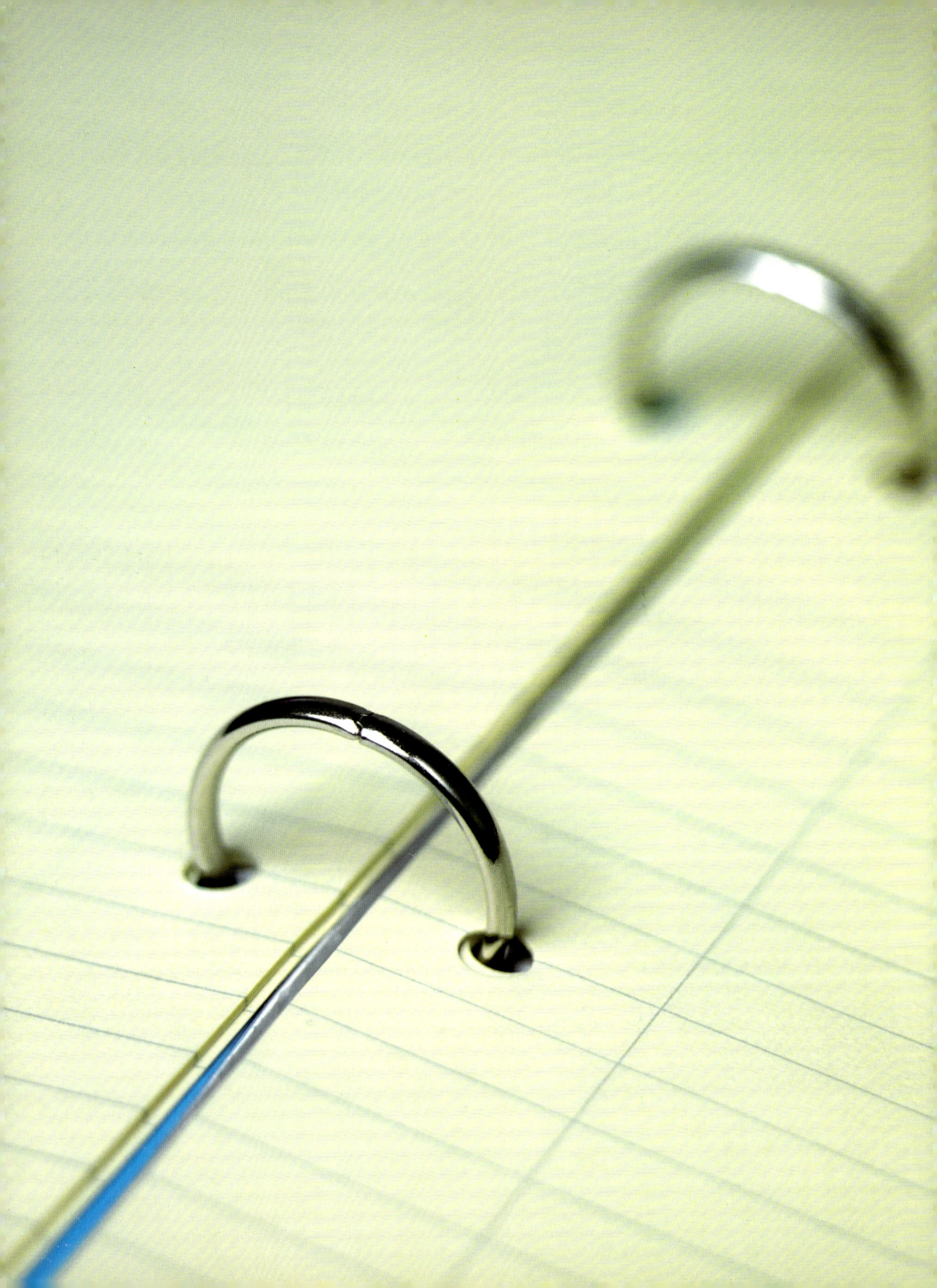

Formulários domésticos, listas e planejadores

Crie suas páginas de planejamento para a Agenda da Casa. Entre os formulários há listas de coisas a fazer diárias, semanais e principais; lista de compras; cardápio semanal e mensal; e informações em caso de emergência.

Controle as tarefas diárias com um planejador simples, que inclui "ir", "fazer", "ligar" e "o que tem para jantar?". A cada semana faça uma Lista Semanal de Coisas a Fazer e reúna tarefas maiores e menores na Lista Grande de Coisas a Fazer.

Presa à geladeira, a Lista de Compras junta num só lugar os lembretes de coisas a comprar. Use o Inventário do Freezer para saber o que você tem congelado. Planejar o cardápio poupa tempo, dinheiro e estresse. Por isso, faça o seu com o Planejador de Cardápio Semanal. Com o Planejador de Cardápio Mensal, decida numa única sessão de planejamento os cardápios do mês inteiro.

Para mais informações sobre os assuntos tratados no livro, procure acessar websites relativos à organização doméstica.

Emergências

Em caso de emergência:

1 Mantenha a calma **2** Descreva a emergência **3** Não desligue o telefone

Emergências médicas ______

Polícia ______

Bombeiros ______

Ambulância ______

O número de telefone daqui é ______

O endereço daqui é ______

Como chegar aqui ______

______

______

______

______

______

Médico da família ______

Telefone do trabalho da mamãe ______

Celular da mamãe ______

Telefone do trabalho do papai ______

Celular do papai ______

Nome do vizinho ______

Telefone do vizinho ______

Nome de um amigo ou parente ______

Telefone desse amigo ou parente ______

Lista Grande de Coisas a Fazer

Data	Fazer	Categoria	Data prevista

■ Liste as coisas a fazer e indique a categoria delas (por exemplo: trabalho, casa, serviço voluntário, cônjuge, pais).

■ Reveja a Lista Grande de Coisas a Fazer toda semana e acrescente itens dela à lista diária. Use a Data Prevista e a Categoria para ajudá-la a selecionar.

Lista Diária de Coisas a Fazer

Data:

Fazer

Ir

Comprar

Ligar para

O que tem para jantar?

Lista Semanal de Coisas a Fazer

Semana de:

2ª-feira

3ª-feira

4ª-feira

5ª-feira

6ª-feira

Sábado

Domingo

Lista de Compras

Item	✔	Item	✔	Item	✔
	☐		☐		☐
	☐		☐		☐
	☐		☐		☐
	☐		☐		☐
	☐		☐		☐
	☐		☐		☐
	☐		☐		☐
	☐		☐		☐
	☐		☐		☐
	☐		☐		☐
	☐		☐		☐
	☐		☐		☐
	☐		☐		☐
	☐		☐		☐
	☐		☐		☐
	☐		☐		☐
	☐		☐		☐
	☐		☐		☐
	☐		☐		☐
	☐		☐		☐
	☐		☐		☐
	☐		☐		☐

Inventário do Freezer

Item						Item					
______	☐	☐	☐	☐	☐	______	☐	☐	☐	☐	☐
______	☐	☐	☐	☐	☐	______	☐	☐	☐	☐	☐
______	☐	☐	☐	☐	☐	______	☐	☐	☐	☐	☐
______	☐	☐	☐	☐	☐	______	☐	☐	☐	☐	☐
______	☐	☐	☐	☐	☐	______	☐	☐	☐	☐	☐
______	☐	☐	☐	☐	☐	______	☐	☐	☐	☐	☐
______	☐	☐	☐	☐	☐	______	☐	☐	☐	☐	☐
______	☐	☐	☐	☐	☐	______	☐	☐	☐	☐	☐
______	☐	☐	☐	☐	☐	______	☐	☐	☐	☐	☐
______	☐	☐	☐	☐	☐	______	☐	☐	☐	☐	☐
______	☐	☐	☐	☐	☐	______	☐	☐	☐	☐	☐
______	☐	☐	☐	☐	☐	______	☐	☐	☐	☐	☐
______	☐	☐	☐	☐	☐	______	☐	☐	☐	☐	☐
______	☐	☐	☐	☐	☐	______	☐	☐	☐	☐	☐
______	☐	☐	☐	☐	☐	______	☐	☐	☐	☐	☐
______	☐	☐	☐	☐	☐	______	☐	☐	☐	☐	☐
______	☐	☐	☐	☐	☐	______	☐	☐	☐	☐	☐
______	☐	☐	☐	☐	☐	______	☐	☐	☐	☐	☐
______	☐	☐	☐	☐	☐	______	☐	☐	☐	☐	☐

Use um traço diagonal para marcar cada refeição ou item congelado no freezer. Cruze cada item ao usá-lo. Este formulário também pode ser usado para o inventário da despensa.

Item no freezer **Item usado**

Planejador de Cardápio Semanal

Semana de:	café-da-manhã	almoço	jantar
2ª-feira			
3ª-feira			
4ª-feira			
5ª-feira			
6ª-feira			
Sábado			
Domingo			

Planejador de Cardápio Mensal

Mês:	semana 1	semana 2	semana 3	semana 4	Notas
2ª-feira					
3ª-feira					
4ª-feira					
5ª-feira					
6ª-feira					
Sábado					
Domingo					

Referências

Você precisa de mais ajuda para organizar a casa? Veja estas referências.

Para Acabar com a Bagunça

Organize sua Vida

http://www.organizesuavida.com.br/si/site/100301

Site em português que lida com a questão da organização de maneira ampla: desde a arrumação e limpeza dos vários ambientes da casa até organização pessoal (otimização do uso do tempo, agenda, rotinas e tarefas, orçamento familiar) e como compor e melhorar a qualidade de vida de pessoas com necessidades especiais. Além disso, oferece cursos de organização de residências.

Alt.Recovery.Clutter

http://groups-beta.google.com/group/alt.recovery.clutter/about

Site em inglês. Um dos antigos grupos de apoio on-line para bagunceiros teve início na Usenet em 1996. Agora disponível na internet, fornece informações e apoio para os bagunceiros e os que juntam coisas.

Para se Organizar

Home Made Simple: Organized Life

http://homemadesimple.com/organizedlife/

Site em inglês que apresenta artigos e dicas para a organização doméstica.

The Holding Company

http://www.theholdingcompany.co.uk

Site em inglês. Soluções de arrumação para cada cômodo, como cozinha, banheiro, quarto, área das crianças e escritório em casa.

MSN House and Home

http://houseandhome.msn.com

Site em inglês. Veja na área de "Decor and Home Living" as soluções de arrumação e organização propostas para todos os cômodos da casa.

Para Limpeza

Faz Fácil

http://www.fazfacil.com.br

Site em português que traz uma seção com orientações sobre escolha, manutenção e uso de aparelhos eletrodomésticos, carpetes, móveis, colchões, arrumação e manutenção de roupas e armários, dicas sobre costura, lavar e passar roupas, calçados, lingerie, roupas de banho e outros.

Irenes Dicas e Truques Caseiros

http://www.irenes.com.br

Site em português com dicas sobre alimentos, truques de limpeza, remoção de manchas, lavagem de roupas etc.

Consumers Answer Line

http://www.extension.iastate.edu/answerline/

Site em inglês. Um serviço da Iowa State University Cooperative Extension Agency. Procure essa referência na internet para dicas e artigos sobre limpeza da casa, segurança na comida, administração doméstica e lavagem de roupas.

National Soap and Detergent Association

http://cleaning101.com

Site em inglês de uma associação de fabricantes de produtos de limpeza que dá orientação sobre lavagem de roupa, limpeza da casa e o uso de produtos. Não perca a pesquisa anual de atitudes quanto à limpeza – uma boa leitura.

The Clean Team

http://thecleanteam.com/

Site em inglês. Os faxineiros profissionais de Jeff Campbell conseguem limpar um apartamento de dois quartos em 43 minutos. Seus livros, produtos, artigos e conselhos vão acelerar a limpeza de qualquer casa. Não perca as regras para agilizar a limpeza e controlar a bagunça.

Bald's Furniture Balm

http://www.baldsbalm.co.uk

Site em inglês. Especializada em produtos para restaurar madeira e lidar com arranhões. Remete seus produtos para o mundo todo.

Para Planejar

Getting Things Done by David Allen

http://davidco.com/

Site em inglês. David Allen, especialista em produtividade, oferece orientação para administrar o caos do tempo com princípios de *Getting Things Done (GTD).* Descubra o segredo das 43 pastas e livre-se do "entulho" em sua vida.

Para Mais Coisas Boas

Mulher de Classe

http://www.mulherdeclasse.com.br

Site em português. Além de conselhos práticos para resolver problemas do cotidiano relativos a tarefas domésticas (culinária, truques de limpeza, remoção de manchas e odores), aqui se encontram orientações para a vida profissional e em família, a mulher na sociedade, comportamento, saúde, moda.

Casa da Chris

http://casadachris.uol.com.br

Site em português com dicas para facilitar a vida em casa, endereços úteis, receitas, além de uma seção "Faça em casa" com explicações passo a passo.

Consumers Union

http://consumersunion.org/

Site em inglês. Editora de *Consumer Reports*, esta organização sem fins lucrativos fornece dicas e conselhos sobre diversos itens.

eHow: Homemaking

http://www.ehow.com/list_1096.html

Site em inglês. Direta e agradável, esta fonte oferece conselhos práticos sobre como fazer uma infinidade de coisas da casa.

USDA Food Safety Information

http://www.foodsafety.gov/

Site em inglês. Desde comida congelada até o que pôr na despensa, veja as dicas sobre culinária segura e estocagem de alimentos.

OrganizedChristmas.Com

http://organizedchristmas.com

Site em inglês parceiro do OrganizedHome.com, oferece dicas de como organizar as festas de fim de ano, formulários grátis para planejá-las, presentes artesanais fáceis e receitas.

The Simple Living Network

http://www.simpleliving.net/

Site em inglês de pesquisa para uma vida simple e independência financeira. Sede das iniciativas "Your Money or Your Life" e "Take Back Your Time".

Índice

Agradecimentos

Agradecimentos da autora

Por trás deste livro há toda uma comunidade: os membros que se reúnem em OrganizedHome.com para encorajar uns aos outros a limpar a casa e se organizar no lar. O coração e a alma da comunidade OH é um farol brilhante num mundo de caos, e fico muito grata pela amizade, inspiração e exemplo de seus membros.

Um obrigado especial vai para os membros do OH Mod Squad. Esses amigos devotados mantém o serviço não reconhecido e não remunerado de gerenciar uma grande comunidade online – e foram a caixa de ressonância e os grandes incentivadores em quem me apoiei para este projeto.

Ofereço um lugar de honra e meu respeito à minha avó, Helen Betty Townley, pelo legado de sabedoria doméstica que ela representa. Ela guiou meus primeiros pontos de bordado, ensinou-me a dar forma a um suéter e tem sido minha inspiração a vida toda na minha busca da casa limpa e organizada.

Um agradecimento especial vai para a superfaxineira Denise Davis, da Merry Maids. Sempre generosa em compartilhar sua experiência e know-how profissional, ela manteve minha casa limpa enquanto eu estava ocupada demais escrevendo sobre faxina para poder limpar minha casa depois.

Por fim (mas primeiro e sempre), mando meu amor e reconhecimento a meu marido, o Dr. Steve Ewer. Sem o seu incansável incentivo e apoio, não haveria escritora – e sem sua paciente tolerância com meus intermináveis desânimos com o texto, não haveria livro. Todo escritor devia ter essa bênção.

Agradecimentos da editora

Dorling Kindersley gostaria de agradecer ao fotógrafo Howard Shooter e seu assistente, Michael Hart; aos modelos Alex Farrell, Jennifer Matter, Frances Wingate, Max Jones e Luke Shooter; Karen Shooter, por sua paciência; à estilista Bo Chapman; à Shannon Beatty e à Hilary Mandleberg pela assistência editorial; à Lynn Bresler pelo índice; à Clara Latham por sua ajuda nas fotografias; a Nick Lane pelos conselhos técnicos; e à Sonia Charbonnier por todo o seu apoio em DTP.

Todas as fotografias são de Howard Shooter, com exceção das seguintes: Andy Crawford e Steve Gorton: 18, 144d; Steve Gorton: 232e; Russell Sadur: 54, 96, 113, 116, 121, 150, 154, 169, 173, 175, 177; Pia Tryde 1, 200, 220, 232d, 233; Matthew Ward: 114.

A autora

Desde 1990, Cynthia Townley Ewer escreve online sobre organização e administração doméstica. Como editora de OrganizedHome.com, Cynthia oferece incentivo, informação, e apoio para quem administra uma casa atualmente. Tem sido muito citada na mídia impressa e online, incluindo entrevistas sobre a simplificação da vida em casa para as revistas *Modern Maturity* e *Working Woman*, e para o *New York Times*. Foi duas vezes convidada do show de RV na rede ABC *The View* (prêmio Emmy para "Outstanding Talk Show", em 2003). OrganizedHome.com recebeu diversos prêmios da Web desde seu início, em 1998, incluindo os cobiçados prêmios USA Today HotSite e USA Weekend "Best of the Web".

Cynthia começou sua carreira como escritora de textos jurídicos, ao mesmo tempo em que, divorciada, criava seus dois filhos, o que requeria um elevado grau de organização doméstica e pessoal. Foi o que proporcionou o aprendizado no início da administração doméstica que ela ensina agora. Atualmente, vive com seu marido, o cardiologista Dr. Stephen Ewer, em Richland, Washington, EUA.

O malabarismo que é a vida atual de Cynthia – ela edita o website, escreve, dá palestras e viaja –, continua a exigir um alto grau de organização. "Eu ainda prefiro brincar a lavar roupa", diz ela.

Viver, amar e limpar a geladeira. Isso tudo faz parte do trabalho de cada dia, para Cynthia.